RELIGION ET POLITIQUE

La question théologico-politique chez Karl Löwith, Carl Schmitt et Hans Blumenberg

Du même auteur

Modernité et christianisme. La question théologico-politique chez Karl Löwith et Hans Blumenberg, Éditions L'Harmattan, 2010.

5-7, rue de l'École-polytechnique ; 75005 Paris

http://www.librairieharmattan.com
diffusion.harmattan@wanadoo.fr
harmattan1@wanadoo.fr

ISBN : 978-2-296-13901-5
EAN : 9782296139015

Albert Dossa OGOUGBE

RELIGION ET POLITIQUE

La question théologico-politique chez Karl Löwith, Carl Schmitt et Hans Blumenberg

Tome 2

L'Harmattan

Ouverture philosophique
Collection dirigée par Aline Caillet, Dominique Chateau, Jean-Marc Lachaud et Bruno Péquignot

Une collection d'ouvrages qui se propose d'accueillir des travaux originaux sans exclusive d'écoles ou de thématiques.

Il s'agit de favoriser la confrontation de recherches et des réflexions qu'elles soient le fait de philosophes "professionnels" ou non. On n'y confondra donc pas la philosophie avec une discipline académique ; elle est réputée être le fait de tous ceux qu'habite la passion de penser, qu'ils soient professeurs de philosophie, spécialistes des sciences humaines, sociales ou naturelles, ou... polisseurs de verres de lunettes astronomiques.

Dernières parutions

Hervé LE BAUT, *Présence de Maurice Merleau-Ponty*, 2010.
Auguste NSONSISSA, *Transdisciplinarité et transversalité épistémologiques chez Edgar Morin*, 2010.
Stéphane KALLA, *L'acte de la Perception, Pour une métaphysique de l'espace*, 2010.
Jules Bourque, *L'humour et la philosophie. De Socrate à Jean-Baptiste Botul*, 2010.
Philippe RIVIALE, *Heidegger, l'être en son impropriété*, 2010.
Sylvain PORTIER, *Fichte, philosophe du « Non-Moi »*, 2010.
Camilla BEVILACQUA, *L'espace intermédiaire ou le rêve cinématographique*, 2010.
Djibril SAMB, *Le Vocabulaire des philosophes africains*, 2010.
Xavier ZUBIRI, *Traité de la réalité*, 2010.
Marly BULCÃO, *Promenade brésilienne dans la poétique de Gaston Bachelard*, 2010.
Martin MOSCHELL, *Divertissement et consolation Essai sur la société des spectateurs*, 2010.
Sylvain TOUSSEUL, *Les principes de la pensée. La philosophie immanentale*, 2010.
Raphaëlle BEAUDIN-FONTAINHA, *L'éthique de Kropotkine*, 2010.
Arnaud TRIPET, *L'éveil et le passage. Variations sur la conscience*, 2010.
Stanislas R. BALEKE, *Ethique, espérance et subjectivité*, 2010.
Faten KAROUI-BOUCHOUCHA, *Spinoza et la question de la puissance*, 2010.

Introduction

On ne saurait considérer à sa juste mesure la durabilité du rapport théologie et politique, Religion et Etat, Foi et Raison, etc., sans rappeler, ici, certaines thèses de la naissance de l'univers démocratique comme la conséquence d'une rupture avec la religion tel que l'illustrent la « *Mort de Dieu* » (Nietzsche), le « *désenchantement du monde* » (Weber, Carl Schmitt) et la fin du « *théologico-politique* » (E. Peterson). Ce sont autant d'herméneutiques et de grammaires, d'un univers essentiellement sécularisé et laïque, à l'intérieur duquel la croyance en Dieu ne structurait plus la sphère politique, et que Marcel Gauchet a condensé en peu de mots : « *Le Christianisme est la religion de la sortie de la religion* »[1]. A cela s'ajoute cette déclaration un peu longue mais très suggestive, quoique empreinte de radicalisation : « *(...) Nous avons été soustraits, sans nous en rendre compte, à la force d'attraction qui continuait à nous tenir dans l'orbite du divin, même de loin. Nul parmi nous ne peut plus se concevoir, en tant que citoyen, commandé par l'au-delà. La cité de l'homme est l'œuvre de l'homme, à tel point que c'est impiété, désormais, (...) que de mêler l'idée de Dieu à l'ordre qui nous lie et aux désordres qui nous divisent. Nous sommes devenus, en un mot, métaphysiquement démocrates* »[2]. Si Notre intention n'est pas de discuter ici ces considérations de Marcel Gauchet ; il faut tout de même reconnaître les nouvelles donnes entre politique et religion et partant la permanence du théologico-politique contre les partisans de sa liquidation (Löwith, Blumenberg) ou de sa neutralité (Carl Schmitt). En d'autres termes, la relation entre politique et religion qui fut au centre des controverses durant des siècles n'a pas perdu sa pertinence au-delà des positions modernes apparemment divergentes mais fondamentalement et finalement similaires de nos trois penseurs. La signification de la séparation entre Etat et Religion, politique et théologie ne cesse de hanter les esprits. Beaucoup, aujourd'hui, se demandent si ce divorce sans cesse poussé entre religion et vie sociale – d'après nos trois auteurs – ne conduit pas à une vulnérabilité voire à une désagrégation totale de la société, et réciproquement n'entraîne pas un effritement de la référence religieuse qui, en tant que choix libre, a perdu tout son poids, devenu finalement individualiste, l'affaire d'une minorité endurcie. Cette disjonction ne constitue -t-elle pas une carence grave, un péril pour les communautés politiques en pleines convulsions ainsi que pour la religion chrétienne elle-même désormais considérée pour beaucoup comme

---

[1] M. Gauchet, *Le désenchantement du monde. Une histoire politique de la religion*, op. cit., p.11 Précisons, ici, que par « *la sortie de la religion, c'est le passage dans un monde où les religions continuent d'exister, mais à l'intérieur d'une forme politique et d'un ordre collectif qu'elles ne déterminent plus* », in *La religion dans la démocratie*, op. cit., p.14.

[2] M. Gauchet, *La religion dans la démocratie*, op. cit., p. 11.

frivole ou destructrice ? N'est-il pas urgent de repenser une autre relation entre théologie et politique face à l'impuissance chronique du politique due, en grande partie, à l'exclusion de la Morale de son champ, à des problèmes bioéthiques d'une complexité inédite et à la prévalence des intérêts particuliers et égoïstes ?

Telle est l'actualité, ou mieux, la permanence du théologico-politique qui a son assise dans la personne humaine, qu'on ne saurait liquider sans, du coup, supprimer l'homme lui-même, créé à l'image et à la ressemblance de Dieu. En vérité, le Dieu chrétien n'aiguillonne- t-il pas la vie de la cité, en l'aidant et en demeurant son socle stable[3], du moins en Occident, malgré l'indifférence ou le rejet dont Il est l'objet aujourd'hui ? Demandons-nous si, hors du soubassement religieux, est-il vraiment possible de concevoir une vie sociale vivable, durable et digne ? Comment une société moderne bâtie à grands renforts conceptuels sur une disjonction théologico-politique peut-elle perdurer ? Comment une religion supposée définitivement congédiée de la vie sociale continue-t-elle d'être encore inspiratrice et aussi vivante ? Dans ce deuxième volume, il nous faut montrer en quoi la personne humaine et la question de la Loi, c'est-à-dire de l'Autorité, constituent la clef de voûte de la problématique Religion / Etat. Il nous faut également attester comment la séparation de ce rapport mutuel est une véritable amputation de l'être humain, sa mise à mort implacable. C'est à ce niveau qu'un retour à la pensée d'Aristote, à celle d'Augustin, de Thomas d'Aquin, de Jacques Maritain, de Léo Strauss et à celle de Jean-Paul II, etc. nous sera très éclairant. Il nous aidera à démasquer l'aveuglement et l'idéologie qui sont opératoires chez chacun des trois auteurs relativement à l'incompatibilité entre croyance chrétienne et raison philosophique (Chap. 1).

Nous essayerons par la suite de réexaminer l'indissociabilité de ce lien à cause du caractère éminemment politique et religieux de l'homme – le chrétien en particulier – et de la fonction sociale de la religion chrétienne. Ceci nous permettra de déterminer en quoi il est difficile, voire impossible, de dire comment et où s'arrêtent vraiment les frontières de chacune de ces deux sphères. L'éducation à la dignité de la personne humaine à « *la fraternité politique* »[4], à l'amour fraternel, c'est-à-dire à la charité, au bien commun, à la paix, au développement, à la Justice, à la conscience civique, etc., à travers différentes autres instances de formation spirituelle, morale, intellectuelle, humaine est l'angle par lequel il nous faut retrouver les nouvelles donnes de l'ancienne problématique de la relation entre politique et particulièrement la religion chrétienne. Il s'agit également de dégager l'actualité de ce rapport, sa pertinence et l'acuité des problèmes (éthiques, bioéthiques, etc.) posés par le

---

[3] Cf. P. Berger, *Le réenchantement du monde*, op. cit., 2001.

[4] J. Maritain, *Du régime temporel et de la liberté*, Paris, Desclée de Brouwer, 1933, p. 176.

théologique au politique. Lequel politique est parfois incapable de trouver dans sa souveraineté ou dans son autonomie les ressources intellectuelles requises pour les affronter (Chap. 2).

Fragilité donc du politique et vitalité du religieux – et *in fine* permanence du théologico-politique – qui révèlent bien que la Raison seule ne peut plus être le seul recours contre les dérives actuelles du politique mais exige de prendre au sérieux toute la tradition biblique de Jérusalem tant décriée, parfois aveuglement, par une rationalité cynique et étriquée, sous-estimant ce qu'elle peut lui offrir de précieux tant en politique qu'en morale, etc. En cela, la Bible, ce trésor multiséculaire et foisonnant est un réservoir inédit et inépuisable de précieuses ressources morales, spirituelles etc., contre les limitations et les enfermements asphyxiants, mais actuels du politique (Chap. 3).

Fort de l'anthropologie biblique, il importe d'examiner le rôle mobilisateur de l'espérance chrétienne (contre Löwith), c'est-à-dire « *les retentissements sociaux du christianisme dans l'ordre temporel* »[5], pour voir en quoi le chrétien présent au cœur de la cité ne doit point mépriser celle-ci, ou se désengager des réalités politiques mais plutôt et surtout, sûr de sa tâche et dans l'attente des réalités dernières, « *mettre de nouveau comme jadis dans les siècles médiévaux, la main aux choses de la cité terrestre, mais en sachant bien que sa force et sa grandeur sont d'ailleurs, et d'un autre ordre* »[6] (Chap. 4).

En un mot, ce second volume est une tentative de critique de l'humanisme anthropocentrique, qui s'est « *émancipé de toute métaphysique et transcendance* »[7] à l'œuvre chez chacun de nos trois penseurs, pour retrouver et reconsidérer dans toutes ses implications, un humanisme « *théocentrique, enraciné là où l'homme a ses racines, humanisme intégral, humanisme de l'Incarnation* »[8].

---

[5] H. de Lubac, *Catholicisme*, Paris, Ed. du Cerf, 4ème éd., 1958, préface P. IX—X.
[6] J. Maritain, *Humanisme intégral*, op. cit., p. 133.
[7] Ibid, p. 14.
[8] Ibid, p. 82.

Chapitre 1
La personne humaine, pivot de la question théologico-politique

« *(...) La manière de philosopher des modernes (...) doit être appelée barbarie intellectuelle* »[9].

Ce que nous avons développé au chapitre troisième du premier volume sur Carl Schmitt nous a permis de percevoir l'anthropologie qui est à l'œuvre. Nous y revenons, particulièrement ici, comme il en serait de Löwith et de Blumenberg parce que de la vision que chacun d'eux a de l'homme dépendent fondamentalement leurs différentes anthropologies philosophiques. Or, la constance de la question théologico-politique et des différentes controverses qui y sont inhérentes viennent de la pluralité et même de l'opposition des différentes traditions herméneutico-anthropologiques : celles de la théologie et celles de la politique. C'est le problème de l'homme qui est au cœur de la triple approche de nos auteurs. Déterminer la posture de chacun d'eux face à celle de l'herméneutique chrétienne permet alors de saisir les points de friction, les approches réductrices de la personne humaine en envisageant une optique intégrale, c'est-à-dire à la fois naturelle et surnaturelle. C'est ce que nous essayerons de faire dans les lignes qui suivent.

1.1. L'anthropologie de Schmitt, Blumenberg et Löwith : contre la transcendance humaine ?

Investi d'un monopole de décision, l'Etat (le politique) dans la perspective schmittienne est une entité supra-personnelle qui déploie son autorité sur tous ceux qui relèvent de son ressort. Ainsi, l'existence humaine concrète n'a droit à aucune considération ni à aucune valeur en soi. Si valeur de la personne humaine il y a, elle dépend plutôt de l'accomplissement de sa fonction, c'est-à-dire de son devoir : « *C'est seulement par une identification au devoir, un dévouement sans limite, un attachement à la tâche, l'abnégation vers laquelle on tend, la fierté d'être le serviteur de l'Etat et ainsi de ne faire qu'un avec lui, c'est seulement cela qui constitue les moments les plus admirables de sa vie* »[10]. Dépouillée de toute autonomie normative au sein de l'Etat, la personne humaine n'a pas d'existence pré-étatique. Ses droits fondamentaux (fictifs) en tant que garanties institutionnelles relèvent essentiellement de son appartenance à une institution telle que l'Etat : « *Au sein de l'Etat, il ne peut pas y avoir de droits fondamentaux d'une communauté naturelle ou organisée ; ces droits réputés fondamentaux sont en fait des garanties institutionnelles [...]. Le véritable droit fondamental présuppose que préexiste*

[9] J. Maritain, *Œuvres complètes*, vol II, Fribourg-Paris, 1987, p. 391.
[10] C. Schmitt, *La valeur de l'Etat et la signification de l'individu*, op. cit., p. 129.

l'individu avec sa sphère de liberté illimitée en principe. Une institution ne peut pas être présupposée préexistante de telle manière. L'état moderne est une unité politique close, par son essence il constitue le status, c'est-à-dire un status total que relativise tous les autres status à l'intérieur du sien propre »[11].

A cette vision profondément réductrice de l'être humain parce que absorbée voire anéantie par l'Etat, vient faire nombre celle de Blumenberg pour qui la perspective toute puissante et révolutionnaire de l'homme moderne doit être affranchie de l'absolutisme théologique. Ainsi, l'homme du *Neuzeit* doit vivre désormais son époque comme celle du passage radical du sacré à l'âge de la raison, celle du triomphe des lumières de la raison sur celle de l'irrationalité des croyances ; et, en définitive, liquider toute intrication du théologique et du politique dont les conséquences immédiates sont le refus systématique de Dieu, une guerre implacable contre tous ses relais et représentants. « *L'absolutisme théologique a son propre athéisme et son propre anthropothéisme, qui lui sont indispensables* »[12]. Dans cette optique est moderne toute pensée qui refuse de s'enfermer dans la participation mystique au monde sacré, liquidant toute inféodation à une quelconque croyance religieuse pour devenir scientifique et technique. La rationalisation devient l'arme contre toutes les formes d'obscurantisme et d'écrasement de l'homme par le despotisme théologique. Anti-traditionnelle, la raison revendiquée par Blumenberg vise à renverser les conventions, les coutumes, les croyances, à combattre les autorités en encourageant la sortie des particularismes pour retrouver l'universalisme, celle de l'état de nature et entrer définitivement mais radicalement dans l'âge de la raison. A la base de cette position guerrière de la raison chez Blumenberg, se trouve la découverte inédite de la liberté humaine comme création, autarcie, conquête, refus de toute obligation extrinsèque et rejet de la métaphysique et celui des valeurs éternelles. C'est à cette réalité fulgurante que renvoie son anthropocentrisme - « *l'anthropothéisme* » - corollaire de « *l'auto-divinisation anti-divine* ». Toute obligation morale perd alors sa source et son caractère divins. Le *Neuzeit* de Blumenberg n'est en vérité que la « *destruction de l'idée de loi divine* »[13] dont la résultante est l'amputation du caractère surnaturel de l'homme, sa « *réduction anthropologique* »[14] : « *En effet, le monde moderne dans la morale qu'il revendique et qui le fonde, se flatte de congédier tout ce qu'il croit entaché d'hétéronomie et aime à se comprendre comme construit sur l'idée d'autonomie* »[15]. Cette affirmation de Rémi Brague trouve sa parfaite illustration dans ce que Blumenberg lui-même nous dit de l'homme nouveau :

---

[11] C. Schmitt, *Théorie de la constitution*, op. cit., p. 310.

[12] H. Blumenberg, *La Légitimité des Temps Modernes*, op. cit., p. 200.

[13] R. Brague, *La loi de Dieu, histoire philosophique d'une alliance*, Paris, Gallimard, 2005, p. 279.

[14] Ibid, p. 286.

[15] Ibid, p. 8.

« *Le système médiéval s'achève par une telle phase d'objectivation objectivée, d'endurcissement isolé de l'humain. Ce que l'on nomme ici "l'affirmation de soi" est le mouvement opposé de la recherche des impulsions perdues (celles de la théologie), de la nouvelle concentration sur l'intérêt de l'homme pour soi-même* »[16].

Karl Löwith lui-même ne manque pas d'ingéniosité antichrétienne. Son athéisme nietzschéen et son rejet de toute obligation morale et éthique sont encore suggestifs et prouvent bien qu'à ce niveau, il partage en grande partie la même posture antireligieuse, antichrétienne de Blumenberg : « *Je prends également au sérieux n'importe quel nihilisme conséquent et même toute forme "d'indifférence" radicale pour laquelle tout ce qui existe a la même valeur. Peut être l'homme n'a-t-il plus aucune "vocation" une fois qu'il s'est débarrassé de Dieu et de la morale avec lui. Il n'en a d'ailleurs plus besoin, s'il est vraiment un "être humain", un être humain sans guillemets* »[17]. Le nihilisme de Karl Löwith inséparable de la liquidation de Dieu entraîne également l'écroulement de la métaphysique, celui des idéaux, des valeurs et des fins suprasensibles dont elle reste solidaire. A la suite de Nietzsche, son maître à penser, il faut par le « *marteau* » pulvériser les reliques des valeurs chrétiennes moribondes et promouvoir l'immanence radicale de l'être humain suite à la mort du Dieu moral dont le soleil a cessé d'illuminer l'Europe : « *Vous dites que Dieu se décompose en lui-même... Mais il ne fait que se peler : Il dépouille sa peau morale ! Et vous le reverrez bientôt : par delà le bien et le mal* »[18].

Ce "débarras" de Dieu selon Löwith ouvre l'horizon des philosophes et des esprits libres dans la mesure où il génère l'espoir de créer un univers radicalement neuf, celui de "l'ici-bas" : « *Je ne connais que le monde "d'ici-bas". Et comme l'au-delà m'est inconnu, l'ici-bas en perd du coup tout son sens* »[19]. Il faut donc affirmer la vie, s'élever jusqu'à l'affirmation créatrice. Arrêt aux dépréciations de cette vie auxquelles s'adonnent les philosophes métaphysiciens et les hommes religieux qui ne cessent d'inventer par lassitude existentielle un « *monde vrai* », dit suprasensible. Réhabilitation donc du corps, de la sphère sensible tant dépréciée par la métaphysique (Cf. le Mythe de la caverne de Platon) et la religion. L'homme a donc à se réinventer, à se dépasser en rejetant toute espérance de l'au-delà. C'est ici, et ici seulement que se trouve la réalité : « *Restez fidèles à la terre et ne croyez pas ceux qui vous parlent d'espoirs supraterrestres ! Ce sont des empoisonneurs* »[20]. Perspective essentiellement immanente de l'homme qu'illustre encore à merveille « *l'équanimité de l'indifférence – qui ne fait pas la distinction entre res extensa*

---

[16] H. Blumenberg, *La Légitimité des Temps Modernes*, op. cit., p 198-199.
[17] K. Löwith, « *Correspondance entre Strauss et Löwith* », op. cit., p. 190.
[18] F. Nietzsche, *Ainsi parlait Zarathoustra*, Paris, N.R.F. Gallimard, 1996, p. 310.
[19] K. Löwith, « *Correspondance entre Strauss et Löwith* », op. cit., p. 206.
[20] F. Nietzsche, *Ainsi parlait Zarathoustra*, op. cit., p. 31.

et res cogitans, entre être de nature et être de raison, moi empirique et moi absolu, Dasein et existence, être disponible et exister, bon et mal, authentique et inauthentique, etc., mais qui, avec Nietzsche, acquiesce à l'existence dans sa totalité, telle qu'elle est, sans distinction, sans rien en retirer ni rien y ajouter »[21].

Or, c'est confronté à cette triple approche anthropologique essentiellement parcellaire de l'homme que l'herméneutique anthropologique chrétienne appuyée sur la révélation juge suicidaire et donc irrecevable une telle absorption de l'individu par l'Etat (Carl Schmitt), ou sa réduction à sa pure rationalité et immanence (Blumenberg, Karl Löwith), et ce par le rejet systématique de toute ouverture ou dépendance au surnaturel. Cet humanisme anthropocentrique, Proudhon s'en est déjà fait le théoricien, bien avant Löwith et Blumenberg : « *Voici que déjà, sur la poussière des croyances passées, l'humanité jure par elle-même : elle s'écrie, la main gauche sur le cœur, la droite étendue vers l'infini : c'est moi qui suis la reine de l'univers ; tout ce qui est hors de moi est inférieur à moi, et je ne relève d'aucune majesté* »[22]. Or, cette immanence radicale de l'homme moderne tributaire des conditions matérielles et déterminé à s'affranchir de toute tutelle divine révèle sa dépendance foncière à un ordre qui le transcende et partant son allégeance à un Dieu créateur. Refuser cette double dépendance n'est-ce pas alors opter pour le non-sens, l'inconséquence ? Est-il vraiment concevable, sans réserve, que tout est contenu dans le sein de l'homme et de son histoire tel que le prétend la dialectique de l'immanence pure de Blumenberg et de Löwith ? L'immanence radicale que revendiquent et professent ces deux auteurs n'est que véritable péril et mythe qui sapent « *les valeurs véritables d'immanence, c'est-à-dire de spiritualité, parce que celles-ci sont liées à la personne, et parce que la personne est destinée à péricliter par la dialectique de l'Immanence pure. Pour qu'il y ait souveraineté, en effet, il faut qu'il y ait personnalité. Mais la personnalité précaire et limitée de chaque personne singulière est incompatible avec cette souveraineté absolue qu'on attribue à l'humanité* »[23]. Ce qui revient à énoncer que c'est l'affirmation de la transcendance divine et l'incarnation qui sont les socles et les garanties indestructibles de toute valeur de l'immanence *« parce qu'un progrès constant de spiritualisation est possible pour chacun jusqu'à la mort, et pour les générations jusqu'à la fin du monde, s'il y a un Esprit incréé, un Amour substituant, à qui chacun peut s'unir de plus en plus en tendant vers la sainteté, et qui au cours des temps, poursuivant par le corps de l'Eglise l'œuvre de la rédemption attire vers soi le flot montant de l'histoire, tandis que le flot descendant va vers son lieu propre* »[24].

---

[21] K. Löwith, « *Correspondance entre Strauss et Löwith* », op. cit., p. 190-191.

[22] P-J. Proudhon, *Justice*, cité par J. Maritain, *Religion et culture*, op. cit., p. 97-98.

[23] J. Maritain, *Religion et culture*, op. cit., p. 98.

[24] Ibid, p. 99.

Ainsi toute quête véritable de spiritualité, tant par la réflexivité que par l'effort d'amélioration des conditions de la vie humaine par la technique ou par l'aiguillage rationnel des forces de l'histoire présuppose des « *réserves [d'énergie spirituelle] précédemment constituées* »[25]. Il en résulte que l'anthropologie de Blumenberg, Löwith et Schmitt ne saurait être compatible avec la vision chrétienne de la personne humaine qui défend son caractère transcendant, ses droits fondamentaux, son inviolabilité et son irréductibilité à aucun système philosophique, scientifique, ou à aucune institution politico-économique, encore moins à un quelconque parti ou idéologie : « *Existentiellement considéré, on peut dire que c'est un être [l'homme] à la fois naturel et surnaturel* »[26]. L'humanisme anthropocentrique de nos auteurs n'est en vérité qu'un « *humanisme inhumain* »[27].

Si pour Carl Schmitt, par exemple, il faut affirmer la prééminence des normes sur l'homme - « *La norme d'abord, les hommes ensuite* »[28] - pour le christianisme, au contraire, il faut sauver et défendre la primauté de tout homme sur toute législation et institution : « *Le Sabbat [la loi] a été fait pour l'homme et non l'homme pour le Sabbat. Voilà pourquoi le Fils de l'homme est maître même du Sabbat* »[29]. Pensons également à la parabole de la femme adultère réhabilitée et revivifiée par Jésus alors qu'elle est mise à mort, déjà, par les idolâtres et fanatiques de la Loi que sont les pharisiens hypocrites : « *Maître, cette femme a été surprise en flagrant délit d'adultère. Or, dans la Loi, Moïse nous a prescrit de lapider ces femmes-là*[30] ». A la loi de mort des pharisiens, Jésus oppose celle de la Miséricorde-Vie : « *Que celui d'entre vous qui est sans péché lui jette le premier une pierre. (...) Moi non plus je ne te condamne pas. Va, désormais ne pèche plus* »[31]. Et quand on sait tout la hargne de Löwith et de Carl Schmitt à l'endroit des droits fondamentaux de la personne humaine, on ne peut, alors, que réaffirmer sa transcendance et ses droits fondamentaux : « *Et pourtant, vous savez que je ne défends pas du tout la liberté d'esprit "libérale" et prônée par les droits de l'homme. En outre, le fascisme est un produit de la démocratie* »[32].

---

[25] J. Maritain, *Religion et culture*, op. cit., p. 99.
[26] J. Maritain, *Humanisme intégral*, op. cit., p. 18.
[27] Ibid, p. 35.
[28] C. Schmitt, La valeur de l'Etat et la signification de l'individu, op. cit., p. 61.
[29] Mc 2,17.
[30] Jn 8,5
[31] Jn 8,11.
[32] K. Löwith, « *Correspondance entre Strauss et Löwith* », op. cit., p. 195.

1.2. Le caractère transcendant de la personne humaine

« *Dieu créa l'homme à son image, à l'image de Dieu il le créa, homme et femme il les créa* »[33].

1.2.1. L'être humain, réplique de Dieu et adaptabilité native de la nature humaine ?

Dans la perspective chrétienne, la personne humaine n'est pas seulement un *animal raisonnable* mais également une *image de Dieu*, une substance spirituelle créée avec ses pouvoirs propres, volonté et intellect ; unie à un corps organisé comme sa forme, dotée de droits et de devoirs afin d'être, en définitive, capable de connaître et d'aimer Dieu en lui-même, Véritable et Unique fin, Unique béatitude à laquelle il est destiné : « *Nullus potest in vita ista implere desiderium suum, nec unquam aliquod creatum satiat desiderium hominis : Deus enim solus satiat ; et inde est quod non quiescit in Deo, Augustinus, in I Conf. : Fecisti nos, Domine, ad te et inquietum est cor nostrum donec requiescat in te* »[34]. En d'autres termes, l'être humain ne saurait se réduire à sa pure immanence. Elle est un esprit unique distinct, intérieur et libre qui est également solidaire d'un corps informe et spiritualisé dont la relation à Dieu est fondamentalement constitutive de sa réalisation comme homme. L'optique chrétienne ouvre la réalité humaine sur sa participation au dynamisme de l'amour divin et sur sa divinisation. La vie morale engage son existence et sa relation à Dieu dans la *sequela* et l'*imitatio* du Verbe incarné en qui s'illumine vraiment son mystère : « *Le mystère de l'homme ne s'éclaire vraiment que dans le mystère du Verbe incarné* »[35].

Présente en chaque personne sous un visage distinct, la nature humaine n'a rien de statique et de fermé. Elle est fondamentalement par la connaissance rationnelle et l'amour, une armature réceptive à un horizon immense de possibilités et de manières d'être. C'est à ce labeur de découverte par la communication et l'échange ainsi qu'à celui de cette destination fondamentale à réaliser que la personne est conviée en tant qu'être-au-monde, être-avec-les-autres (et non un bloc erratique) et être en croissance dans l'histoire. Universalité – et partant capacité de communication – singularité de sa vocation forment une juste approche de la nature humaine. Refuser d'admettre

---

[33] Gn 1,27.

[34] Saint Thomas d'Aquin, *Collationes in Symbolum Apostolorum De ente : De ente et essentia*, a.12 (Ed. Marietti, n° 1012). « *Rien ni aucune créature ne peuvent en cette vie combler le désir de l'homme : Dieu seul, en vérité le peut. C'est pourquoi l'homme ne peut se reposer qu'en Dieu seul, tel qu'Augustin le dit dans Les Confessions : Tu nous a faits pour toi Seigneur, et notre cœur est sans repos jusqu'à ce qu'il repose en Toi.* ». La traduction est de nous.

[35] Gs n° 22.

cette notion adéquate de la nature humaine, c'est nier la personne dans ce qu'il y a d'essentiel et du coup, rendre inconcevable la notion dans ce qu'elle porte d'incommunicable et d'unique. C'est aussi rendre énigmatique sa propre tension vers l'ouverture à autrui et à l'échange. Cette réalité universelle et cependant spécifique à chaque personne, individualisée en elle comme le meilleur d'elle-même - largement mais implicitement contestée par Löwith, Blumenberg, voire Schmitt – est le critère de la moralité recevable pour tous les hommes, du moins, de bonne volonté. L'obligation morale, entendue comme responsabilité autonome, a à prendre en charge la propriété essentielle de la personne qu'est l'universalité de la nature humaine existant en elle par la singularité d'un visage à respecter, à protéger, à promouvoir.

Revêtant dans l'être humain une signification essentiellement analogique, (c'est ce sens qui convient à une créature spirituelle) la nature humaine est dotée d'une véritable malléabilité native qui, de façon continue, l'appelle vers de nouvelles capacités d'accomplissement dans les cultures et civilisations. La formation progressive et vive d'une conscience internationale ou d'une communauté mondiale effective plus solidaire est suggestive d'une nature humaine dynamique, active dans diverses cultures. Elle fait ressortir son universalité au-delà de la particularité ou de la diversité des civilisations et des histoires. La déclaration universelle des droits de l'homme tant contestée par Löwith et Schmitt mais revendiquée par Blumenberg en fournit le meilleur témoignage. Mais l'histoire n'est pas seulement l'unique expression du déploiement de la nature humaine. Il y a également le progrès comme développement et cheminement vers l'accomplissement plus total de l'idée de l'homme. L'affirmation de la liberté et de l'autonomie de la personne humaine comme être-au-monde, face aux aléas matériels, est également très manifeste à travers le progrès scientifique et technique. Elle se manifeste également par une croissance morale plus grande, une humanité plus fraternelle, plus solidaire où l'homme cesse d'être « *un loup pour l'homme* », et où la vie sociale et politique ne consiste plus à la lamentable et ruineuse distinction ami/ennemi telle que revendiquée par Carl Schmitt. En revanche, le vrai progrès humain auquel aspire vivement l'humanité entière, aujourd'hui, est celui où la raison, le respect des droits fondamentaux de la personne humaine, l'amour l'emportent sur la guerre, la violence et la haine.

Par ailleurs, image de Dieu, la personne humaine fait référence à l'unicité du modèle divin, caractéristique de fond de tous les hommes qui doit être une unité essentielle de structure. C'est par cette structure constitutive de l'homme que chaque personne est alors un reflet unique de Dieu, une image entièrement personnelle dotée d'une destinée propre. Il s'ensuit que la singularité de la personne humaine n'a sa véritable consistance que si elle s'enracine sur ce fond d'unité de Dieu réellement capitale. Ce sont bel et bien cette unité de Dieu et la plurivalence de ses perfections qui assurent en l'homme l'unité de nature se manifestant par une pluralité de physionomie et de destinée personnelles.

Cependant, l'homme n'est pas seulement la réplique de Dieu, il est aussi un être sociable.

1.2.2. « *De l'affirmation de soi* » (Blumenberg) à l'intersubjectivité de l'homme

Aux yeux d'Aristote, « *l'homme est par nature un animal politique, et que celui qui est hors cité, naturellement bien sûr et non par le hasard (des circonstances), est soit un être dégradé soit un être surhumain, (...)* »[36]. La personne humaine est condamnée à la sociabilité, à être-avec-les-autres. C'est dans l'intersubjectivité véritable, l'amitié, et non l'inimitié (C. Schmitt) que se réalise sa vraie nature. En tant que personne, elle « *est une existence capable de se détacher d'elle-même, de se déposséder, de se décentrer, pour devenir disponible à autrui* » (E. Mounier). Esprit incarné et fondamentalement fait pour l'ouverture à autrui, la personne humaine est échange avec d'autres personnes, ouverture sur l'infinité de l'être, avec toutes ses facultés d'accomplissement. La réalisation de la communication avec ces personnes n'est possible que parce qu'elles sont elles-mêmes et d'abord des richesses intérieures. Or, cette intersubjectivité est absente chez Blumenberg qui ne rêve que d'un sujet absolument immanent, un bloc erratique clos sur lui-même parce que rationnellement tout-puissant, maître et possesseur de lui-même et de la nature. Mystère spirituel singulier et unique – selon l'optique chrétienne - la soif du dialogue qui l'habite et le taraude le conduit à la découverte d'autres intimités ou subjectivités qui sont autant de richesses intérieures. Telle est la signification profonde des relations humaines qui ne parviennent à leur véritable profondeur que par l'amour dans lequel l'homme s'exprime librement, maître du don de lui-même, et dont le langage reste le médiateur incontournable. Personnalité parce qu'il a conscience d'être d'ailleurs, l'homme reconnaît qu'il doit être responsable de ses choix, quoiqu'il ne soit pas l'auteur de son existence. Il se reçoit d'un au-delà de lui-même comme un don. Face à sa destinée, à son salut et à son avenir, il se confie au don d'amour de Dieu. Aussi a-t-il conscience de la temporalité de sa vie, de sa finitude dans ce monde ce qui autorise à le définir comme cet être qui se reconnaît destiné à la mort. Mort qui ne cesse de se moquer de la grandeur et de l'utilité de tous les progrès scientifiques et techniques.

Comme créature aimée et appelée par Dieu, l'homme est originellement destiné à dialoguer avec Lui, à participer pleinement de la nature divine, en préservant et en développant cette filiation divine. Cependant cette approche essentiellement chrétienne de l'intersubjectivité humaine est loin de ce que Blumenberg nous fait entendre : « *L'homme, qui ne comprend pas seulement la*

---

[36] Aristote, *Les Politiques, Livre I, 2, 1252-b*, Paris, Flammarion, 2ème édition revue et corrigée, 1993, p. 90.

nature mais soi-même comme un fait dont on peut disposer, n'a parcouru, dans l'affirmation de soi de son histoire moderne, que la première étape de son élévation et de son dépassement de soi »[37]. Cette intersubjectivité de l'homme nous conduit également à sa moralité.

1.2.3. L'être humain, un être moral parce que libre et responsable ?

Dans l'optique chrétienne, la personne humaine est un esprit incarné, un être en devenir, un vivant spirituel appelé à croître et à se développer pleinement. Par sa spiritualité, l'homme s'épanouit en s'affirmant comme sujet, en visant une autonomie de plus en plus grande vis-à-vis de son environnement, l'usant et se construisant à partir de lui. Cette prise en main de sa progression s'accomplit par des décisions venant de lui-même, par des actes qui relèvent de son propre ressort, par lesquels non seulement il s'engage mais aussi s'expose à des préjudices par la mise en œuvre de sa liberté authentique conçue comme triomphe sur les déterminismes qui l'affectent, en tant qu'être corporel et dépendant de son environnement ; et sur les différentes sollicitations qui l'assaillent de part en part. Tel est le champ de la moralité qui s'offre à lui qui est à la fois la jauge de sa liberté ou de l'esclavage auquel il ne peut s'échapper. En d'autres termes, la liberté authentique de l'être humain est celle qui caractérise le choix fait sans aucune contrainte ; c'est la liberté de décision, qui provenant de lui-même est immanente à son agir, lui octroyant sa dignité. Reste à savoir ce qui détermine sa décision face à la pluralité des possibilités qui s'offrent à lui. Il est clair que douée de raison, la personne humaine ne peut admettre l'arbitraire qui le vouerait à l'absurde ou au déraisonnable. Ce qui revient à énoncer que sa décision doit être en faveur de sa propre croissance, de son propre épanouissement. Cela suppose la primauté de la raison, d'une visée à atteindre, dans la quête des moyens vu que la particularité de la raison est de saisir le rapport logique entre un moyen et un but. Ainsi, la fin est ce qui prescrit, c'est-à-dire ce qui régit l'exercice de la liberté. C'est donc la soif de trouver une véritable raison d'être à la vie, qui est le fondement de cette quête où l'intuition exerce aussi un rôle prépondérant.

L'usage digne parce que rationnel de sa liberté implique pour l'être humain l'obligation morale. Son humanisation véritable, sa quête d'un plus-être, d'un plus- vivre que récapitule et condense la notion de bonheur ne peut se passer de cette obligation morale. Il en résulte que c'est dans l'homme lui-même que se trouve la première norme de la moralité : sa raison lui impose la régulation de ses agirs en adéquation avec la quête de cette fin capitale *via* la visée personnelle. C'est cela l'effectivité de la conscience morale : le lieu par excellence, l'intimité où se noue le problème moral, la conformité de la personne humaine avec elle-même prenant en charge son propre

[37] H. Blumenberg, *La Légitimité des Temps Modernes*, op. cit., p. 150.

accomplissement. D'où le devoir de suivre le *diktamen* de la conscience, comme commandement intérieur et inviolable. Parvenu à ce point, nous voici renvoyé et confronté à ce que Karl Löwith affirme, qui, nous le voyons est aux antipodes de la perspective chrétienne, voire juive : « *Peut être l'homme n'a-t-il plus aucune "vocation", une fois qu'il s'est débarrassé de Dieu et de la morale avec lui* »[38]. ou encore continue t-il : « *En fait, je ne suis sans doute pas le lecteur qui convient à votre livre, d'autre part parce que je ne sais rien de Maïmonide ni de la philosophie médiévale et juive, et, d'autre part, parce que mon éducation a été dès le départ si peu juive que j'ai beaucoup de difficultés et de réticences à comprendre – en fait je n'arrive pas à comprendre – comment on peut être à la fois rationnel et éthique grâce à la tradition, comme le sont tous les juifs que je connais, même les juifs « assimilés »* »[39]. Ce détour souligne la moralité intrinsèque à l'être humain qu'on ne saurait réduire à un organisme de son existence en tant qu'homme. De plus sa vie ne saurait jamais être une « *chose* » qu'il a à revendiquer comme sa propriété exclusive ou qu'il peut dominer, manipuler : « *L'homme qui ne comprend pas seulement la nature mais soi-même comme un fait dont on peut disposer (...)* »[40].

1.3. Autonomie de l'homme moderne, illusion ou perversion ?

« *Le conflit fondamental, jamais avoué au Moyen Âge, peut être jamais ressenti mais toujours latent, a été dévoilé sans ménagement par Ludwig Feuerbach comme l'antinomie entre la théologie et la christologie* »[41].

Le propre du *Neuzeit* est la conquête de la liberté créatrice de l'homme, domaine par domaine ; libertés politiques avec les révolutions qui ont liquidé les monarchies absolues ; liberté de la science avec Galilée, Copernic, Giordano Bruno, Nicolas de Cues, liberté de la pensée avec l'*Aufklärung*, liberté religieuse avec la Réforme. Cette conquête est la consécration d'un nouvel et radical humanisme. L'homme du *Neuzeit* veut se définir et se créer lui-même. Il en est convaincu par l'expérience qu'il fait de l'ampleur de son pouvoir grâce au progrès scientifique et technique qui lui ouvrent sans cesse un espace incommensurable de possibilités d'une affirmation de soi « *Mais il y a des phases d'une objectivation qui s'arrache aux motivations spécifiques (la science et la technique de l'époque contemporaine en donnent un exemple stupéfiant !), que l'inéluctable contre-effort consistera à ramener à la fonction humaine et à remettre au service de l'homme et de son exigence séculière* »[42].

---

[38] K. Löwith, « *Correspondance entre Strauss et Löwith* », op. cit., p. 190.
[39] Ibid, p. 205.
[40] H. Blumenberg, *La Légitimité des Temps Modernes*, op. cit., p.150.
[41] Ibid, p. 150.
[42] Ibid, p. 198.

En d'autres termes, l'extension des sciences humaines tant en sociologie, en génétique et en psychologie des profondeurs lui ouvrent non seulement les vannes, les portes de l'archéologie de sa propre subjectivité mais également lui confère la faculté de diriger son avenir. Un tel éventail de pouvoirs et de possibilités que lui confèrent la science et la technique, rassure l'homme du *Neuzeit* qu'il a la souveraineté de tout réaliser, que tout lui est possible même d'utiliser des armes nucléaires ou bactériologiques pour anéantir l'espèce humaine ou pulvériser la planète. C'est cette puissance humaine illimitée désormais, que Blumenberg lui-même dénomme « *l'autodétermination démiurgique* »[43], sur un fond de « *perte d'ordre* » plus précisément celle de l'ordre divin, l'ordre théologique. Ce qu'il traduit de façon encore plus suggestive : « *La provocation de l'absolu transcendant se renverse au point de sa radicalisation extrême, en la découverte de l'absolu immanent* »[44]. Le *Neuzeit* est l'époque de l'hominisation totale de l'homme après des siècles d'asservissement théologique, d'aliénation où l'homme ne se définit qu'au cœur d'un ordre de choses qui le surplombe. « *Le Dieu éternel et l'homme fini sont des rivaux décidés en un combat impitoyable dont l'enjeu est la domination de l'univers grâce à la prévision rationnelle* »[45]. Dorénavant, sa grandeur est de se créer librement par l'exercice même de sa liberté loin de toute tension à réaliser un type d'être, une nature humaine déterminée avant terme.

Il y a donc une posture de rébellion farouche contre l'idée d'obligation morale qui est sous-jacente à ce que Blumenberg met sous la dénomination de « *l'affirmation de soi* »[46] comme il le définit lui-même : « *Ce que l'on nomme ici "l'affirmation de soi" est le mouvement opposé de la recherche des impulsions perdues, de la nouvelle concentration sur l'intérêt de l'homme pour soi-même* »[47]. La légitimité, la spécificité et la grande conquête de la modernité sont d'avoir conduit l'homme jusqu'à une phase « *neuve et définitive de la possession de soi et de la réalisation de soi* »[48]. Partant, la liberté, dans cette optique humaniste (existentialiste) est ce qui constitue fondamentalement l'homme quel que soit l'usage bon ou mauvais qu'il en fait. Car celle-ci n'aurait une portée que référée à un ordre intra-humain. Mode spécifique de l'existence de l'homme, la liberté est le thème unificateur des notions de subjectivité, de projet, d'acte et de responsabilité qui sont les implications anthropologiques directes de cette « *affirmation de soi* ».

Affranchi de la tutelle divine, l'homme du *Neuzeit* est confronté au silence du monde et de Dieu. Il lui faut donc faire le deuil du réalisme des valeurs,

[43] H. Blumenberg, *La Légitimité des Temps Modernes*, op. cit., p.148.
[44] Ibid, p.199.
[45] K. Löwith, *Histoire et salut*, op. cit., p.93.
[46] H. Blumenberg, *La Légitimité des Temps Modernes*, op. cit. p. 199.
[47] Ibid. p. 198-199.
[48] Ibid. p. 434.

c'est-à-dire la croyance que les valeurs sont des entités transcendantes existant réellement et indépendamment de lui. Cette libération de l'omnipotence divine, voire de la négation de son existence fait écrouler le monde intelligible des valeurs substantielles. Tous les arrières-mondes sombrent. La morale dévoile toute sa dimension problématique largement occultée par la fondation antécédente des valeurs soit sur un ordre cosmologique (philosophie antique), soit sur un ordre théologique (le christianisme). L'humanité à présent apparaît dans sa nudité parce qu'il n'a plus que des hommes. Dans ces conditions, la célèbre phrase de Dostoïevski dans les *Frères Karamazov* est lumineuse. « *Si Dieu n'existe pas, tout est permis* »[49]. Cependant, si Dieu comme garantie absolue de la transcendance des valeurs n'existe plus (ou pas), si le « *contrepoids des implications, de l'absolutisme théologique, ne pouvait être trouvé que dans l'immanence absolue. [...]* »[50], à quelle norme se référer pour agir, une fois que l'homme moderne ne trouve plus hors de lui une possibilité de s'accrocher, c'est-à-dire une instance surnaturelle extérieure à lui ? Ici encore, la réponse est sans ambages : l'homme de la Modernité ne peut plus abdiquer ou déposer sa liberté ni éviter d'être celui par qui les valeurs viennent au monde. Véritable *leitmotiv* de la pensée de Blumenberg, « *l'affirmation de soi* » est le corollaire de l'impossibilité définitive de se reposer dans l'être et ainsi d'échapper à notre liberté et à notre responsabilité.

Devenu un possédé de la liberté, rien ne peut alors délivrer l'homme moderne de lui-même parce qu'il n'y a pas (ou plus) rien en dehors de la liberté. Elle ne rencontre partout qu'elle-même. Sa responsabilité est donc totale à l'égard de ses conduites dont la seule raison d'être repose désormais sur l'absolu d'un libre projet de soi sans soutien ontologique rassurant et justificateur. Bref, émancipé de l'autorité de toutes les métaphysiques, l'homme nouveau, doit se retrouver lui-même en se persuadant que rien ne pourra le sauver de lui-même que lui-même. C'est là encore « *l'humanisme anthropocentrique* » véritable « *humanisme inhumain* » dont parle Maritain et que réclament Blumenberg aussi bien que Löwith : « *Et pourtant, c'est la foi en un règne à venir de Dieu qui nous a donné des ailes au combat de Proudhon contre Dieu et la providence au nom du progrès humain* »[51]. Partant, cette conception individualiste de la liberté amène l'homme moderne à comprendre difficilement quand il ne le rejette pas qu'il puisse être dépendant intérieurement d'une obligation morale quelconque, qui s'impose à lui de l'extérieur ou prétend garrotter sa conscience, obligation comprise comme l'ordre naturel des choses s'érigeant comme un donné à l'homme.

En réalité, l'homme du *Neuzeit* ne se croit engagé - (lié moralement) - que s'il a, en toute liberté, signé un contrat, et celui-ci d'ailleurs n'a de véritable

---

[49] F. Dostoïevski, *Les Frères Karamasov*, Paris, Gallimard, 1973, p. 959.

[50] Ibid, p. 220.

[51] K. Löwith, *Histoire et salut*, op. cit., p. 97.

poids que s'il est constamment référé à la situation qui l'a produit. Cette absolutisation de la liberté ne prédispose pas l'individu à la solidarité, au sacrifice de soi pour l'autre ni à son service. Elle ne peut que s'autodétruire, à la longue, parce qu'elle ne perçoit plus sa relation essentielle avec la vérité. Déterminée à s'affranchir de toute autorité et de toute tradition (Blumenberg) - « *(...) les temps modernes ont été introduits par une rupture radicale d'avec leur passé (...)* »[52] - cette liberté absolutisée se cabre face aux lumières de toute vérité impartiale et universelle, socle de la vie individuelle et sociale. Ainsi, seuls les points de vue subjectifs et constamment variants, les caprices ou intérêts égoïstes sont l'étalon véritable de tout choix et non la vérité sur le bien et le mal. Il s'ensuit que c'est toute la vie en société qui est ainsi remise en cause par l'autonomie absolue du sujet moderne où est parfois nié l'autre, considéré comme un ennemi dont il faut se protéger. La société n'est alors qu'un agglomérat d'individus juxtaposés, mis les uns à côté des autres, sans aucune relation mutuelle. En d'autres termes, chacun tend à imposer son « *affirmation de soi* »[53] séparément des autres et déterminé qu'il est, à faire prédominer ses seuls intérêts et caprices. Finalement, il n'existe plus de valeurs communes c'est-à-dire de vérité, de biens souverains valables pour l'ensemble de la vie sociale : c'est le règne tout puissant du relativisme absolu et de la négociabilité de tout dont les conséquences sont incommensurables.

Ce bref parcours révèle que les Temps Modernes sont l'époque de la perception singulièrement pénétrante de la dignité de la personne humaine, et celle de l'exaltation de sa liberté comme un absolu générateur de valeurs individuelles. Ainsi, la conscience est la vérité du jugement moral, l'instance souveraine qui définit de façon infaillible le bien et le moral en agissant en conséquence : « *Est souverain celui qui décide de la situation exceptionnelle* »[54]. Le souverain est l'individu qui juge bien ou mal, qui proclame de façon indépendante, autonome, l'état d'exception en suspendant du coup la validité de la loi (naturelle ou divine) pour un soi-disant salut du peuple, et ce, parce qu'il « *est en marge de l'ordre juridique normalement en vigueur tout en lui étant soumis car il lui appartient de décider si la constitution doit être suspendue en totalité* »[55]. Dictée par nécessité conceptuelle mais « *née d'un néant* »[56], la décision relève du souverain, c'est-à-dire du sujet suprêmement autonome. Il s'agit là non seulement d'une vision individualiste du jugement moral, fruit du rejet d'une vérité universelle relative au bien connaissable par la raison humaine, mais aussi celle de la remise en cause de la conscience ayant pour tâche de mettre en œuvre la connaissance universelle du bien dans une situation précise, et d'énoncer ainsi un jugement

[52] H. Blumenberg, *La Légitimité des Temps Modernes*, op. cit., p. 536.
[53] Ibid, p. 243.
[54] C. Schmitt, *Théologie politique*, op. cit., p. 15.
[55] Ibid, p. 17.
[56] Ibid, p. 42.

sur la position à choisir ici et maintenant. A chacun de déterminer ce qui lui semble bon et mauvais. Cette éthique individualiste conduit au rejet même de toute notion de nature humaine dont nous avons parlé plus haut. Elle entraîne le conflit entre la loi morale et la conscience, entre la liberté et la loi divine, entre la foi et la raison, la foi et la politique.

1.4. Théonomie biblique et autonomie authentique

Or, l'illusion mortifère de la liberté auto-démiurgique des modernes est de croire qu'elle est illimitée et n'a point besoin de s'arrêter devant « *l'arbre de la connaissance du bien et du mal* »[57] encore moins de goûter les fruits de ses injonctions, de ses prescriptions. L'homme moderne considère qu'il s'aliène en acceptant la loi morale que Dieu lui donne : « *L'absolutisme réduit ce qui lui est livré mais il fait apparaître de la sorte au grand jour les constantes, les noyaux qui ne sont plus tangibles. Le Jus primarium, le droit originaire à l'affirmation de soi, peut être saisi, longtemps avec Descartes et Hobbes, comme le symbole de la compréhension moderne de soi – c'est-à-dire comme le minimum anthropologique dans les conditions du maximum théologique* »[58]. En d'autres termes, l'optique de Blumenberg et de Löwith est essentiellement un affranchissement de la dépendance théonomique. L'homme nouveau par lui-même, en lui-même se perçoit comme libre, bon et spontané (Rousseau), émancipé et majeur (Kant). Le *Neuzeit* se comprend comme un hiatus inédit sous la bannière de la liberté loin des prescriptions divines. « *Car Dieu ou l'Absolu est le principal obstacle au progrès humain et la principale source de tous les absolutismes de type économique, politique et religieux* »[59]. Or, ceci n'est qu'une véritable méprise. Car la loi divine inséparable de la grâce est un soutien extérieur par lequel le Surnaturel (Dieu) aide le Naturel (l'homme) à gagner la béatitude, à progresser sur la voie de l'amour qui le reconduit à son Créateur : « *Le principe extérieur qui nous fait bien agir, c'est Dieu, soit qu'il nous instruise par sa loi, soit qu'il nous soutienne de sa grâce* »[60]. De l'impossibilité pour l'homme - due à la chute - d'atteindre la béatitude par la seule loi naturelle et la loi mosaïque, résulte la nécessité de la Loi nouvelle (celle du Christ) par laquelle l'homme retrouve la plénitude de la grâce par la Mort rédemptrice du Christ. Loi nouvelle parce que loi conférée – *lex indita* – elle est fondamentalement celle de la grâce, de la liberté[61], du bonheur et de la

[57] Gn 2,17.
[58] H. Blumenberg, *La Légitimité des Temps Modernes*, op. cit., p. 222.
[59] K. Löwith, *Histoire et salut,* op. cit., p. 92.
[60] Saint Thomas d'Aquin, *Ia IIae* q.90, prol.
[61] « *Celui, au contraire, qui se penche sur la Loi parfaite de liberté et s'y tient attaché, non pas en auditeur oublieux, mais pour la mettre activement en pratique, celui-là trouve son bonheur en la pratiquant* ». (Jc 1,25 ; 2,12).

vie. C'est pourquoi Thomas d'Aquin fait du Christ le « *fondateur de la nouvelle alliance* » (*auctor novi testamenti, q.107, a.1, ad3*).

C'est par cette loi nouvelle – celle de la grâce – que l'homme peut véritablement témoigner de son amour pour Dieu dans l'abandon et l'offrande de soi, et ce, dans un alliage inédit de liberté et d'allégeance (dépendance). En somme, la loi divine n'atrophie en rien ni ne supprime point la liberté humaine. Non seulement elle assure sa consistance, sa protection mais aussi sa promotion et son épanouissement. Le Dieu révélé totalement et définitivement en Jésus-Christ et par Jésus-Christ, n'est pas le Ravisseur ni le voleur des énergies et de la liberté de l'homme par ses commandements mais surtout et essentiellement le véritable Libérateur de tout homme et de tout l'homme. Ses injonctions sont l'attestation, par excellence, de la véritable humanité de l'homme, le révélateur des devoirs essentiels de la personne humaine, et les droits liés à sa nature. Le don des préceptes divins est un don de Dieu lui-même et de sa sainte volonté de bonheur, de communion vitalisante avec l'homme créé à son image et à sa ressemblance. N'étant point la rivale des droits personnels de l'homme, ses injonctions fondent plutôt la dignité humaine qui ne peut s'évanouir qu'en les refusant, vu que la gloire de Dieu, la finalité de ses prescriptions (instructions) est fondamentalement la rénovation de la nature humaine, sa divinisation, bref sa béatitude surnaturelle. Telle est donc la fin véritable de toute Loi divine : elle dirige toute l'existence vers un Dieu qui doit être aimé comme le Souverain Bien, elle fait participer la créature au dessein d'amour qui préside à la création même : « *Pour faire son salut, l'homme a besoin de savoir ce qu'il doit croire, ce qu'il doit désirer, ce qu'il doit faire. Le symbole nous transmet les articles de foi. La prière du Seigneur oriente nos désirs. La Loi guide notre conduite* »[62]. C'est tout l'envers de ce que Löwith, Carl Schmitt et Blumenberg conçoivent de l'autonomie de l'homme. Pour s'en convaincre, il suffit d'analyser particulièrement ce que Blumenberg nous dit de son « *affirmation de soi* », comme liquidation de toutes reliques ou dépendances théologiques métaphysiques : « *Mais le fait que l'homme nie les dernières "garanties" physiques et métaphysiques de son rôle dans le monde au profit de la conséquence du "Dieu maximal"*[63] *met nettement*

[62] Saint Thomas d'Aquin, *L'homme chrétien*, Paris, Ed. du Cerf, 1998, p.75.

[63] « Le "Dieu maximal" chez F. Nietzsche (*Zur genealogie der Moral*, III, N° 20) : Ici, le corrélat du maximalisme théologique est le "maximum du sentiment de culpabilité", dont le renversement en une sorte de "seconde innocence" est conditionné par l'athéisme. Le lien historique entre l'absolutisme théologique et l'affirmation de soi de l'homme est vu ici dans sa réduction à la décharge *morale*. – Le discours du maximum et du minimum théologique se trouve aussi chez E. Kant (*Vorlesungen über die philosophische Religion lehre*, ed. K. Berger, Halle, 1937, p. 135 sq.), qui s'interroge sur le "minimum de la théologie" indispensable à la religion au sens pratique et oppose à ce minimum le "maximum non nécessaire à une religion universelle et trop lourd pour le bon sens" : "Le maximum de la théologie serait le savoir de l'existence de Dieu"

en évidence la question du minimum des possibilités de l'affirmation de soi – qui n'avaient pas été abordées dans les implications cosmologiques de l'Antiquité »[64]. Thèse qui trouve encore sa radicalisation et sa forme la plus condensée dans cette énonciation tonitruante mais stérile de Blumenberg : « *La provocation de l'absolu transcendant se renverse au point de sa radicalisation extrême, en la découverte de l'absolu immanent* »[65]. Ce qui est ici en jeu pour les modernes c'est l'incompatibilité radicale entre théonomie et autonomie, entre loi divine et lois positives perdant de vue que l'oubli et le rejet de Dieu rendent suprêmement opaque la créature elle-même[66] : « *In tuo lumine vidimus lumen* ». Autrement dit, la souveraineté de la raison, son immanence radicale dans la sphère des normes juridiques, morales, sociales, politiques, économiques, ne peut seulement consister dans l'énonciation d'une loi qu'elle se donne à elle-même, n'ayant sa source exclusive qu'en elle-même mais aussi et surtout dans l'ouverture au Tout-Autre Transcendant « *qui en créant l'homme a voulu le laisser à son conseil pour qu'il puisse de lui-même chercher son Créateur et, en adhérant librement à lui, s'achever ainsi dans une bienheureuse plénitude* »[67]. Par contre, l'éclipse de la Loi de Dieu au nom d'une prétendue affirmation de soi ou souveraineté de la raison ne peut provoquer, du coup, que l'éclipse de l'homme lui-même.

De même, le corps humain qui devrait être le signe et le foyer de l'ouverture aux autres, à Dieu et au monde, est réduit à un pur assemblage d'organes, de fonctions et de forces utilisables conformément aux critères de l'efficacité. Dépersonnalisée et soumise à une véritable exploitation, la sexualité elle-même est réduite à un moyen d'affirmation du moi et de jouissance égoïste des désirs et des instincts. Dans la perspective athéonomique de Blumenberg, de Löwith et de Schmitt, les relations interpersonnelles perdent également leur valeur, leur consistance. Les premières victimes sont les personnes âgées, les malades, les moins favorisés par la vie, etc. C'est le règne du plus fort, du plus nanti. Le respect, le service, la gratuité qui sont constitutifs de la dignité humaine sont mis en veilleuse, voire liquidés par l'utilité, la productivité (rentabilité). L'avoir, le pouvoir et non l'être deviennent les seuls critères d'appréciation et de considération véritable de l'autre : « *Le riche commet une injustice, il prend de grands airs ; le pauvre est lésé, il se fait suppliant. Quand le riche trébuche, beaucoup le reçoivent dans leurs bras, s'il dit des sottises, on lui donne raison. Quand le malheureux*

(Note marginale située sur la copie de Danzig de ses cours magistraux). La marge de l'antithèse s'est réduite à ce point, chez E. Kant aussi, par la référence exclusive à la possibilité de la moralité. » H. Blumenberg, *La Légitimité des Temps Modernes*, op. cit., p. 199.

[64] H. Blumenberg, *La Légitimité des Temps Modernes*, op. cit. ; p. 199.

[65] Ibid. p. 199.

[66] *G. S.*, n° 36.

[67] Saint Grégoire de Nysse, *De hominis opificio*, ch 4, P G 44, 135-136.

trébuche, on lui fait des reproches, s'il dit des choses sensées, il n'y a pas de place pour lui. Quand le riche parle, tous se taisent et l'on porte aux nues son discours. Quand le pauvre parle, on dit : « Qui est-ce ? » et s'il achoppe on le jette à terre »[68].

Par ailleurs, le rejet de toute théonomie chrétienne entraîne également l'irrespect de la nature – comme création de Dieu – et sa réduction à un simple matériau disponible pour toutes sortes d'exploitation effrénée de la terre et de ses ressources grâce à cette prédominance de la rationalité technicoscientifique fondée sur la logique activiste ou la maxime du *veluti si Deus daretur*. Ce qui engendre finalement, aujourd'hui, une inégalité sans cesse croissante dans la répartition des biens de la terre, l'appauvrissement sans cesse alarmant d'une grande partie de la planète. La faim, la soif de la majorité qui contrastent avec l'abondance d'une minorité et la course aux armes de destruction massive, les pandémies de toutes sortes, les guerres qui ne cessent de s'allumer et le terrorisme sans visage mais de plus en plus sans frontières, mettent à nu, l'esclavage, l'avenir périlleux et la déshumanisation de l'homme moderne farouchement présomptueux par sa raison omnipotente. Tous ces maux appellent l'urgence – pour l'homme du *Neuzeit* – à réacquérir l'énergie morale dont la source véritable et libératrice est la Loi de Dieu, la Loi de la vie parce que la Loi du Bonheur de l'homme et de tout l'homme. En un mot, c'est la théonomie biblique qui donne consistance à toute véritable autonomie : « *C'est seulement dans l'affirmation de la transcendance divine et de l'Incarnation qu'on peut sauver les valeurs d'immanence* »[69].

1.5. Vérité contre liberté ?

« *Vous connaîtrez la vérité et la vérité vous libérera* »[70].

Evoqué plus haut, le rapport autonomie et hétéronomie, avec Blumenberg, Carl Schmitt et Löwith, est celui d'un affrontement. Le sujet moderne est pour lui-même sa propre fin, le démiurge, l'artisan de sa propre destinée et vérité. L'allégation de Dieu est non seulement illusoire et superflue, mais exige en elle-même sa propre liquidation pour la vérité et « *l'affirmation de soi* » de l'homme nouveau que les préceptes divins ont longtemps obscurci, réduit en esclavage et aliéné. Pour jouir des lumières inédites et émancipatrices de la vérité scientifique et technique l'homme du *Neuzeit* doit revenir à lui-même, connaître ses propres potentialités, prendre congé, de façon définitive, de la vérité religieuse comme don, grâce pour s'attacher à celle qui est conquête, production, c'est-à-dire la vérité noétique : « *L'hypothèse, qui est d'un point de*

[68] Eccl 13,3 ; 22,23.
[69] J. Maritain, *Religion et culture*, op. cit., p. 98.
[70] Jn 8,32.

vue l'expression formelle de la renonciation à la vérité au sens traditionnel de l'adéquation, devient d'un autre point un moyen de l'affirmation de soi, le potentiel de la production matérielle de ce que la nature refuse à l'homme ou ne lui procure pas en quantité suffisante »[71].

Or, dans le catholicisme, il y a un va et vient permanent entre vérité et liberté qui sont les propriétés de l'être même de Dieu qui ne peut vouloir que le bien de l'homme. Il est celui qui est : « *cause toute-puissante parce qu'il donne à toutes choses leur être et leur nature même, et agit en elles, plus intime à elles qu'elles mêmes, selon le mode de leur essence, en assurant du dedans l'agir libre de celles qui sont libres par nature. (...) Loin d'annihiler l'homme, Dieu le fait être, et lui apprend à être une personne devant lui* »[72]. Nous sommes donc loin du Dieu de l'absolutisme théologique médiéval auquel Blumenberg s'en prend, à juste titre, qui n'est, en réalité, qu'un Dieu du dehors, transcendant, *pantocrator*, omniscient et qui n'est pas trouvé au-dedans de l'homme. Un tel Dieu, autoritaire, pharaonique et extérieur n'est alors qu'une menace continue, une limite imposée du dehors à l'autonomie et à la connaissance humaines : « *Le fait que l'homme doive vivre dans les conditions de l'absolutisme théologique avec moins de vérité (...) s'avère être une condition préalable d'une nouvelle définition de la scientificité. La diminution de l'exigence de vérité, et par là même, de la dignité autonome de la théorie ouvrirent la voie au syndrome de la science et de la technicité, de la théorie et de l'affirmation de soi* »[73]. Semblable Dieu nominaliste n'est alors qu'une offense à l'esprit, une agression contre lui, par l'intrusion de son autorité qui est l'anéantissement même de la liberté de la curiosité et de la dignité humaines. On comprend, dans ces conditions, que l'absolutisme divin soit rejeté ainsi que la morale et la vérité dont il est la garantie. Roi des Rois assujettissant l'homme à sa toute puissance, son autorité tyrannique ne peut être que contestée au profit de cette liberté qui désormais « *interdit à Dieu d'interdire* ».

Or, ici encore, il n'en est rien de la vérité de l'Incarnation ou de la morale ontologique, celle qui permet à l'homme de devenir homme. « *Vous connaîtrez la vérité et la vérité vous libérera* »[74]. Le Règne de Dieu, sa vérité, son autorité sont la condition *sine qua non* du règne de l'homme. C'est ce règne de l'homme que le relativisme et le décisionnisme schmittiens - « *Auctoritas, non veritas, facit legem* » - , l'athéisme de Blumenberg au nom de la science – « *(...) la science naît lorsque l'homme doit renoncer à se satisfaire de ce qui, en tant que tel, lui est nécessaire pour sa simple existence* », ou celui de Löwith débarrassé de « *Dieu et de la morale avec lui* » - revendiquent loin de

---

[71] H. Blumenberg, *La Légitimité des Temps Modernes*, op. cit., p. 226.

[72] J. Maritain, *Religion et culture*, op. cit., p. 100-101.

[73] H. Blumenberg, *La Légitimité des Temps Modernes*, op. cit., p. 229.

[74] Jn 8,32.

la vérité et de l'atorité divines. Cette suprématie de l'homme affranchie de la Vérité-Dieu ne peut qu'être inhumaine parce qu'elle sépare la liberté humaine de sa relation fondamentale et constitutive à la Vérité. C'est ce qui explique également chez nos trois auteurs leur refus systématique de la loi naturelle, de son universalité et de la validité perpétuelle de ses commandements. C'est contre ce refus et ce relativisme que s'élève Léo Strauss défendant la vérité historique et le recours au droit naturel contre les postures (les sciences sociales) qui le rejettent au nom de l'histoire et prônent la réduction de la valeur au fait : « *Le besoin du droit naturel est aussi manifeste qu'il l'a été durant des siècles et même des millénaires. Rejeter le droit naturel revient à dire que tout droit est positif, autrement dit que le droit est déterminé exclusivement par les législateurs et les tribunaux des différents pays* »[75]. La personne humaine dans l'optique chrétienne ne saurait donc être réductible à une pure « *affirmation de soi* » à un *ego cogitans*, source essentielle des valeurs et du droit, qui ne cesse de se projeter elle-même. Elle est aussi et surtout porteuse d'une structure corporelle et spirituelle spécifique, celle de l'impératif moral de l'amour et du respect pour toute personne en tant que fin, jamais comme un moyen, et hors desquels c'est le triomphe du relativisme simpliste et de l'arbitraire dont Schmitt particulièrement nous donne l'illustration la plus horrifiante qui soit par son décisionnisme « *Est souverain, celui qui décide de la situation exceptionnelle* » et son relativisme simpliste : « *Auctoritas [(...)] facit legem* ». Tous deux sont des terreaux de la dictature et de la négation des droits inaliénables de la personne humaine. Ainsi, la liberté authentique ne peut être affranchie de la vérité. Son milieu vital et permanent est fondamentalement dans cette Vérité.

1.6. Foi / raison, théologie / politique : une harmonie impossible ?

« *Dieu est l'adversaire de l'homme* »[76].

1.6.1 Liquidation de la Foi par la Raison ?

S'il est un trait caractéristique de la modernité défendu à grands renforts conceptuels par Blumenberg, Löwith et Carl Schmitt, c'est la rupture entre foi et raison, philosophie et théologie, science et croyance. A leurs yeux, leur conjonction appartient à l'impérialisme théologique, inconciliable avec le jaillissement des Lumières et l'autonomie omniprésente de la raison dont la maxime est « *sapere aude* »[77] - aie le courage de savoir ! Prends le parti de l'intelligence ! Il faut donc penser par soi-même, chercher dans sa propre

---

[75] L. Strauss, *Droit naturel et Histoire*, Paris, Flammarion, 1986, p. 14.
[76] K. Löwith, *Histoire et salut*, op. cit., p. 93.
[77] Devise empruntée au poète latin Horace, 65-8avt J.C., *Epîtres*, I, 2.40.

raison le critère suprême de la vérité. Arrêt aux flots de préjugés et croyances qui nous envahissent et que les charlatans, les théologiens,veulent imposer au nom d'une prétendue Foi ou Révélation. Chez Löwith et Blumenberg particulièrement, l'homme moderne émancipé, une fois pour toutes, du despotisme et de l'irrationalisme religieux – véritable esclavage – veut dorénavant marcher en fonction de ce qu'il voit et comprend, sachant ainsi ce qui est le meilleur pour lui et vivant, donc, selon sa propre raison qui seule le rend adulte, c'est-à-dire majeur. Affranchi du joug de la foi, de la nature ou d'un autre, il fait son propre destin en voulant et en prenant la décision de se gouverner en fonction de ce que lui-même juge être le meilleur, et non de rester soumis à une quelconque Révélation. Il n'a qu'à compter désormais sur lui-même et sur la souveraineté de sa raison – un autre absolutisme – arrachée de longues luttes aux théologiens et à leur Dieu despotique et jaloux, qui ont fait pendant longtemps de la curiosité un vice de vertu lumineuse et émancipatrice qu'elle est : « *La philosophie acquit son autonomie précisément par le renouvellement de la présupposition "gnostique" selon laquelle le Dieu omnipotent et le Dieu de salut, le Dieu caché et le Dieu révélé, n'étaient plus compréhensibles par la raison dans leur identité et, partant, n'étaient plus rapportables l'un à l'autre du point de vue de l'intérêt universel de l'homme* »[78]. Cette allégation de Blumenberg, contestatrice de l'harmonie foi et raison, se ramifie et se prolonge comme des ondes de choc dans plusieurs autres passages : « *Le rôle du philosophe est défini par la réduction de la certitude sous la pression de la condition préalable que l'omnipotence divine ne pouvait s'imposer des limitations favorisant l'homme* »[79]. Telle une pensée en spirale, la même opposition entre croyance et intelligence poursuit son inflexible et sinueux chemin : « *L'homme privé de ses garanties métaphysiques pour le monde, habitant le monde du Dieu caché, se construit un contre univers d'une rationalité et d'une disponibilité élémentaires* »[80].

Ou encore : *« Le conflit fondamental, jamais avoué au Moyen Âge, peut être jamais ressenti mais toujours latent, a été dévoilé sans ménagement par Ludwig Feuerbach comme étant l'antinomie entre la théologie et la christologie »*[81], c'est-à-dire entre le Dieu et l'homme, entre la foi et la raison. La radicalisation extrême et le point d'orgue de cette posture antithétique entre croire et savoir chez Blumenberg, sont illustrés à travers deux passages qui condensent la liquidation de la *Fides* par la *Ratio*, celle de la théologie par la philosophie, celle de « *l'absolu transcendant* » par « *l'absolu immanent* » : « *Ce que l'on nomme ici "l'affirmation de soi" est le mouvement opposé de la recherche des impulsions perdues de la nouvelle concentration sur l'intérêt de*

---

[78] H. Blumenberg, *La Légitimité des Temps Modernes*, op. cit., p. 192.
[79] Ibid, p. 192.
[80] Ibid, p. 194.
[81] Ibid, p. 198.

l'homme pour soi-même »[82]. Cette opposition tranchée trouve son résumé parfait dans le *credo* philosophique de Blumenberg : « *La provocation de l'absolu transcendant se renverse au point de sa radicalisation extrême, en la découverte de l'absolu immanent* »[83]. N'est-ce pas une telle position d'ébranlement de la métaphysique et de la théologie, par la positivité de la raison qu'Auguste Comte a si bien théorisée bien avant notre auteur lorsqu'il analyse la théorie des trois âges où seul est triomphateur celui du positivisme ? N'est-ce pas la même antinomie entre ces deux registres de la connaissance de la vérité qui traverse également, de part en part, l'œuvre de Karl Löwith ? « *Car Dieu ou l'absolu est le principal obstacle au progrès humain et la principale source de tous les absolutismes de type économique, politique et religieux* »[84] ou encore « *Dieu est l'adversaire de l'homme tout comme Jéhovah est celui d'Israël* »[85] et plus loin « *(...) Pour substituer un relativisme scientifique à l'absolutisme théologique, il lui fallut faire de la relativité même un principe absolu en reliant tous les phénomènes grâce à l'unique Loi suprême du développement progressif* »[86]. C'est cette prétendue liquidation ou neutralisation moderne de la foi par la raison en prenant par le détour de l'histoire de la philosophie classique et médiévale qui va longuement nous occuper, ici, sans prétendre d'être exhaustif.

1.6.2. Neutralisation du théologique par le politique ?

Carl Schmitt est protagoniste de la souveraineté de la Raison contre toute interférence de la révélation chrétienne. C'est dans ce sens qu'il faut comprendre certaines de ses affirmations telles que le « *silete in munere alieno* »[87] d'Albericus repris à dessein et qui sous-tend toute sa théologie politique ; théologie politique qui n'est fondamentalement qu'une sociologie politique de Max Weber. La perspective de Schmitt est de réduire la foi à sa pure individualisation, et plus radicalement liquider la foi dans sa capacité d'illuminer la raison et de l'informer dans la société, et ce, parce que le politique est à lui-même (d'après Schmitt) sa propre origine et sa propre fin : « *Tout ordre repose sur une décision, et même le concept d'ordre juridique qu'on emploie sans réflexion comme une chose allant de soi renferme l'opposition des deux composantes du juridique. Même l'ordre juridique repose, à l'instar de tout ordre, sur une décision et non sur une norme* »[88]. La catégorie d'exception a pour fonction de montrer l'antériorité de la décision sur

---

[82] Ibid, p. 198-199.
[83]H. Blumenberg, *La Légitimité des Temps Modernes*, op. cit., p.199.
[84] K. Löwith, *Histoire et salut*, op. cit., p. 92.
[85] Ibid, p. 93
[86] Ibid, p. 99.
[87] C. Schmitt, *Théologie politique*, op. cit., p. 165.
[88] Ibid, p. 165.

la norme et son irréductibilité, celle de sa souveraineté et d'en rendre compte en langages politiques. « *Est souverain celui qui décide de la situation exceptionnelle* ». La décision manifeste que le politique n'est nullement soluble dans les commandements du Dieu révélé ni dans le juridique.

L'exception est la révélatrice de la décision comme production de norme ; c'est ce à quoi renvoie cette affirmation célèbre d'après laquelle « *L'exception est plus intéressante que le cas normal. Le cas normal ne prouve rien, l'exception prouve tout ; elle ne fait pas que confirmer la règle : en réalité, la règle ne vit que par l'exception. Avec l'exception, la force de la vie réelle brise la carapace d'une mécanique figée dans la répétition* »[89]. L'exception a un caractère heuristique comme l'illustre *la Dictature* : « *La dictature souveraine [...] ne suspend pas une constitution en vigueur en vertu d'un droit fondé sur celle-ci, c'est-à-dire conforme à la constitution ; elle cherche au contraire à instaurer l'état de chose qui rendrait possible une constitution qu'elle considère comme étant la constitution véritable* »[90]. On le voit bien, la décision politique est décision d'existence, où cette dernière est surgissement, un vouloir être et un vouloir être tel. Elle est inaliénable et indivisible parce qu'elle fonde en les englobant tous les autres pouvoirs : « *La décision politique que représente la constitution ne peut pas agir en retour sur son sujet et supprimer son existence politique. Cette volonté continue à exister à côté de la constitution et au dessus d'elle* »[91]. L'ordre des choses humaines est le fruit d'un pouvoir d'auto-institution. L'existence, comme surgissement et autoposition est bel et bien la catégorie sous laquelle il faut penser le pouvoir constituant c'est-à-dire la souveraineté du pouvoir. Ce pouvoir constituant n'est pas celui d'un sujet qui lui préexisterait. Loin de là. Il est plutôt l'élément dans lequel cette souveraineté du pouvoir vient à l'existence. La volonté dont il s'agit fondamentalement, ici, n'est pas celle d'un sujet mais plutôt cette volonté qui est le sujet c'est-à-dire sa parfaite incarnation. Volonté d'exister, elle est puissance normative dans l'ordre politique. Les normes – loin de toute hétéronomie divine – ne sont que la détermination concrète de la forme et du genre de cette existence. Comme pouvoir de décision de son existence, le pouvoir constituant forme la notion sous laquelle arrive à sa propre compréhension les Temps Modernes, leur émergence dans le concept classique de la souveraineté comme à leur affirmation comme principe moderne de la démocratie.

Ainsi « *l'affirmation de soi* » (Blumenberg) et la souveraineté de la décision politique (Carl Schmitt) comme institution font de la décision de la volonté ou de la liberté, bref de la raison, la position de norme loin de tout recours au Dieu du Décalogue ou à la Révélation.

---

[89] C. Schmitt, *Théologie politique*, op. cit., p. 25.
[90] C. Schmitt, *La Dictature*, op. cit. p. 142.
[91] C. Schmitt, *Théorie de la constitution*, op. cit., p. 172.

1.6.3. Aristote ou la Raison en quête de la cause sans cause ?

Quand on scrute cette posture antinomique, entre intelligence et croyance chrétienne, on se rend compte qu'elle relève d'un certain myopisme intellectuel. Interrogeons Aristote, relativement à la question de Dieu et de la science et à celle du mouvement du désir et de l'intelligence. Souvenons-nous de la relation conflictuelle entre Dieu et la science chez les modernes. Dieu est considéré comme l'hypothèque majeure de la connaissance par son interdiction de la curiosité perçue comme un vice mais réhabilitée par l'homme nouveau comme vertu et savoir libérateur au « *tourbillon extatique* »[92] ; dotée d'« *une compétence habilitée à questionner tout pour tous* »[93].

Pour le commun, Dieu, s'il existe, n'est qu'une idée générale relevant de l'intimité de la vie morale de chacun. Or, de telles allégations chez Aristote sont inadmissibles pour quatre motifs. D'abord, il se demande ce qui nous permet de penser. La réponse est simple : rien de ce qui arrive, n'arrive par hasard. Une autre interrogation suit alors inévitablement : sur quoi se fonde l'idée que rien n'arrive par hasard ? La réponse est évidente : sur une cause de toutes les causes qu'Aristote a dénommée une cause première. Mais ne serait-il pas absurde de supposer une cause première ? Au contraire. Si nous refusons de poser une cause première en supposant du coup, une succession de causes à l'infini dans le souci de respecter la logique de la causalité, c'est l'idée même de causalité que nous ruinons. Car faire découler la cause qui fait penser des causes à l'infini revient au même que faire dépendre du hasard la cause qui permet de penser une série de causes infinies signifiant la même chose qu'une série de causes incausées. C'est dire que toute pensée est fondée sur le présupposé d'un sens de tous les sens. Dieu est donc primordial à la science et particulièrement à la philosophie. Parce que cause première, Dieu rend le monde et la pensée elle-même pensable. Mais ce n'est pas tout. Il y a le mouvement qui est présent dans la nature qui n'a rien affaire avec le repos.

Le repos ne saurait générer le mouvement. Il faut en déduire que le mouvement provient de quelque chose d'absolu dans le mouvement. Il est l'épiphanie de l'énergie générale de la nature. Par énergie, il faut entendre l'action du possible qui tend vers sa réalisation. Le mouvement est physique. Le dynamisme en appelle au principe. Il faut affirmer que le mouvement manifeste Dieu, pensé comme premier moteur. Le monde est donc dynamique. On peut se demander pourquoi Aristote n'a pas manqué d'adjoindre le dynamisme universel au désir divin qui fait tout converger à lui. A cette préoccupation légitime, il faut répondre que tout veut être comme Dieu, que

92 « *O curiosi igegni, peregrinate il mondo, cercate tutti i numerosi regni !* », H. Blumenberg, *La Légitimité des Temps Modernes*, op. cit., p. 439.

93 Ibid, p. 461.

tout veut s'identifier à Dieu et, donc, se met en mouvement. Tout tend à devenir cause de soi, d'agir par soi. Savoir faire un usage rigoureux de la notion de cause, c'est être capable de rendre compte de qui fait quoi, pour quoi avec quoi et comment. Cette réalité d'être cause de soi est intelligente et dynamique. En un mot, Dieu est essentiel pour penser. Car c'est en admettant un sens qui dynamise le monde que le monde devient pensable : « *Dieu a un état de joie continuel car il est pleinement en acte. La vie aussi lui appartient. Car l'acte d'intelligence qui permet d'être cause de soi est vie et Dieu est cet acte même [...]. Aussi appelons-nous Dieu un vivant éternel parfait. La vie et la durée continue et éternelle appartiennent à Dieu, car c'est cela qu'est Dieu* »[94].

1.6.4. Conciliation théologie / politique chez Thomas d'Aquin ?

1.6.4.1. Théologie contre Politique ?

Thomas d'Aquin est, après Augustin, l'un des grands protagonistes de l'amorce de la conciliation théologie et politique, et ce, par le climat très nouveau de sa pensée, caractérisé par l'affranchissement des communes qui promeuvent une façon de vivre qui remet fondamentalement en cause une civilisation traditionnelle campagnarde et surannée, par la création de nouveaux ordres religieux plus démocratiques. En un moment d'émancipation de l'intelligence, la découverte et l'assimilation de la philosophie d'Aristote ont permis à Thomas d'Aquin de donner au christianisme une assise intellectuelle étincelante et féconde. La grandeur et la spiritualité de l'homme viennent fondamentalement de sa nature politique. Loin d'une philosophie platonicienne axée sur l'Un, Aristote intègre parfaitement la multiplicité et la variété, ce qui constitue une percée inédite pour la pensée politique de son temps. En introduisant Aristote en Théologie, l'Aquinate opère une remise en cause profonde des points de vue en comparaison de ceux de l'Augustinisme selon lequel le Souverain Bien réside uniquement en Dieu et dans l'amour de Dieu : « *Entre deux solutions possibles d'un même problème, une doctrine augustinienne inclinera spontanément vers celle qui accorde moins à la nature et plus à Dieu* »[95].

La pensée thomiste opte et insiste davantage sur la liberté et l'autonomie de la nature humaine[96], dans la diversité de leurs formes. L'allégation de l'Aquinate d'après laquelle *Gratia non tollat naturam, sed perficiat* est capitale et inspire l'intonation : « *La grâce ne supprime pas la nature, mais*

---

[94] Aristote, *Métaphysique,* Λ, 7.
[95] E. . Gilson, *Introduction à l'étude de Saint Augustin*, Paris, Vrin, 1989, p. 317.
[96] Cette perspective thomiste a été encore reprise par J. Maritain pour penser le rapport théologie et politique, Dieu et le pouvoir, particulièrement dans *Humanisme intégral*. Nous y reviendrons.

l'accomplit »[97]. L'inédit ou l'originalité de la pensée du Docteur Angélique face à celle d'Augustin se trouve dans la sollicitation ou mieux dans le recours aux sources grecques et notamment à l'aphorisme du Pseudo-Denys d'après lequel *Bonum est diffusivum sui*. Thomas d'Aquin est l'un des plus grands et l'un des pionniers de l'époque médiévale – à la suite d'Albert le Grand - à croire et à porter beaucoup d'intérêt aux sciences humaines, à miser beaucoup sur la liberté humaine. En cela, Blumenberg ne nous apprend rien de nouveau en revendiquant la légitimité de l'ambition du *Neuzeit* pour « *avoir conduit l'homme jusqu'à une phase neuve et définitive de la possession de soi et de la réalisation de soi* »[98]. Cette revendication fait partie intégrante du christianisme mais avec la note fondamentale de la dépendance aimante et adorante du Dieu fait homme, Jésus-Christ. Loin d'Augustin qui tend à opposer le mortel à l'éternel, l'optique thomiste fait du mortel le lieu d'accueil de l'éternel en sauvegardant l'autonomie de toutes les instances. *L'exitus / reditus* (catégorie néoplatonicienne) – véritable exode de Dieu et retour vers Lui est le grand dynamisme théologique qui structure la doctrine de l'Aquinate.

1.6.4.2. Le bien commun, fin de la politique ?

Pour Thomas d'Aquin, c'est par la grâce et le libre arbitre que la créature raisonnable qu'est l'homme, réalise le retour vers Dieu. Libre et maître de ses actes, il est fait pour vivre politiquement et socialement : c'est cela sa nature véritable faute de quoi, il ne peut que s'abêtir. Espace de la liberté par excellence, la vie politique est le propre des hommes affranchis : « *Autre est la fin qui convient à une multitude d'hommes libres, autre à une multitude d'esclaves. Car l'homme libre est celui qui est sa propre cause, tandis que l'esclave est celui qui, en ce qu'il est, appartient à un autre. Si donc une multitude d'hommes libres est ordonnée par celui qui la gouverne au bien commun de la multitude, nous aurons un gouvernement juste et droit, tel qu'il convient à des hommes libres. Mais si un gouvernement est ordonné, non au bien commun de la multitude, mais au bien privé de celui qui gouverne, ce gouvernement sera injuste et pervers* » (*De Regno, I,1*). Si gouverner réellement, c'est administrer des hommes libres, le despotisme – particulièrement celui de Carl Schmitt – relu à la lumière de la pensée de l'Aquinate est de l'absurdité, de la perversion. Le pouvoir doit être fondamentalement au service du bien commun de la multitude. Concentrer le pouvoir dans les mains du Führer – « *habilité à une commission d'action, non limitée sur le plan juridique, sur les conditions de laquelle il décide lui-*

[97] Saint Thomas d'Aquin, *Somme théologique*, Ia, q.1a.8, resp.2, « *Cum igitur gratia non tollat naturam sed perficiat, oportet quod naturalis ratio subserviat fidei, sicut et naturalis inclinatio voluntatis subsequitur charitati. Unde et Apostolus dicit* », II ad Cor, x,5 : *In captivitatem redigentes omnem intellectum in obsequium Christi »*.

[98] H. Blumenberg, *La Légitimité des Temps Modernes*, op. cit., p. 434.

même »[99] - , pour qu'il ne soit pas le garant et le promoteur de la justice et du bien de la communauté est le contrepoint de la doctrine de l'Aquinate. Cela exige, alors, une opposition farouche, une désobéissance radicale à toute forme de tyrannie, d'autocratie ou de césarisme.

Théologien, c'est la vie chrétienne qui préoccupe foncièrement Thomas d'Aquin. Son commentaire fragmentaire intitulé *Politiques d'Aristote* traduit la normalité de la vie politique indissociable de la vie chrétienne et *vice versa*. Mais ici encore, l'optique de Thomas est essentiellement théologique : *Omnis potestas a Deo per populum*. Cet axiome thomiste légitime toute forme de contestation et de résistance à l'absolutisme : « *L'homme ne saurait se laisser contraindre au péché par un pouvoir politique ; il faut obéir à Dieu plutôt qu'aux hommes* »[100], ou encore « *L'homme est tenu d'obéir aux principes séculiers autant que le requiert l'ordre de la justice. Les sujets n'ont pas à leur obéir si leur pouvoir est injuste ou usurpé, ou si ce qu'ils commandent est injuste – excepté peut-être, par accident, pour éviter un scandale ou un danger* »[101]. Le recours au tyrannicide – au cas extrême – ou au détrônement du détenteur du pouvoir est la logique interne et implacable de toute autorité dont la sauvegarde du bien-être social et celle du développement du groupe à lui confiées ne sont pas l'*alpha* et l'*oméga* de ses priorités.

Au-delà de ces gauchissements de l'autorité contre lesquels il faut agir, la charité et le principe du moindre mal demeurent la clef de voûte de toute la pensée politique de l'Aquinate : « *Il semble plutôt que contre la cruauté des tyrans il vaut mieux agir par l'autorité publique que par l'initiative privée de quelques-uns. S'il est du droit d'une multitude de se donner un roi, cette multitude peut, sans injustice, destituer le roi qu'elle a institué ou refréner son pouvoir s'il abuse tyranniquement du pouvoir royal. Et il ne faut pas penser qu'une telle multitude agisse avec infidélité en destituant le tyran, même si elle s'était auparavant soumise à lui pour toujours, parce que lui-même, en ne se comportant pas fidèlement dans le gouvernement de la multitude, comme l'exige le devoir d'un roi, a mérité que ses sujets ne conservent pas leur engagement envers lui* ». (De regno, I, 6).

1.6.4.3. Dieu, fin dernière de l'Intelligence ?

Dans la perspective du Docteur Angélique, le salut est le *lieu* par excellence de la réconciliation de la foi et de la raison, par la construction d'une théologie eschatologique articulée sur une pratique morale. En effet, loin d'être un simple législateur, Dieu est fondamentalement celui qui sauve l'humanité de sa perdition par l'incarnation de son Fils qui a souffert, est mort

[99] C. Schmitt, *La Dictature*, op. cit., p. 200.
[100] Saint Thomas d'Aquin, *Somme théologique*, Ia, IIae, q.96a.4.
[101] Ibid, Ia, IIae, q.104a.6.

et à jamais ressuscité. La question qui hante l'Aquinate est celle du salut et non celle de savoir ce qui fonde l'autorité. En d'autres termes, si la raison humaine s'entremet dans la problématique du salut ne court-on pas le danger de ne plus recourir à Dieu dans le rachat de l'humanité remplaçant une rédemption d'ordre ontologique par un salut essentiellement terrestre ?

Aux yeux de Thomas d'Aquin, la vie humaine est inscrite dans le dessein divin, qui, ne faisant rien en vain, a créé le monde et l'homme, à la manière du sculpteur qui se donne une pierre afin de sculpter. Dieu a donné une forme à cette matière en y insufflant son Verbe sous la forme d'une dynamique d'intelligence transitant par toute la hiérarchie des êtres. Cette Intelligence incarnée sous la figure du « *Christ* » - la Grâce (de Dieu) – est destinée à s'accomplir totalement sous la forme de Gloire, qui verra la pleine actualité du potentiel divin renfermé dans l'homme créé à son image et à sa ressemblance et dans le monde. C'est cela le sens même de l'eschatologie, ou la science des fins dernières, qui harmonise foi et intelligence en considérant Dieu comme la fin dernière de l'Intelligence. « *Pour parvenir à la béatitude, deux conditions sont requises : la nature et la grâce. La perfection de cette béatitude s'accomplira à la fin du monde. Mais cet accomplissement a été préparé dans l'ordre de la nature par la création, et dans l'ordre de la grâce par l'incarnation du Christ. Au septième jour de la création a eu lieu l'accomplissement de la nature. Avec l'incarnation du Christ a eu lieu l'accomplissement de la grâce. A la fin du monde aura lieu l'accomplissement de la gloire* »[102]. Dans cette optique, il y a une parfaite compatibilité entre Dieu et la liberté de l'homme. Nous sommes ici, donc loin de ce que Löwith nous a dit plus haut nous recommandant vivement de nous débarrasser de « *Dieu et de la morale avec lui* » ou encore de Dieu comme « *adversaire de l'homme* ».

Quant à la relation philosophie et théologie, dont Blumenberg[103] revendique, particulièrement, la disjonction, les approches de Thomas d'Aquin sont lumineuses : « *En philosophie, où l'on étudie les créatures en elles-mêmes pour ensuite s'élever à la connaissance de Dieu, la considération des créatures est première, celle de Dieu ne vient qu'après. Dans la doctrine de la foi, au contraire, où les créatures ne sont envisagées que par rapport à Dieu, c'est l'étude de Dieu qui précède celle des créatures* »[104]. La philosophie parvient à l'intelligibilité des choses divines conformément à notre manière naturelle de

---

[102] Saint Thomas d'Aquin, *Somme théologique*, I, p. 73.

[103] « *Le commencement absolu des Temps Modernes est ainsi revendiqué, en tant que thèse de son indépendance par rapport aux résultats du Moyen Âge, thèse que l'Aufklärung accueillera dans sa conscience de soi* ». H. Blumenberg, *La Légitimité des Temps Modernes*, op. cit. , p. 206.

[104] Saint Thomas d'Aquin, CG II, 4, « *Nam in doctrina philosophiae, quae creaturas secundum se considerat et ex eis in Dei cognitionem perducit, prima est consideratio de creaturis et ultima de Deo. In doctrina vero fidei, quae creaturas non nisi in ordine ad Deum considerat primo est consideratio Dei et postmodum creaturarum* ».

connaître, dont l'objet propre est la créature sensible. Deux caractéristiques constituent cette connaissance de Dieu dont les créatures sensibles sont le principe et Dieu la fin : « *La connaissance de tout ce que la raison peut découvrir exige au préalable des connaissances nombreuses. C'est presque toute la réflexion philosophique qui se trouve ordonnée à la connaissance de Dieu, telle est la raison pour laquelle la métaphysique consacrée à l'étude des choses divines occupe chronologiquement la dernière place dans l'enseignement des disciplines philosophiques* »[105]. La philosophie mise sur la science des choses sensibles et donc sur les principes qui dirigent cette connaissance qui sont nos principes naturels de connaissance, appropriés aux choses matérielles : « *Les premiers principes des sciences spéculatives sont reçus par les sens, comme le démontre le Philosophe. Il s'ensuit que toute l'étude des sciences spéculatives ne peut s'étendre au-delà de ce que nous apprend la connaissance sensible* »[106].

La philosophie ayant pour principe les phénomènes du monde matériel, elle en examine la cause première ; et part des effets de Dieu dans la nature. La théologie, quant à elle, inclut l'observation des effets de Dieu dans l'ordre de la grâce (de la révélation) : « *Sans doute par la révélation de la grâce en cette vie nous ne connaissons pas de Dieu ce qu'il est, et nous lui sommes unis comme à un inconnu. Toutefois, nous le connaissons plus pleinement en ce que des effets plus nombreux et plus excellents de sa puissance nous sont manifestés, et aussi en ce que grâce à la révélation divine, nous lui attribuons des perfections que la raison naturelle ne saurait atteindre, par exemple que Dieu est trin et un* »[107]. Ce qui est en cause, ici, c'est que la théologie n'est pas opposée à la philosophie (politique) ni séparée d'elle comme le veulent nos trois auteurs. Elle est plus élevée et s'étend à plus de choses que la philosophie première et la philosophie politique. Toutefois, sa supériorité n'est pas la synonymie ou la consécration de la saisie de l'essence divine, mais vient plutôt du message de la révélation qui nous donne des principes supérieurs à ceux de la lumière naturelle. La révélation nous fait participer à la connaissance de Dieu. Ainsi, nous transcendons toute connaissance encore rivée sur les principes de la seule lumière naturelle. Le critère déterminant de cette supériorité de la révélation

---

105 Saint Thomas d'Aquin, CG I, 4, « *Ad cognitionem enim eorum quae de Deo ratio investigare potest, multa praecognoscere oportet : cum fere totius philosophiae consideratio ad Dei congnitionem ordinetur ; propter quod metaphysica, quae circa divina versatur, inter philosophiae partes ultima remanet addiscenda* ».

106 Saint Thomas d'Aquin, IIae, q. 3a. 6resp.

107 Saint Thomas d'Aquin, Ia, q. 12a. 13 ad 1m, « *Ad prinum ergo dicendum, quod, licet per revelationem gratiae in hac vita non cognoscamus de Deo quid est, et sic ei quasi ignoto conjungamur, tamen plenius ipsum cognoscimus in quantum plures et excellentiores effectus ejus nobis demonstrantur ; et in quantum ei aliqua attribuimus ex revelatione divina, ad quae ratio naturalis non pertingit, ut Deum esse trinum et unum* ».

sur les fondements de la raison (lumière naturelle), c'est qu'il ne nous est pas possible d'y consentir autrement que par la croyance parce que ses principes ne sont pas aussi manifestes aux hommes ; l'intellect n'étant pas doté de l'énergie adéquate pour en appréhender toute la vérité. La croyance qui est le principe de la théologie n'est pas la consécration de l'infériorité, de la démission ou de l'obscurantisme de la théologie (Blumenberg) face à la philosophie. Elle est plutôt le signe de la suprématie de l'homme sur la raison, là où la lueur de la philosophie témoigne que le savoir qu'elle nous confère est à la mesure de la puissance de notre raison.

Partant, la foi manifeste la limite de toute connaissance humaine relativement à la science théologique. Elle assure à la théologie une certitude semblable à celle de la science. Et c'est pourquoi elle doit éclairer, informer, inspirer la politique. « *Quasi subalternées* »[108], parce que la science qui lui confère ses principes n'est manifeste pour aucun homme en cette vie, la théologie et sa dignité épistémique sont solidaires de la foi ; foi qui est la connexion, c'est-à-dire ce par quoi se réalise la pérennité entre science divine et philosophie. C'est par l'adhésion ferme et certaine de la foi aux principes comme lorsqu'ils sont prouvés par une autre science humaine, que s'opère la subalternation qui permet de prendre en compte les spéculations de la raison comme scientifiques à partir de la révélation. Ce qui fait énoncer que c'est essentiellement pour le croyant que la théologie a le statut de science et ne relève donc pas du despotisme, de l'infâme, de l'absurde ou de l'obscurantisme comme tendent à le revendiquer Blumenberg et Löwith particulièrement. Pour l'Aquinate « *Les principes de foi ont une valeur probante aux yeux des fidèles au même titre que les principes naturellement évidents en ont une aux yeux de tout le monde. C'est pourquoi aussi la théologie est une science* »[109]. Loin d'attenter ou de remettre en cause la dignité épistémique de la théologie, la foi en manifeste la supériorité sur l'ensemble de la science humaine puisqu'elle permet d'aller au-delà de la puissance de la raison sans pour autant renoncer aux ambitions scientifiques du savoir humain. Ainsi, la théologie est la science la plus éminente pour l'homme : « *La science sacrée l'emporte sur les autres sciences spéculatives. Elle est la plus certaine, car les autres tirent leur certitude de la lumière naturelle de la raison humaine qui peut faillir, alors qu'elle tire la sienne de la lumière de la science divine, qui ne peut se tromper. C'est elle aussi qui a l'objet le plus élevé, puisqu'elle porte principalement sur ce qui dépasse la raison, au lieu que les autres disciplines envisagent ce qui est soumis à la raison* »[110]. Ici, encore, c'est tout à fait l'inverse de ce que Blumenberg nous énonce : « *Le rôle du philosophe est défini par la réduction de la certitude sous la pression de la condition préalable que l'omnipotence*

[108] Saint Thomas d'Aquin, *Commentaire des sentences*, prologue, a.3 q.2 ad1m.
[109] Saint Thomas d'Aquin, IIa, IIae, q.1a.5ad2m.
[110] Saint Thomas d'Aquin, Ia, q.1a1.5resp.

divine ne pouvait s'imposer des limitations favorisant l'homme. Dans cette description de la fonction de la raison, le refus des hypothèses téléologiques de la tradition prend une place déterminante »[111].

1.6.5. Harmonie foi / raison, théologie / politique chez Augustin ?

Saint Augustin a aussi pensé le rapport de la croyance chrétienne et de l'intelligence ainsi que leur autonomie accordée. C'est dans la relation des deux Cités (terrestres et divines) que va se décliner également le problème théologico-politique, le rapport Foi et Raison. D'ailleurs, *la Cité de Dieu* – véritable théologie politique et pensée politique d'Augustin - n'est-elle pas l'expression par excellence de l'articulation de deux rationalités, celles gréco-romaines et celles des Ecritures judéo-chrétiennes absolument distinctes mais inséparablement unies même si l'une est supérieure (la divine) à l'autre ? Deux amours ont fait deux Cités : la Cité terrestre et la Cité de Dieu. Aux yeux d'Augustin, les individus sont toujours membres d'une communauté : Famille, cité, royaume. De l'individu à la société, l'affinité est aussi étroite que d'une lettre à une phrase. La notion de *civitas* renvoie aussi bien à la cité qu'à l'Etat impérial. Or, aux yeux d'Augustin, l'existence d'une communauté repose préalablement sur une harmonie, un contrat. C'est pourquoi, il conçoit le « *peuple* » comme « *le rassemblement d'une multitude d'êtres raisonnables associés par la participation harmonieuse à ce qu'ils aiment* »[112]. Ce qui définit la cité, c'est la réalité d'un penchant et non un modèle idéal platonicien. Partant, « *pour voir ce qu'est chaque peuple, il faut considérer l'objet de son amour* », qui conformément à sa nature, le conduit vers le bien ou le mal. La justice est un critère fondamental de la chose publique dont la carence entraîne du coup, la disparition du *« rassemblement d'hommes associés par le consentement à un droit et par une communauté d'intérêts* ».

Irréductible au droit positif, le droit (*jus*) fait appel à la Justice (*Justitia*) qui dérive de la charité (*caritas*). C'est ainsi qu'Augustin transforme la justice en charité. L'amour qui est la tension vers l'éternel, rend compte de la philosophie de l'histoire de *la Cité de Dieu*, livre écrit après le désastre du sac de Rome envahie par les Goths en 410. Rome (symbole même de la Raison) n'est pas éternelle : sa mise à sac sous la passion hégémonique met au jour la moralité des civilisations à la lumière desquelles le « *Royaume chrétien se manifeste dans sa gloire éternelle* ».

Abordant la question du règne des fins dernières (spirituelles), le Christ n'a pas manqué de relever son étrangeté au monde empirique : « *Mon royaume n'est pas de ce monde* ». C'est bel et bien à ce royaume que fait droit la *civitas*

---

111 H. Blumenberg, *La Légitimité des Temps Modernes*, op. cit., p. 192.

112 Saint Augustin, *La Cité de Dieu*, Trad. G. Gombès, BA vol 33 à 37, Paris, Desclée de Brouwer, 1959-1960.

Dei, la Cité mystique perméable à la catholicité des hommes qui croient en Dieu en acceptant ses Commandements. Sans muraille et abritant toutes les langues, toutes les nations, cette Cité céleste est antinomique à la Cité terrestre qui considère comme étranger tout ce qui est hors les murs et qui vit conformément aux passions humaines et aux normes, rejetant, du coup, Dieu et sa finalité. Partant, « *deux amours ont bâti deux cités. L'amour de soi jusqu'au mépris de Dieu, la cité terrestre. L'amour de Dieu jusqu'au mépris de soi, la cité divine...* »[113]. Evitons ici toute méprise : Il n'est nullement question d'une stigmatisation du politique encore moins du social chez Augustin : La corruption de la cité terrestre vient de la corruption de sa volonté, de la vanité de l'amour qui l'anime, celle des passions hégémoniques et de la folie des ambitions égoïstes. Augustin s'en prend vivement à l'absolutisation et à l'idolâtrie de l'Etat qui, se considérant comme fin, évince Dieu. Cependant, et de façon empirique, les deux Cités sont perméables l'une à l'autre, interfèrent, « *étroitement enchevêtrées l'une dans l'autre en ce siècle* »[114] sans qu'il ne soit possible à quiconque d'énoncer qui appartient à l'une ou à l'autre. En d'autres termes, la différenciation revient à Dieu et à lui seul à la fin de l'histoire : « *Tous deux ont également part au temporel, à ses biens comme à ses maux, usant des premiers, subissant les seconds ; mais opposée est leur foi, opposée leur espérance, opposé leur amour, jusqu'à ce que le jugement dernier vienne les séparer l'une de l'autre et que chacune connaisse sa fin qui n'aura point de fin* »[115]. La perspective d'Augustin, bannit radicalement la déification de la Cité terrestre, celle de l'Etat, dans sa prétention à réaliser sur terre la Cité de Dieu comme le nazisme, le communisme, le capitalisme sauvage etc., nous ont donné et nous donnent encore aujourd'hui de sanglants et cyniques exemples. En louant Constantin et Théodose, tous deux empereurs chrétiens[116], Augustin prend garde et évite de faire croire qu'il identifie la cité divine à ces deux figures historiques et emblématiques d'un Etat chrétien. A ses yeux, la signification dernière de l'histoire relève du spirituel. Pour distinguer les métamorphoses de la Cité terrestre qui se voient de celles de la Cité divine qui sont invisibles, Augustin emploie la métaphore d'une cité en pèlerinage vers Dieu, parcourant les empires successifs, moyens d'une fin qui les dépasse. Si pour Augustin, Dieu est l'*alpha* et l'*oméga* d'un temps vecteur de progrès qui rend obsolète l'éternel retour des Anciens, le Christ, Verbe incarné en est la Clef de voûte.

La philosophie politique d'Augustin débouche ainsi sur une théologie de l'histoire. Comme quoi la théologie chez Augustin loin de ce que Blumenberg, Schmitt et Löwith nous font croire, ne s'oppose pas idéologiquement à la

---

[113] Saint Augustin, *La Cité de Dieu*, XIV, 28.
[114] Ibid, I, 35.
[115] Ibid, XIV, 28.
[116] Ibid, V, 25-26.

politique ni la foi à la raison. La Paix[117] comme cheville ouvrière de la doctrine de Saint Augustin permet encore de penser l'intrication de l'intelligence et de la croyance, de la théologie et de la politique loin de toute liquidation moderne de la question théologico-politique.

1.6.5.1. « *La tranquillité de l'ordre* » (Augustin) ou l'intrication foi et raison ?

« *Toute déclaration de guerre est une déclaration d'hostilité, cela va de soi ; c'est encore plus évident quand il y a déclaration de guerre civile (...). Toute guerre sur deux fronts amène à se demander lequel est l'ennemi réel. (...) L'ennemi est notre propre remise en question personnifiée* »[118].

Contrairement à la position de Schmitt qui fonde la politique, la communauté des hommes sur l'inimité qui se décrète et fait de l'autre un ennemi à abattre, à exterminer, n'hésitons pas de dire que ce qui constitue une société, c'est la fin commune pour laquelle les hommes sont réunis. Quelle qu'elle soit, la paix reste une fin commune à toute communauté humaine et non l'inimité telle que Schmitt, particulièrement, le conçoit. Il est vrai que les première et deuxième guerres mondiales et les guerres de religion qui ont ponctué l'histoire de l'Europe Occidentale ont tendance à l'infirmer. S'il y a contradiction, elle ne peut être qu'apparente, puisque le motif de la guerre réside dans la manière dissemblable dont les sociétés conçoivent la paix. La paix voulue et recherchée ne saurait être une tranquillité quelconque et à n'importe quel prix. La paix authentique est celle qui répond aux profondes aspirations de tous. Même quand il y a la guerre entre les hommes, c'est en vue de la paix et de la représentation qu'ils en ont.

Cependant, on peut se demander quel est le critère d'une paix permanente si les sociétés recherchent la « *tranquillité de l'ordre* » qui ne soit pas un intermède éphémère entre deux conflagrations ? La condition que nous donne Augustin se trouve dans l'ordre (*ordo*) en tant que « *disposition des choses qui attribue à chacune sa place* ». Pour qu'une communauté humaine formée de membres différents consente à poursuivre, à l'unisson, une même fin, cela exige que chaque membre garde le positionnement que la société lui a accordée en s'acquittant convenablement de la tâche qui lui revient personnellement. De la sorte, « *La paix du corps, c'est la disposition ordonnée de ses parties ; la paix de l'âme non rationnelle : le repos ordonné des appétits ; la paix de l'âme rationnelle : l'accord entre la connaissance et l'action ; la paix du corps*

[117] Définie à trois niveaux – *ontologique* (comme marque en l'homme de son être créé ; *christologique* (don du Christ à l'humanité déchue) ; *eschatologique* (réalité espérée que la cité terrestre ne saurait offrir ni habiter pleinement), la « *paix parfaite* » qu'Augustin distingue d'une « *paix imparfaite* », celle de ce monde, est « *la communauté parfaitement ordonnée et parfaitement harmonieuse dans la puissance de Dieu* ». *La Cité de Dieu*, op. cit., 19,26.

[118] C. Schmitt, *La notion, de politique, théorie du partisan*, op. cit., p. 294.

et de l'âme : la vie et le salut, ordonnés, de l'être animé ; la paix de l'homme mortel avec Dieu : l'obéissance ordonnée dans la foi, sous la loi éternelle ; la paix des hommes : la concorde ordonnée de ses habitants, dans le commandement et l'obéissance ; la paix de la cité céleste : la communauté, parfaitement ordonnée et harmonieuse dans la jouissance de Dieu, dans la jouissance mutuelle en Dieu ; la paix de toutes choses : la tranquillité de l'ordre. L'ordre, c'est la disposition des êtres égaux et inégaux, désignant à chacun la place qui lui convient »[119]. La fin dernière des biens temporels et de leur emploi, c'est le repos éternel dans la jouissance de Dieu et du prochain. C'est bel et bien cette paix éternelle qui constitue la *civitas Dei* présente aux hommes. La perfection de notre paix, ici bas, dépend de son assomption par la paix avec Dieu et avec les autres hommes conformément au double précepte de l'amour de Dieu et du prochain. La Cité de Dieu (l'Eglise) sur la terre rend possible ou contribue à l'harmonie terrestre en l'attribuant à la quiétude éternelle, en Dieu. Ce désir profond et universel est la plupart du temps durement remis en cause soit par l'injustice pour que la tranquillité triomphe, soit que la paix s'effrite par la calamité des conflagrations.

1.6.6. Raison et Révélation, une conciliation ? Léo Strauss.

La spécificité de la pensée de Léo Strauss est le refus systématique de la parcellisation de la vie humaine en une multitude de provinces culturelles autonomes voire opposées - Raison et Révélation - dont la philosophie moderne reste le protagoniste et le chantre. Cette parcellisation explique la crise de la rationalité et engage toute l'Europe occidentale dans la caractérisation qu'elle a d'elle-même. Le fondement de cette crise est l'enfouissement de la problématique théologico-politique par les opinions héritées de l'*Aufklärung* et les présupposés modernes. La solution réside dans l'articulation de la Raison et de la Révélation, le cœur de « *la problématique théologico-politique [qui] est, depuis le thème de mes recherches* »[120].

L'enjeu du problème théologico-politique chez Léo Strauss porte d'abord sur les représentations que nous avons du philosophe, son mode de vie et de la philosophie comme cette vie même. La relation entre le philosophe et la cité est incarnée par la figure de Socrate et par Thrasymaque dans le dialogue de Platon intitulé *la République*. Rappelons, ici, que l'acte d'accusation à l'encontre de Socrate lors de son procès porte sur la corruption de la jeunesse et surtout sur le blasphème, c'est-à-dire la remise en cause de la sacralité de la Loi. Passionné de vérité, de Justice et de paix, Socrate, - comme d'ailleurs tout véritable philosophe – doit faire face aux divers griefs de la cité contre lui en

---

[119] Saint Augustin, *La Cité de Dieu*, op. cit., XIX, 13,1.

[120] L. Strauss, *La philosophie politique de Hobbes*, trad. A. Enegren et M. B. de Launay, Paris, Belin, 1991, p. 10.

réaffirmant le caractère sacré de la Loi et de la vie politique, comme seule vie possible digne de l'être humain. La facture commune de la Loi et son ancrage dans la religion, elle-même publique, c'est-à-dire commune reste le principe paradigmatique de toute la perspective de Léo Strauss. Toute réserve faite, Strauss - comme Augustin et Thomas d'Aquin - est très passionné par l'intrication de la Loi religieuse dans la cité. Dans la quête du modèle de la vie politique classique incarné par Athènes, il n'hésite pas à analyser la relation de la foi à la situation politique du chrétien ou du juif. Le point de départ de Léo Strauss est son exaspération vis-à-vis des écrits anti-théologiques de Machiavel, - le grand ancêtre de la crise de la rationalité contemporaine – et de ceux de Spinoza et de Hobbes, autres protagonistes du malaise de la modernité. Son interrogation fondamentale qui permet d'entrelacer la dissension ou le désaccord entre raison et révélation est celle qui repose sur la vérité de la Loi : qu'est-ce que la vie bonne ? Comment arriver à connaître la Loi ? Qu'est-ce que la Justice, le bonheur ? Quel est le meilleur régime ? Ces questions du meilleur régime, de la vérité de la Loi, de la Justice sont rituellement portées dans la cité par les prophètes, les philosophes, les législateurs. Or, en analysant nos opinions, nous nous rendons compte, à la lumière de ces catégories, que beaucoup sont obsolètes pour la modernité dont Blumenberg reste le porte-drapeau. Il est très étonnant de constater qu'aucune de ces thématiques ne fasse explicitement et largement l'objet des traités de Blumenberg, de Löwith, et plus particulièrement encore, de Carl Schmitt, pour qui seule la dictature constitue le meilleur régime qui soit. Force, cependant, est de noter chez nos auteurs un reflux de la religion, une sécularisation des thèmes religieux. A leurs yeux, la religion s'est profondément métamorphosée et il ne reste plus d'elle que des lambeaux de morale, dont il faut encore se débarrasser (K. Löwith) : « *Il faut se débarrasser de Dieu et de la morale avec lui* »[121].

Lecteur de Nietzsche, Léo Strauss est fortement sensible à la crise de la modernité. La religion des Anciens grecs et des Romains, celle des Juifs, des chrétiens et musulmans est une religion de la Loi qui confère ses lois à la cité. A ses yeux, c'est l'oubli du sens et de la portée salvatrice de la Loi (Révélation) et de l'articulation de la politique (Raison) à la problématique du bien-vivre qui est à la base de l'autodestruction de l'Occident. Une autodestruction qui est l'expression tragique d'une perte de substance due essentiellement au fait que l'homme se méconnaît profondément. L'auto-anéantissement de l'Europe Occidentale, fruit de l'irrationalisme actuel et de la technique, vient de l'éclipse de ce qui fait qu'une vie vaut la peine d'être vécue. Il engendre une crise de confiance en soi de l'Occident. Ce malaise est l'opportunité pour remettre radicalement en cause les conjectures aberrantes qui ont engendré la conscience et la politique modernes, la relation des hommes entre eux, et leur relation à la vie et à la nature. La solution de sortie

[121] K. Löwith, « *Correspondance entre Strauss et Löwith* », op. cit., p. 190.

de crise réside radicalement dans le retour straussien à Socrate et à Maïmonide, comme une nouvelle façon de penser, à nouveaux frais, l'idée de Loi. Laquelle est totalité de la vie en réaffirmant la philosophie politique comme une philosophie première où la politique est ce dont on part : « *Ce n'est pas un oubli qui nous pousse à nous tourner avec un intérêt passionné (...) vers la pensée politique de l'Antiquité classique. (...). Nous y sommes contraints par la crise de notre temps, la crise de l'Occident* »[122]. Il s'agit donc d'un repli sur l'Antiquité et plus particulièrement une focalisation sur Socrate - le pionnier de la philosophie politique - et la prise en considération des opinions de la cité, c'est-à-dire celles du sens commun. La loi mosaïque dont Dieu est le fondateur a pour fin ultime la perfection intellectuelle humaine qui ne serait réalisée que par un homme sincèrement sage, le philosophe : c'est ce en quoi consiste l'amour véritable de Dieu.

La modernité de Blumenberg et de Löwith considère que la problématique théologico-politique est ensevelie une fois pour toutes. Leur optique de la raison est exclusive de toute Révélation. Tous deux, particulièrement, ont perdu de vue l'idée qu'il existe des croyances spécifiques à la Loi qui doivent être sauvegardées par une science spéciale reposant sur l'emploi d'arguments rationnels, mais où la raison se tient devant quelque chose qui la dépasse et exige un enseignement spécifique – la prophétologie – voisin de l'oralité et visant un cercle restreint. Le retour de Léo Strauss à Maïmonide permet de reconsidérer une dimension propre aux Lumières médiévales qui est en connexion avec la double filiation à Athènes et à Jérusalem : « *Les philosophes (...) essaient de rendre compte du Tout en partant de ce qui est toujours accessible à l'homme en tant qu'homme ; Maïmonide part de l'acceptation totale de la Torah. Un juif peut utiliser la philosophie et Maïmonide l'utilise de la façon la plus ample ; mais, en tant que juif, il donne son assentiment là où, en tant que philosophe, il suspendrait son assentiment* »[123].

Aux yeux de Léo Strauss, Maïmonide est la figure emblématique des Lumières médiévales et celle du rationalisme spécifique qu'il ne cesse de revendiquer face à la crise de la rationalité contemporaine. Par sa réflexion sur la Loi, Maïmonide balise le chemin de la contestation radicale du statut de la conscience comme auto-fondation (Blumenberg), autoposition (Carl Schmitt) en défendant l'idée que le travail de la pensée est de recommencer la philosophie et de réactualiser l'interrogation socrato-platonicienne. Comme quoi, l'alliance intelligence / croyance, théologie / politique ne souffre d'aucune incompatibilité chez Léo Strauss, mais doit respirer une parfaite harmonie pour sauver le *Neuzeit* du cynisme de la rationalité instrumentale et de l'impasse à laquelle il nous accule aujourd'hui.

---

[122] L. Strauss, *La Cité de l'homme*, Paris, Agora, 1987, p. 7.

[123] L. Strauss, « *Comment commencer à étudier le Guide* ? », *Maïmonide, Guide des égarés*, III, t. III, Paris, G.P. Maisonneuve et Larose, 1981, p. 300.

1.6.7. Foi et raison : une réconciliation vitale ? Jean-Paul II.

« *Il est illusoire de penser que la foi, face à une raison faible, puisse avoir une force plus grande ; au contraire, elle tombe dans le grand danger d'être réduite à un mythe ou à une superstition. De la même manière, une raison qui n'a plus une foi adulte en face d'elle n'est pas incitée à s'intéresser à la nouveauté et à la radicalité de l'être* »[124].

Nous connaissons la postface de la *Théologie Politique* de Carl Schmitt par laquelle il fait le point de la « *liquidation de toute théologie politique par Peterson* »[125], en dressant « *l'état actuel du problème* »[126] à travers « *La Légitimité des Temps Modernes* » de Blumenberg. Qu'il suffise de rappeler, ici, les termes par lesquels Carl Schmitt semble rapporter la thèse fondamentale que sous-tend tout l'ouvrage de Blumenberg, - la démarcation entre foi et raison, théologie et politique - et posant « *comme absolue la non-absoluité* » en engageant « *une négation scientifique de toute théologie politique* ». La perspective schmittienne de la science « *tient pour irrecevable tout prolongement et toute transposition issus de la doctrine du salut d'une religion se prétendant absolue. Semblables transpositions ne sont, à ses yeux, que des hypothèques tragiques datant d'époques révolues. Leur liquidation définitive va de pair avec la mondanité des temps nouveaux (Neu-Zeit) déthéologisés et demeure « leur tâche critique patentée »* »[127].

La position de Carl Schmitt n'est pas au final différente de celle de Blumenberg en ce qui concerne la mise hors circuit de toute interférence du religieux dans la vie politique. En revanche, la perspective théologico-politique de Jean-Paul II s'inscrit en faux contre de dramatiques démarcations entre *Fides* et *Ratio*. Ce conflit des deux registres du savoir a rétrospectivement généré au 20ème siècle les totalitarismes communistes et nazis, les deux conflagrations mondiales ainsi que le progrès exponentiel des sciences et techniques avec leurs retentissements considérables. Revendiquant et assumant l'héritage multiséculaire de la croyance et celui du savoir chez Saint Augustin, Thomas d'Aquin, Jean-Paul II est le protagoniste contemporain de l'harmonie de la Raison et de la Révélation dans la distinction des registres et dans leur connexion dynamique. Aux yeux du Pape, il n'est pas question – malgré la tentation grandissante et envahissante du rationalisme ambiant – de céder à la dépréciation néfaste de la raison philosophique mais de redécouvrir son importance décisive en célébrant sa grandeur, ses prouesses, mais aussi en

---

124 Jean-Paul II, *Encycl. « Foi et Raison »,* 14 septembre 1998, Paris, Ed du Cerf / Fayard, 1998, p. 111.

125 C. Schmitt, *Théologie politique*, op. cit., p. 167.

126 Ibid, p. 167.

127 Ibid, p. 167-168.

dénonçant ses dérives, tout ceci dans une véritable perspective de confession de la foi. Il s'agit pour lui de réduire considérablement le fossé qui s'est creusé et qui ne cesse de s'élargir, aujourd'hui, entre théologie et politique, Raison et Révélation. C'est là tout l'enjeu de l'allégation proscrivant deux attitudes extrêmes ayant conduit à la séparation moderne de la foi et de la raison : le rationalisme et le fidéisme : « *Le rapport actuel entre foi et raison demande un effort attentif de discernement, parce que la raison et la foi se sont toutes deux appauvries et se sont affaiblies l'une en face de l'autre. La raison, privée de l'apport de la Révélation, a pris des sentiers latéraux qui risquent de lui faire perdre de vue son but final. La foi, privée de la raison a mis l'accent sur le sentiment et l'expérience, en courant le risque de ne plus être une proposition universelle. Il est illusoire de penser que la foi, face à une raison faible, puisse avoir une force plus grande : au contraire, elle tombe dans le grand danger d'être réduite à un mythe ou à une superstition. De la même manière, une raison qui n'a plus une foi/adulte en face d'elle n'est pas incitée à s'intéresser à la nouveauté et à la radicalité de l'être. (...) A la parrhésia de la foi doit correspondre l'audace de la raison* »[128]. En vérité, par *Ratio*, (ou philosophie), Jean-Paul II entend non une raison étriquée qui a été prédominante dans certains courants philosophiques européens, fermée aux requêtes théologiques, mais plutôt et fondamentalement une *Ratio* hospitalière à toute lumière, une raison accomplissement de la foi au Christ, une raison qui est recherche continuelle et totale de la sagesse de l'humanité dans sa soif et sa confrontation avec le Surnaturel, c'est-à-dire le Christ, la Sagesse de Dieu Incarnée, la Transcendance habitant l'Immanence.

Héritier *d'Aeterni Patris* (1879) de Léon XIII, et partant des deux constitutions dogmatiques *Dei Filius* (1870) et *Dei Verbum* (1965), le pape polonais rappelle l'importance de la doctrine conciliaire qui amorce « *une véritable perspective de nouveautés pour le savoir philosophique* » qu'il essaie de condenser en deux développements centraux : le premier porte sur Saint Anselme de Cantorbery qui à ses yeux est « *l'une des intelligences les plus fécondes et les plus significatives de l'histoire de l'humanité, à laquelle la philosophie aussi bien que la théologie se font un devoir de se référer*[129] ». Le second est relatif au surnaturel n'arrêtant pas de se manifester à l'esprit humain de celui qui « *est que chose de plus grand qu'il ne se puisse penser – quiddam majus quam cogitari possit [...]* »[130] exhortant vivement l'esprit humain à s'ouvrir à la Transcendance, qui, radicalement et gracieusement n'arrête de s'offrir à l'être humain. « *La fin ultime de l'existence personnelle* »[131] présente au plus profond de l'être humain demeure « *un objet d'étude aussi bien pour la*

[128] Jean-Paul II, *Encycl.* « *Foi et Raison* », op. cit., p. 64-65.
[129] Ibid, p. 23.
[130] Ibid, p. 25.
[131] Ibid ? p. 25.

philosophie que pour la théologie »[132]. Selon l'optique de ce Pape, la foi n'est nullement l'abdication de l'intelligence mais plutôt et fondamentalement acte d'intelligence de l'esprit humain en quête d'intelligence de ce à quoi il ne peut accéder seul. Elle intervient non pour réduire ou paralyser l'autonomie de la raison mais prioritairement pour aider l'homme à saisir la visibilité de Dieu et son action salvatrice dans le cours de l'histoire, dans les événements. En d'autres termes, elle aiguise le regard intérieur et « *la présence agissante de la Providence* »[133]. Concédant à la raison sa véritable légitimité et autonomie, la foi ne peut se dissocier véritablement de la raison sans que l'homme lui-même ne se voit enténébré dans sa connaissance profonde, celle de l'univers et celle de Dieu lui-même[134]. C'est pourquoi il faut écarter toute rivalité entre foi et raison pour rechercher et promouvoir leur intrication véritable et harmonieuse : « *Il ne peut donc exister aucune compétitivité entre la raison et la foi : l'une s'intègre à l'autre, et chacune a son propre champ d'action. C'est encore le livre des proverbes qui oriente dans cette direction quand il s'exclame : "C'est la gloire de Dieu de celer une chose, c'est la gloire des rois de la scruter" (Pr 25,2)* »[135].

Or, la modernité revendiquée par Blumenberg – celle du rationalisme excessif – est non seulement celle de la distinction légitime des deux savoirs mais de leur séparation néfaste. Elle ne revendique pas et ne professe pas seulement « *une philosophie séparée et absolument autonome vis-à-vis du contenu de la foi* »[136], mais également défend « *la supériorité de la Raison sur la Foi* »[137] en considérant doublement les « *croyances comme des crédulités* »[138], et la « *Foi comme nocive et aliénante pour le développement de la pleine rationalité* »[139]. C'est contre cette dérive séparatiste que le chef de l'Eglise catholique réagit, optant pour l'apaisement et la collaboration de ces « *deux ailes qui permettent à l'esprit humain de s'élever vers la contemplation de la vérité* »[140].

a/ Réaliser la cohésion de la foi et de la raison

La perspective du pape est d'éviter à tout prix que la foi et la raison n'en viennent à s'exclure l'une l'autre. C'est ce qu'énoncent si bien les deux maximes anciennes : « *Credo ut intellegam* » "je crois pour comprendre" - car

---

[132] Saint Augustin, *La Cité de Dieu*, op. cit., p. 25.
[133] Jean-Paul II, *Encycl. « Foi et Raison »*, op. cit., p. 28.
[134] Ibid, p. 29.
[135] Ibid, p. 29.
[136] Ibid, p. 61.
[137] Ibid, p. 61.
[138] Ibid, p. 61.
[139] Ibid, p. 61.
[140] Ibid, p. 5.

la Foi et la Révélation permettent d'étendre les domaines d'investigation de la raison humaine - et *intellego ut credam* "je comprends (ou cherche à comprendre) pour croire". La compréhension du contenu de la foi permet de faire grandir et d'affermir la foi en nous. Il est impérieux et vital de réaliser la cohésion entre la révélation chrétienne et raison philosophique. C'est là tout le vœu de l'exergue de l'ouvrage : « *La Foi et la Raison sont comme les deux ailes qui permettent à l'esprit humain de s'élever vers la contemplation de la vérité* »[141]. Il faut donc trouver un équilibre entre ces deux modes de connaissance distincts mais qui permettent tous deux d'accéder à l'Unique Vérité par des voies différentes : « *Cette Vérité que Dieu révèle en Jésus-Christ n'est pas en contradiction avec les vérités que l'on atteint en philosophant. Les deux ordres de connaissance conduisent au contraire à la Vérité dans la plénitude* »[142]. Partant, foi et raison ne s'excluent pas mais s'entraident réciproquement pour une meilleure intelligibilité de la Vérité.

a 1/ « *Credo ut intellegam* »

La foi est l'auxiliaire indispensable de la raison pour croître dans la connaissance de la vérité. Par l'usage de la raison, l'homme est à même d'accéder à l'existence de Dieu. Telle est la doctrine de l'Eglise tout au long des siècles. S'appuyant sur *le livre de la Sagesse* 13,5 – « *La Grandeur et la beauté des créatures font, par analogie, contempler leur Auteur* » - Jean-Paul II s'adonne à une herméneutique de cette parole sapientielle : « *En lisant le livre de la nature avec les instruments de la raison humaine, on peut arriver à la connaissance du Créateur. Si l'homme ne parvient pas, par son intelligence, à reconnaître Dieu créateur de toute chose, cela est dû non pas tant au manque de moyen adéquat qu'aux obstacles mis par sa libre volonté et par son péché* »[143]. Comme l'Aquinate qui parle des voies d'accès à l'existence de Dieu, la métaphysique parvient par un parcours de raison à la preuve de l'existence de Dieu. Toutefois, la connaissance de l'existence de Dieu reste fondamentalement partielle en ce sens qu'elle ne saurait réussir, à elle seule, à nous dire réellement en quoi consistent vraiment la nature et l'identité profondes de Dieu. Il appartient donc à la foi de me dévoiler ce qu'est la Sainte Trinité et d'appeler Dieu le Père, le prier, l'honorer, Lui qui est intime à moi plus que moi-même. La foi rend possible des pans de connaissance inédits : « *Cette ouverture au mystère, qui lui venait de la Révélation, a finalement été pour lui la source d'une vraie connaissance, qui a permis à sa raison de s'engager dans des domaines infinis, ce qui lui donnait une possibilité de*

[141] Jean-Paul II, *Encycl. « Foi et Raison »*, op. cit., p. 5.
[142] Ibid, p. 47.
[143] Ibid, p. 30-31.

compréhension jusqu'alors inespérée »[144]. La foi reste la lumière obligée de la raison quand celle-ci est fragilisée ou en crise. Ceci est encore manifeste de manière ultime devant la Croix – le mystère central du christianisme – qui est *« scandale pour les juifs et folie pour les païens »*[145]. Or, c'est justement, à travers, cette folie et ce scandale de la croix qu'éclate le dessein glorieux et salvifique de Dieu.

a 2/ « *Intellego ut credam* »

La raison secourt la foi pour croître dans la connaissance de la Vérité. Avoir la foi dispose à accueillir des propositions qui transcendent entièrement l'intelligence humaine. Cependant est-il concevable pour l'homme de croire à des vérités inaccessibles ? D'aucuns admettent que la meilleure position qui soit est la foi naïve, celle d'accueillir et de croire tous les articles du *Credo* ou les Paroles de la Bible sans chercher à comprendre. Attitude que l'Eglise récuse enseignant que l'obéissance de la foi en appelle à l'engagement de la volonté et de l'intelligence. De la sorte « *obéissant à la foi* », le chrétien est appelé à mobiliser sans arrêt son intelligence dans la pénétration de la foi. Il ne doit nullement se dispenser d'entrer toujours plus dans la clairvoyance des mystères de sa croyance, mais en chercher plutôt la signification profonde, creuser, ruminer, pour en tirer toute sa saveur et arriver à en vivre profondément, à en rendre compte à qui le lui demande. Les secrets de la vie divine nous sont accordés pour qu'en les méditant nous les assimilions. Conscient de la non-contradiction de la Vérité, Jean-Paul II affirme que « *La vérité qui nous provient de la Révélation est en même temps une vérité comprise à la lumière de la Raison* »[146]. Le chrétien doit donc s'affranchir de cette allergie ou de cet intégrisme qui lui enjoint de ne jamais supporter que la Révélation soit passée aux peignes fins de la raison. Il doit être un perpétuel pèlerin de l'intelligibilité et de la formation continue de sa foi, s'il veut qu'elle soit vivante, dynamique, solide et génératrice de salut.

De la sorte, la symbiose[147] foi et raison est la clef de voûte pour affronter le nihilisme (Löwith) aujourd'hui, pour briser la logique exsangue du marché (Carl Schmitt) et la tentation sans cesse croissante « *d'un pouvoir démiurgique sur la nature et sur l'être humain lui-même* » (Blumenberg). La modernité revendique la démarcation définitive entres ces deux registres du savoir au profit d'une « *"raison fonctionnelle" au service des fins utilitaristes de possession ou de pouvoir* »[148]. L'harmonie est donc l'antidote de ces dérives et

---

[144] Jean-Paul II, *Encycl.* « *Foi et Raison* », op. cit., p. 31-32.
[145] 1cor 1,23.
[146] Jean-Paul II, *Encycl.* « *Foi et Raison* », op. cit., p. 48.
[147] Mentionnons le « *silete, theologi in munero alieno* » repris par C.Schmitt et toute la thèse de H.Blumenberg à travers *La Légitimité des Temps Modernes*.
[148] Jean-Paul II, *Encycl.* « *Foi et Raison* », op. cit., p. 63.

celle de l'avenir de l'humanité : « *L'harmonie fondamentale de la connaissance philosophique et de la connaissance de la foi est confirmée une fois encore : la foi demande que son objet soit compris avec l'aide de la raison ; la raison, au sommet de sa recherche admet comme nécessaire ce que présente la foi* ». C'est à une telle connexion *fides / ratio* du penseur polonais que fait également écho la lumineuse parole d'Augustin « *Si elle n'est pas pensée, la Foi n'est rien* »[149].

1.7. La personne humaine et sa finalité : lecture critique de Saint Thomas d'Aquin

« *(...) Je ne connais que le monde d'"ici-bas". Et comme l'au-delà m'est inconnu, l'"ici-bas" en perd du coup tout son sens* »[150].

Selon l'herméneutique chrétienne de l'homme, *Imago Dei et capax Dei,* sa nature dans sa totalité est totalement tournée vers (son Créateur) Dieu, comme son principe, son fondement et sa fin dernière. La Révélation identifie Dieu comme étant le Bien absolu de l'homme et sans lequel l'homme ne peut que s'évanouir. Créature raisonnable, l'homme contrairement à ce que Löwith et Blumenberg nous en disent est pris dans cette dynamique qui part de Dieu comme en son principe et qui y retourne de façon rationnelle. Telle est la trajectoire de *l'exitus reditus* où l'homme venant de son créateur y retourne par des actes harmonieux et inhérents à sa propre nature[151].

Dieu, en créant l'homme lui a fixé une direction, celle de revenir à lui par la médiation des actions qu'il pose librement. C'est le choix libre de ces moyens intrinsèquement liés à cette fin ultime qui est le fondement c'est-à-dire l'ossature de la science morale. L'optimisme de l'Aquinate sur l'homme et sur le monde fait naître, au cœur de la vie morale, la potentialité naturelle de parvenir au bonheur sans l'aide surnaturelle de la Grâce, quoique ce ne soit pas sans cette aide que l'homme peut atteindre un bonheur parfait en ce monde. De la sorte, autant il existe une destinée surnaturelle de l'homme, autant il existe également un avenir naturel : c'est le bonheur qui est fondamentalement cette destinée et consiste à agir conformément à sa nature, à demeurer dans l'ordre naturel des choses qui est indéniablement bon parce que créé personnellement par Dieu. Il s'agit là chez l'Aquinate du rejet de toute artificialité tant individuelle que collective pour une problématique de l'adaptation de l'être humain à lui-même et à son environnement. C'est cette seule perspective qui ouvre à l'homme l'horizon d'agir bien parce qu'il ne va pas s'affranchir du règne divin, mais plutôt s'y conformer. Nous voici, ici, avec le Docteur

[149] Saint Augustin, *De preadestinatione Sanctorum*, 2,5 : PL44,963.
[150] K. Löwith, « *Correspondance entre Strauss et Löwith* », op. cit., p. 206.
[151] Saint Thomas d'Aquin, *Somme théologique*, Ia, prologue de la question 2.

Angélique, en rupture avec les directives que Blumenberg nous donne relativement aux actions humaines.

1.7.1. La Vertu, norme de l'action humaine véritable ?

Loin de cette position de Blumenberg, l'agir humain doit reposer sur la vertu morale qui « *favorise chez l'homme le bon agir* »[152] et grâce auquel il parvient au bonheur et aide à la conformité raisonnable entre les fins et la nature humaine. Elle « *rend bon celui qui la possède et oriente durablement son âme vers le bien* ». L'agir n'est donc véritablement humain que s'il est fondamentalement vertueux, s'il ordonne au bien parce qu'il est l'agir qui correspond le mieux à la forme substantielle de l'homme, créature raisonnable. La séparation des faits et des valeurs, fruit de la « *neutralité axiologique* », très caractéristique du *Neuzeit,* ne fait que reposer la lancinante question morale de la distance entre l'homme et sa nature qui ne peut trouver de solution appropriée et pratique que dans la vertu.

Classant les vertus morales (appétitives) intellectuelles (spéculatives, pratiques) et théologales (fruit de l'Esprit Saint), Thomas d'Aquin souligne que les vertus théologales ont pour objet Dieu et sont causées par Lui. Transcendant les simples possibilités de la nature humaine, elles ont leur fondement en Dieu : « *Les vertus intellectuelles et les vertus morales perfectionnent l'intelligence et l'appétit dans les limites de la nature humaine ; mais les vertus théologales surnaturellement* »[153]. L'homme de Blumenberg est appelé à rompre avec son anthropocentrisme anti-divin. Il est d'une valeur éminente pour le Dieu chrétien qui ne cesse de lui accorder sa Grâce, lui permettant de vivre sérieusement les vertus théologales qui dépassent l'agir humain naturel. C'est bel et bien cette vie surnaturelle de l'homme – l'objet des études minutieuses de la *secunda secundae* de la *Somme théologique* des questions 1 à 46[154] – qui est par contre vilipendée, liquidée par la légitimité des Temps Modernes comme une véritable aliénation au profit de « *l'unité de l'ébauche d'affirmation de soi de l'homme [nouveau] et du refus de son rôle interne au système du bas Moyen Âge* »[155] ou encore à la faveur de la « *disparition de cette localisation de l'homme dans le système de référence théologique, l'auto-négation spéculative de "l'égoïsme anthropologique"* »[156].

---

[152] Saint Thomas d'Aquin, *Summa contre Gentiles*, trad. Fr. *: Somme contre les Gentils*, Aubon V., Michon C., Paris, Flammarion, III, CXLI.

[153] Ibid, Ia, IIae, qu.62, art 2, solu 1.

[154] Précisons que chez Saint Thomas d'Aquin, *la foi* a pour objet la vérité révélée (questions 1 à 16) ; *l'espérance*, La béatitude éternelle (questions 17 à 22) ; *la charité* comme amitié avec Dieu qui habilite l'homme à participer de la béatitude divine (questions 23 à 46).

[155] H. Blumenberg, *La Légitimité des Temps Modernes*, op. cit., p. 201.

[156] Ibid, p. 198.

La liberté définie comme faculté d'être ou principe des actes de l'homme chez le Docteur Angélique peut recouper, toute réserve faite, certaines approches de Blumenberg relatives à « *l'affirmation de soi* »[157] et le décisionnisme de Carl Schmitt. Mais pour l'Aquinate, la liberté n'est pas dissociable de l'acte volontaire. C'est le jugement, dans l'acte de délibération, qui aide à déterminer si un objet est bon ou non, approprié au sujet, à la situation. Ce jugement est absolument libre et rien ne peut se dresser contre lui. Il n'est nullement question ici, du jugement instinctif déterminé par la sensibilité qui ponctue la distinction ami/ennemi, le décisionnisme ou l'absolutisme schmittien mais surtout du jugement rationnel. En effet, les passions et toutes les inclinations de la sensibilité ne déterminent pas totalement la volonté à aller dans un sens plutôt qu'un autre, puisqu'elles sont soumises : « *Quant aux manières d'être surajoutées, ce sont les habitus et les passions qui inclinent un individu dans un sens plutôt que dans l'autre. Toutefois ces inclinations elles-mêmes sont soumises au jugement de la raison. De plus, ces qualités en dépendent encore, par le fait qu'il nous appartient de les acquérir, en les causant ou en nous y disposant, ou encore de les rejeter. Et ainsi, rien ne s'oppose à la liberté de décision* »[158].

En revanche, l'homme qui est esclave de ses désirs et passions n'est pas libre parce qu'il pose des actes qui ne sont pas sous le contrôle de la raison et est déterminé par ses inclinations sensibles, fortement conditionné physiologiquement. N'étant ni une puissance de l'appétit, ni celle de l'intellect, le libre arbitre est l'articulation des deux : « *Le choix est ou bien un intellect qui veut, ou bien un appétit qui juge* »[159]. L'intelligence choisit ce qu'elle veut faire et la volonté en tant que relais c'est-à-dire efficience de l'acte libre, conduit l'intention à sa réalisation. Véritablement libre, parce qu'affranchie de toute pression, la volonté ne connaît pas de violence qui la fait sortir de son inclination : « *L'homme possède le libre arbitre, ou alors les conseils, les exhortations, les préceptes, les interdictions, les récompenses et les châtiments seraient vains*[160] ». La délibération de l'intelligence et le choix sont les grandes marques du libre arbitre. L'acte est donc entièrement redevable à l'option que la liberté admet : « *Puisque selon Saint Jean Damascène l'homme est fait à l'image de Dieu pour autant que l'image désigne l'intelligence, le libre arbitre et le pouvoir d'action autonome, il nous faut donc après avoir étudié l'Exemplaire, à savoir Dieu, et ce qui procède de la puissance divine selon sa volonté, considérer son image, à savoir l'homme, pour autant qu'il est lui aussi, principe de ses actes grâce au libre arbitre et au pouvoir qu'il exerce sur ses œuvres* »[161]. En un mot, la grandeur véritable de l'homme, sa primauté

---

[157] H. Blumenberg, *La Légitimité des Temps Modernes*, op. cit., p. 202.
[158] Saint Thomas d'Aquin, *Somme théologique*, I, qu.83 article 1, respondeo.
[159] Ibid, I, qu.83 article 3, rep.
[160] Ibid, I, qu.83 article 1, respondeo.
[161] Ibid, I, II, pro1.

ne résident pas seulement dans sa liberté et dans la maîtrise sur ses propres actes mais aussi et surtout dans sa vie morale reposant sur des bases objectives, sur un ordre des fins et des moyens auquel l'action humaine est sommée de s'y accommoder pour être moralement bonne. Dit autrement, une synthèse est possible entre l'autonomie de la personne humaine et la reconnaissance d'un ordre objectif du bien ou des valeurs. Nous sommes loin des perspectives de Schmitt, Löwith et Blumenberg qui par le rejet de la loi naturelle au nom de la liberté, tendent, tous, à contester toute conciliation possible entre une liberté, expression systématique de la volonté de puissance ou du bon plaisir du sujet, et un réalisme du bien qui ne débouche pas sur l'assujettissement passif de la personne humaine, déprédateur de sa vraie primauté ou grandeur.

1.7.2. La fin dernière de l'homme ?

En bon disciple d'Aristote, auteur de *l'Ethique à Nicomaque*, l'Aquinate entend exposer une philosophie téléologique, une morale finaliste où les actes humains sont accomplis pour une visée déterminée, et toutes les visées en vue d'un objectif suprême. Ce sont donc les actes moraux, qui vont servir de marchepieds à l'homme pour remonter jusqu'à Dieu.

a/ Le bien prééminent ?

« *Tout ce que l'homme veut ou désire, il est nécessaire que ce soit pour sa fin ultime* »[162].

Hiérarchisés proportionnellement d'après Thomas d'Aquin, tous les biens voulus sont rapportés à un bien suprême, voulu pour lui-même et non pour autre chose. Sans ce bien suprême, rien ne serait tributaire de quoi que ce soit et tous les biens seraient synonymes, égaux. C'est cette fin suprême qui légitime toutes les recherches de l'homme : « *Tout ce que l'homme veut ou désire, il est nécessaire que ce soit pour sa fin ultime* ». Cette visée ultime peut être choisie de bon gré ou plus ou moins conditionnée par des facteurs psychologiques ou physiologiques. Tout homme agit en vue d'un but recherché de façon absolue et auquel sont tributaires tous ses actes. La dictature hitlérienne vise l'expansion prédominante de la race aryenne et la lutte antisémite.

La fin ultime de la politique schmittienne est « *l'actualisation ultime de l'hostilité* », c'est-à-dire l'expression de *« la négation existentielle d'un autre être »*»[163]. Toutefois, aux yeux de Thomas d'Aquin, il n'est possible à l'homme

---

[162] E. Gilson, *Le Thomisme*, Paris, Vrin, 2000, p. 429.
[163] C. Schmitt, *La notion de politique*, op. cit. p. 71.

d'avoir qu'une seule fin ultime : « *Il est impossible que la volonté d'un homme se dirige en même temps vers divers objets comme des fins ultimes* »[164].

b/ Bonheur et béatitude ?

Dans la perspective de l'Aquinate, le bonheur est le bien prééminent de la vie morale naturelle et la connaissance de Dieu, le bien souverain de la vie surnaturelle. Telle est la visée principale de tous les hommes : « *L'homme et les autres créatures raisonnables [les anges] atteignent leur fin ultime par la connaissance et l'amour de Dieu* »[165]. On pourrait alors se demander pourquoi c'est cette seule visée quand on connaît la divergence voire l'opposition des hommes sur leurs fins. La réponse est donc dans le fait que la raison formelle de la fin dernière est le bien admirablement ravissant, et Dieu seul, est suprêmement ravissant[166]. La vie surnaturelle est supérieure à la vie naturelle. Le « *bonheur est la fin dernière de l'homme et est au sommet des biens ; plus une chose est proche de cette fin, plus élevé est son rang parmi les biens humains* »[167]. De la sorte, le bonheur est la fin ultime et dernière de l'homme et la raison permet de hiérarchiser les biens de façon intellective, d'en rendre compte. La raison ne se réduit pas à une simple faculté de juger mais permet également d'englober la vie dans toutes ses ramifications grâce à une objectivité abstractive et mettant chaque bien à sa juste place conformément au dessein bienveillant de l'Auteur et de l'Ordonnateur de toutes choses, Dieu, Bien Unique à partir duquel tous les autres ont leur véritable portée.

c/ La personne humaine créée par l'Amour pour l'Amour ?

Ce qui précède manifeste que la personne humaine - contrairement à ce que Löwith nous dit de lui-même et ce que Schmitt et Blumenberg nous offrent, - est un être ouvert sur le surnaturel. L'amour est la clef de voûte de cette ouverture capitale au Tout-Autre, à celui qui est « *l'Au-delà de tout* » (Grégoire de Nazianze) mais en même temps le plus intime à nous que nous-mêmes (Saint Augustin). Cet amour est non seulement "extatique" (E. Gilson) mais porte sur le bien dans toute son universalité. Cet amour en tant qu'ouverture sur l'autre est le principe de toutes les fluctuations internes ou externes de la personne humaine. Renfermant tout genre d'appétit rationnel ou sensible, l'amour ne se borne à aucun d'eux.

---

[164] Saint Thomas d'Aquin, *Somme théologique*, Ia, Iae, qu.1 , art.5, rep.
[165] Ibid, Ia, IIae, qu.1, art, rep.
[166] Ibid, Ia, IIae, qu.a, art 7.
[167] Il s'agit, bel et bien ici, de la transposition de la vision finaliste et naturaliste des grecs dans un registre chrétien. Tout ce qui répand la bonté ne peut que rapprocher de Dieu.

Bien et amour sont liés. En tant que notions analogiques et des transcendantaux, Dieu les possède souverainement. Cela montre bien que la béatitude, comme connaissance de Dieu demeure le Bien prééminent de la personne humaine, mais que la *caritas Dei* est constitutive de la béatitude parce que c'est la spécificité de l'être humain de témoigner d'amour pour ce qu'il considère comme bien et à plus forte raison quand ce bien le transcende suprêmement. Puissance motrice, l'amour conduit au bien, confère la persévérance dans la quête vertueuse du bien en tant que puissance appétitive rationnelle. Il rend possible l'ouverture du cadre strictement individuel de la quête et de la délectation du bien à un cadre plus étendu à l'autre, qu'il soit individu ou communauté. A l'opposé de la perspective de Carl Schmitt qui fait de l'inimité le cœur de la relation intersubjective – « *la distinction spécifique du politique, à laquelle peuvent se ramener les actes et les mobiles politiques, c'est la discrimination de l'ami et de l'ennemi* »[168] - l'amour véritable, selon l'Aquinate, enchâsse l'altérité et l'éthique dans les conduites morales, sociales et politiques. Assurément, aimer quelqu'un dans l'ordre du bien honnête, c'est lui vouloir du bien, c'est être prêt à mourir pour lui, pour qu'il vive : « *Il n'y a pas de plus grande preuve d'amour que de mourir pour ceux qu'on aime* »[169] énonce le Christ. L'amour, comme fondement de la vie sociale, intersubjectivité et politique « *consiste principalement en ce que l'ami veut du bien à celui qui aime* »[170]. Le bien particulier est de moindre valeur que le bien politique ou communautaire, mais il y tend : « *Le bien particulier tend au bien commun comme à sa fin (...) de là, le bien de la communauté est plus divin que celui de l'individu* »»[171]. De la sorte, le bien se répand dans les réalités qui environnent la personne humaine sous l'exigence de l'amour selon la maxime du Docteur Angélique – *bonum diffusivum sui* - .

Contre Carl Schmitt qui fait de l'inimité, le critère de la vie politique, c'est plutôt l'amour chez l'Aquinate qui est le pivot c'est-à-dire le pionnier de la vie relationnelle, familiale, sociale et politique, parce qu'espace de rencontre, de solidarité, de partage de bien sous toutes ses formes (bien intellectuel, utile, matériel, etc.). Mais il y a encore mieux chez Thomas d'Aquin : la charité, c'est-à-dire une vertu théologale, comme amour parfait de Dieu et de la personne humaine provenant de Dieu et l'ayant pour finalité est le soubassement des vertus morales. La charité telle que Thomas d'Aquin la conçoit relève souverainement du surnaturel. Elle est l'oxygène, l'assise même des vertus morales. Sans elle, elles ne peuvent que s'étioler. Par elle Dieu partage sa félicité incommensurable avec l'homme. C'est bel et bien encore

---

[168] C. Schmitt, *La notion de politique, Théorie du partisan*, op. cit. p. 64.
[169] Jn 15,13.
[170] Saint Thomas d'Aquin, *Somme contre les Gentils*, III, xc.
[171] Ibid, III, XVII.

cette charité qui crée la sphère du partage et de l'ouverture conférant, ainsi, une certaine excellence à l'amour[172].

1.7.3. La politique pour l'affrontement ou pour le bien de tous ?

L'optique politique du Docteur Angélique puise ses sources dans la tradition biblique et grecque. L'intrication du théologique et du politique trouve chez notre penseur une synthèse sublime qui est radicalement aux antipodes de la perspective autonome et absolue du politique chez Carl Schmitt, affranchie de toute interférence théologique que nous ne pouvons pas ne pas convoquer de nouveau ici : « *(...) Car le politique a ses critères à lui, qui jouent d'une manière qui leur est propre vis-à-vis des domaines divers et relativement autonomes où s'exercent la pensée et l'action des hommes, particulièrement vis-à-vis du domaine moral, esthétique et économique. Le politique résiderait donc en dernière analyse dans des distinctions qui lui sont propres, auxquels pourrait se ramener toute activité politique au sens spécifique du terme* »[173]. Il est vrai que l'Aquinate ne défend pas l'idée de la confusion des sphères .Il opère politiquement mais « *également les distinctions qui lui sont propres* », s'il faut parler comme Schmitt. Cependant ces distinctions ne signifient nullement enfermement dans une forteresse disciplinaire imperméable à toute altérité théologique : « *La théologie politique (...) a deux faces distinctes, une face théologique et une face politique ; chacune avance avec des notions spécifiques* »[174]. De la sorte, avancer avec ses notions spécifiques, c'est opter pour la position de l'autonomie radicale sur le modèle de deux lignes parallèles qui, par nature, ne se rencontrent jamais. Loin de la métaphore des deux parallèles ne se croisant jamais, la politique reste pour Thomas d'Aquin rivée à la question de la communauté de nature entre les êtres humains et à la question de l'amitié. Elle s'étend jusqu'au registre de la communauté trinitaire c'est-à-dire divine et religieuse. La sociabilité si intrinsèque à la nature de la personne humaine est l'optique politique fondamentale du Docteur Angélique fondée sur une anthropologie naturaliste. Faisant sienne la maxime d'Aristote, Thomas voit en toute personne humaine, une propension, « *un élan naturel à la vie sociale comparable au goût pour la vertu* ». C'est sur cette tendance naturelle et bonne que se fonde la vie sociale. Toute artificialité moderne n'est qu'un plagiat de la naturalité : « *Les procédés artificiels ne peuvent qu'imiter les opérations naturelles* ». La société comme institution n'est pas simplement de l'artifice, mais trouve sa raison d'être dans

[172] Saint Thomas d'Aquin, *Somme théologique*, IA, IIAe, qu.26, art.3, resp.
[173] C. Schmitt, *La notion de politique, théorie du partisan*, op. cit., p. 63.
[174] C. Schmitt, *Théologie politique*, op. cit., p. 117.

la famille en tant que communauté naturelle. Plus que l'affinité communautaire familiale qui est naturelle, l'affinité politique est la raison[175].

Institution politique, la cité a pour finalité principale le bien de tous, recherché de manière raisonnable. Telle est sa raison d'être et rien d'autre. Elle poursuit non seulement un certain bien mais elle court après le bien prééminent. Ainsi, tout dans la cité doit aider l'individu ou le citoyen à bien pratiquer la religion, à rechercher à temps et à contre-temps le bien de la communauté qui est de premier ordre sur le bien individuel. Le bien commun ne doit jamais être sacrifié sur l'autel du bien individuel : « *Au bien d'un seul on ne doit pas sacrifier celui de la communauté : le bien commun est toujours plus divin que celui de l'individu* »[176]. Nous sommes donc loin de l'individualisme[177] outrancier de l'homme du *Neuzeit* (Blumenberg) enraciné dans le relativisme parfois agressif. Avec l'Aquinate, nous sommes aussi en rupture complète avec Carl Schmitt pour qui la volonté du Führer est le bien suprême de la communauté parce qu'unique source d'un droit existant au dessus et en dehors des lois positives, et disposant d'un pouvoir absolu lui permettant de renverser, à tout moment, le système de légalité. C'est ainsi qu'à propos des meurtres de masse du 30 juin 1934 ordonnés par Hitler, en l'absence de toute procédure judiciaire, Carl Schmitt, estime que le Führer a fait usage de la « *prime politique* » liée à la possession légale du pouvoir. Notre juriste considère cette atrocité, cette boucherie, de « *juridictionnelle* » parce qu'elle « *n'est pas soumise à l'organisation judiciaire, mais elle est elle-même la justice suprême* ». La loi, selon la conception thomiste, qui devrait être au service suprême du bien commun, de la sauvegarde inconditionnelle de la vie de chaque citoyen, est transformée par Carl Schmitt en « *dessein et volonté du Führer* »[178], c'est-à-dire en un code d'honneur et de devoir d'allégeance pour un seul homme au gré de ses passions fussent-elles exterminatrices de la cité entière. Ceci est advenu avec la modernité, à cause de la liquidation des valeurs morales, le rejet de la charité qui en est l'oxygène et l'assise, et l'abandon de la quête du Bien suprême, dénommé encore Dieu. L'éducation chrétienne parce qu'intégrale est le lieu privilégié de ce "réarmement" non seulement éthique mais moral pour faire face au relativisme, par moments, belliqueux qui sous-tend le projet du *Neuzeit*.

---

[175] E. Gilson, *Le thomisme*, op. cit, p. 10.

[176] Saint Thomas d'Aquin, *Somme contre les Gentils*, op. cit, p. 686.

[177] C. Taylor, *Le malaise de la modernité*, Paris, Ed. du Cerf, 1992, p. 10 : « *La première cause de malaise [de la modernité] est l'individualisme (...) la plus belle conquête de la modernité* ».

[178] C. Schmitt, « *Die Rechtswissenschaft im Führerstaat* », op. cit., p. 439.

Chapitre 2 La fonction sociale de la religion chrétienne

Les lignes précédentes ont tenté de montrer que dans l'optique chrétienne, l'homme forme un tout qu'on ne saurait fragmenter sans attenter sérieusement à sa dignité. Elles manifestent la sociabilité intrinsèque de la personne humaine contre l'individualisme moderne qui veut s'affranchir de toute sujétion théologique, pris qu'il est dans les rets de la tentation relativiste. Ainsi, la posture politique apparemment anti-moderne de Carl Schmitt reste problématique et fondamentalement emblématique de la césure entre théologie et politique – l'autonomie politique - qui comme deux entités distinctes avancent chacune « *avec des notions spécifiques* ».

Avec leur spécificité, des penseurs chrétiens tels que Thomas d'Aquin et par la suite Jacques Maritain n'ont cessé de revendiquer, eux aussi, une autonomie du politique : mais chez chacun d'eux, il s'agit d'une autonomie ouverte à la charité provenant de Dieu et débouchant sur Lui. Or, ce délestage du théologique par le *Neuzeit* ne peut être que l'amputation de l'homme et l'oubli délibéré du lien structurant de la fonction sociale de la religion. Il est vrai que les guerres de religion qui ont ponctué la chrétienté médiévale européenne expliquent, en partie, cette indifférence voire cette hargne du *Neuzeit* à l'égard du christianisme institutionnel. Cependant, n'est-ce pas occulter le lien social dont la religion, le christianisme en particulier, a été le grand protagoniste et reste le vecteur ? C'est en ce sens qu'il faut comprendre aussi *Les formes élémentaires de la vie religieuse* d'Emile Durkheim où l'auteur ne manque pas de définir la religion « *comme un système solidaire de croyances et de pratiques relatives à des choses sacrées, c'est-à-dire séparées, interdites, croyances et pratiques, qui unissent en une même communauté morale, appelée Eglise, tous ceux qui y adhèrent* »[179]. On ne peut donc pas balayer d'un revers de la main la fonction affective – espérance, confiance, conscience communautaire – et de garant de la tradition que joue fondamentalement le christianisme aujourd'hui et qui constitue - à l'encontre de ce que Löwith et Blumenberg nous disent - le cœur et l'âme d'un *Neuzeit* sans esprit et sans cœur. En vérité, le christianisme comme d'autres formes de religion ne cesse d'élever l'homme au dessus de lui-même, de susciter un sentiment d'appui, de sauvegarde, de dépendance filiale et salutaire à Dieu. L'action commune, la collaboration, l'entraide, la paix, l'amitié, la justice, le respect mutuel etc. constituent la clef de voûte de toute communauté humaine et les religions y contribuent fortement. Néanmoins, « *les sentiments collectifs ne sont possibles que grâce à des mouvements extérieurs qui le symbolisent* »[180]. Dans l'optique d'Emile Durkheim, les grandes institutions sociales telles que la technique, la morale, le droit proviennent de pratiques

[179] E. Durkheim, *Les formes élémentaires de la vie religieuse*, Paris, P.U.F., 1998, p. 65.
[180] Ibid, p. 298.

religieuses : « *Si la religion a engendré tout ce qu'il y a d'essentiel dans la société, c'est que l'idée de la société est l'âme de la religion* »[181]. Quoique désacralisant la religion en la ramenant à sa base sociale - approche bien sûr contestable - sa thèse inclut l'idée qu'aucun groupe humain ne peut se passer de religion parce que véritable ciment social. C'est là toute l'antithèse :

- de Löwith qui veut se débarrasser « *de Dieu et de la morale avec lui* », ou
- de Blumenberg qui conçoit les « *temps modernes comme épisode (...) de l'abandon de l'être (seinsverlassenheit) (...) de la production autonome de l'homme (...) comme une des irréductibles gênes devant l'"être" caché, retiré depuis les présocratiques* »[182] ou encore comme « *une époque où s'est définitivement imposée la raison ainsi que l'idée d'une détermination naturelle de l'homme* »[183].

Or, c'est cette prétendue suppression (Löwith, Blumenberg) de la religion de la sphère sociale ou privée par la raison, supposée toute-puissante et affranchie de toute sujétion théologique qui requiert, de notre part, de sérieux examens critiques.

2.1. Amitié et Justice : deux valeurs morales à l'intersection de la théologie et de la politique ?

2.1.1. *Philia* et *Dikê* comme rapport politique et religieux : détour par Aristote et Thomas d'Aquin

a/ Détour par Aristote

La formation d'une communauté exige pour la cité d'être fédérée par l'amitié considérée comme quelque chose de déterminant : « *L'amitié est ce qu'il y a de plus nécessaire pour vivre. Car sans amis, personne ne choisirait de vivre* »[184]; « *personne en effet, ne choisirait de posséder tous les biens de ce monde pour en jouir seul, car l'homme est un être politique et naturellement fait pour vivre en société* »[185].

Multiforme, l'amitié peut être familiale, politique ou élective. Relativement à la politique, c'est l'amitié fondée sur l'égalité qui est la clef de voûte de l'amitié politique : « *l'amitié fondée sur l'égalité est l'amitié politique*[186] ». Elle est le lien des cités et les législateurs ne manquent pas d'y attacher « *un plus grand prix qu'à la justice même : en effet, la concorde (homonoia) qui*

---

[181] E. Durkheim, *Les formes élémentaires de la vie religieuse*, Paris, P.U.F., 1998, p. 599.

[182] H. Blumenberg, *La Légitimité des Temps Modernes*, op. cit., p. 217.

[183] Ibid, p. 433.

[184] Aristote, *Ethique à Nicomaque*, VIII, 1, désormais E N.

[185] *E N*, VIII.

[186] Aristote, *Ethique à Eudème*, VII, 10, 1242b22, désormais E E.

parait bien être un sentiment voisin de l'amitié est ce que recherchent avant tout les législateurs, alors que l'esprit de faction, qui est son ennemie, est ce qu'ils pourchassent avec le plus d'énergie »[187]. Selon la perspective d'Aristote, l'amitié interhumaine véritable dispense même de la justice « *tandis qu'ils [les hommes] se contentent d'être justes, ils ont en outre besoin d'amitié, et la plus haute expression de la justice est, dans l'opinion générale, de la nature de l'amitié* ». Différente des « *fractions de la communauté politique* » travaillant pour des intérêts partiels, la communauté politique vise non « *l'avantage présent* » mais essentiellement ce « *qui est utile à la vie toute entière* ». Cette utilité commune est la visée du législateur pour qui est juste ce qui est au profit de tous[188]. Cette réaffirmation de la supériorité de la communauté politique sur les autres fractions exige la réalisation de l'amitié politique qui est plus capitale, déterminante que la justice. D'après *l'Ethique à Eudème*[189], l'activité politique « *consiste surtout, de l'avis général, à engendrer l'amitié* ». Elle voisine avec la concorde[190], véritable « *amitié politique* » fortement solidaire des intérêts pratiques importants : « *Nous disons que la Concorde prévaut dans les côtés, quand les citoyens sont unanimes sur leurs intérêts, choisissant la même ligne de conduite et exécutant les décisions prises en commun* ». Aristote considère l'amitié comme le ciment unificateur de la communauté politique : « *C'est dans une mise en commun que consiste l'amitié* »[191]. En un mot, la sociabilité de l'homme vient non seulement du fait qu'il est doué de langage et peut entrer en discussion avec les autres hommes sur ce qui est juste et injuste, mais également parce qu'il est soudé à l'autre homme par un genre d'amitié et de familiarité. Différente de L'*Eros*, (amour possessif et exclusif) l'amitié demeure la relation de bienveillance et d'affection réciproques qui rattache spontanément ceux qui mènent une vie commune. La perfection ou l'excellence de l'amitié réside dans la vertu entre deux êtres qui veulent du bien à leurs amis pour eux-mêmes sans rien escompter en retour (1156b9), et qui trouvent la joie dans l'amitié seule (1159a29s9). Bien vivre pour l'être humain c'est inévitablement « *bien vivre en commun* ». L'amitié est donc « *le plus grand bien pour les cités* »[192].

De ces considérations sur l'amitié chez Aristote, résultent pour nous deux impératifs : l'un est celui du détour par la morale – dont aucune religion ne peut se passer - mais très dépendante de la politique : c'est l'éthique qui traite de l'amitié, et Aristote y explique d'une part qu'elle n'est possible qu'entre gens de bien, libérés de toute inclination à acquérir ou à obtenir plus que leur dû. D'autre part que l'essentiel de sa valeur ne provient pas des profits

---

[187] *E E*, VIII, 1.
[188] Aristote, *E N*, VIII, 11.
[189] Aristote, *E E*, 1234b24.
[190] Aristote, *E N*, IX, 9.
[191] Aristote, *E N*, VIII, 11, 1159b31.
[192] Aristote, *La Politique II*, 4, 1262b9.

matériels qu'on en tire, mais plutôt des services qu'on rend soi-même, en tant qu'être raisonnable et capable d'une vie vertueuse, comme si la sociabilité était au profit de la réalisation personnelle et non pas le contraire : « *(...) l'amitié entre les gens de bien est bonne et s'accroît par leur liaison même. Et ils semblent aussi devenir meilleurs en agissant et en se corrigeant mutuellement, car ils s'impriment réciproquement les qualités où il se complaisent. (...)* »[193]. Le second impératif est la prise en compte de la justice, qui malgré les différences rend possible l'amitié alors que l'injustice y fait obstacle : « *c'est donc à peu près la même chose que la justice et l'amitié* »[194]. Cependant, Aristote ne conçoit pas qu'il puisse exister une amitié entre des êtres aussi dissemblables que sont les hommes et les dieux : « *(...) quand une disparité considérable se produit sous le rapport de la vertu, ou du vice, ou des ressources matérielles ou de quelque autre chose : les amis ne sont plus longtemps amis, et ils ne prétendent même pas à le rester. Mais le cas le plus frappant est celui des dieux, chez qui la supériorité en toute espèce de biens est la plus indiscutable* »[195].

Or la perspective chrétienne de l'amitié - qui recoupe parfois sur quelques points l'approche d'Aristote – souligne, à merveille, en quoi la religion chrétienne peut être le protagoniste de l'amitié et de la justice, socles de la communauté politique authentique et antidotes puissants et durables contre la guerre : *opus justitiae pax*.

a1/ L'Amitié selon Thomas d'Aquin

En vérité, pour Thomas d'Aquin, la charité est la perfection de l'amitié, « *une sorte d'amitié de l'homme envers Dieu* »[196] de commerce ou d'intimité (*conversatio*) entre l'homme et son Créateur. L'inédit du christianisme en rupture avec Aristote est la considération divine de l'homme comme son bien-aimé : « *Je ne vous appelle plus serviteurs, car le serviteur ignore ce que fait son maître ; mais je vous appelle amis (...)* »[197].

Dans le *De Amore*[198], Thomas d'Aquin se livre à des analyses substantielles de l'amitié comprise comme bienveillance, réciprocité, égalité, union réelle et affective ou ressemblance. En inventoriant la question : « *la charité est-elle une amitié* ? », l'Aquinate admet le principe selon lequel la charité, comme notion fondamentale du christianisme, et l'amitié comme héritage des morales païennes tendent à s'éliminer réciproquement. Néanmoins, la définition de la charité n'est possible que dans les propriétés et

---

193 Aristote, *E N*, IX, 12, 10.
194 Aristote, *E E*, VII, 1.
195 Aristote, *E N*, VIII, 9, 1158b35.
196 Saint Thomas d'Aquin, IIA, IIAE, q. 23, a.1, resp.
197 Jn 15,15.
198 Saint Thomas d'Aquin, Q. 26-28.

les lois de l'amitié. L'archétype aristotélicien de l'amitié parfaite et mutuelle permet à Thomas d'Aquin d'examiner la nature profonde de la charité comprise comme le rapport entre Dieu et l'homme dans la perspective d'une théologie de la grâce. Ici, encore, il faut souligner que l'alliance entre philosophie et théologie – dans le rapport amitié / charité – est à l'apogée de ses nuits de miel. Si l'examen minutieux des subtilités des différentes considérations relatives à l'amitié et à la charité pourrait nous éloigner du vif de nos préoccupations et constituer une digression, force est cependant de rappeler brièvement la démarche de l'Aquinate : il formule trois objections tendant à montrer l'inconséquence entre charité et amitié. Se basant sur les Saintes Ecritures, il élucide la façon dont il est possible d'harmoniser ces deux notions grâce à certaines distinctions préalables. En définitive, il répond aux objections soulevées initialement. La première solution se résume comme suit : « *Dieu nous rend participants à sa béatitude* ». En d'autres termes, parce que Dieu se connaît et s'aime, la béatitude divine est fondamentalement béatitude d'amour et de connaissance.

Avoir part à cette béatitude, c'est inséparablement s'accorder à la connaissance et à l'amour que Dieu a de lui-même. Il s'agit là d'une amitié de Dieu et de l'homme, Dieu prenant l'homme comme un autre soi-même et *vice versa.* Mais, ici encore, une telle conception « *amicale* » de la relation de l'homme à Dieu est énigmatique sans le concours de la grâce divine, qui notamment, rend possible à l'homme la participation à la Béatitude que Dieu possède de lui-même. Il est donc permis d'inférer de manière incontestable - *manifestum est* - que la charité est une amitié de l'homme à Dieu, tous les critères de l'amitié étant prouvés dans la charité : la magnanimité mutuelle et la *communicatio* de l'homme à la félicité éternelle. On peut en conclure, du même coup, que la charité est l'amitié parfaite : l'amitié sur terre repose fondamentalement sur le partage des biens finis et une *communicatio* réduite au secret de l'autre. Dieu, par contre, nous fait partager l'absolu de la perfection et du Bien. Fort de ces considérations, l'Aquinate donne sa réponse à la triple difficulté posée au début. A ses yeux, il n'est pas possible de concevoir une quelconque communauté d'objet entre la charité et l'amitié, la première réservée aux êtres les plus parfaits. Cependant, le Docteur Angélique discerne en l'homme la vie spirituelle et la vie matérielle. Dans la première, l'amitié avec Dieu est envisageable et réalisable dès que l'homme est débarrassé du manteau sensible des amitiés terrestres. Dans la seconde, Dieu ne trouve nullement sa place.

Répondant à la deuxième objection, Thomas d'Aquin lie la charité pour Dieu à la charité fraternelle, la seconde étant indissociable de la première (parce qu'elle en est partie intégrante). L'amour des ennemis quoique impensable devient réalisable non pour eux-mêmes mais pour Dieu. Cette charité est l'amour même des personnes ennemies pour Dieu et le fondement de toute communauté humaine véritable et durable. Elle est en opposition radicale avec la conception politique schmittienne d'après laquelle un domaine d'activité (économie, politique, etc .) est d'autant plus politique lorsqu'il s'approche « *de l'opposition la plus intense* », la guerre comme « *actualisation ultime de l'hostilité* », c'est-à-dire expression de la réfutation existentielle d'un autre être : « *Les concepts d'ami, d'ennemi, de combat tirent leur signification objective de leur relation permanente à ce fait réel, la possibilité de provoquer la mort physique d'un homme* ».[199] Or, dans la perspective chrétienne, nous devons désirer ardemment pour nos ennemis non leur élimination physique, mais plutôt leur conversion et leur vie. Nous désirons sincèrement pour nos ennemis, le bien que Dieu n'arrête pas de leur vouloir : aimant Dieu de notre amitié de charité, nous avons également le devoir d'aimer tous ses amours. Or l'étendue de celles-ci est incommensurable : nous aimons donc le prochain d'un amour de charité qui trouve sa source dans l'amitié que nous avons pour Dieu.

La troisième réponse montre les pécheurs comme dignes d'être aimés d'une amitié utilitaire et non d'une amitié honnête, qui est le propre des vertueux, appelés à être aimés pour eux-mêmes. En défendant cette approche, le Docteur Angélique explicite que les personnes non vertueuses sont l'objet d'amitié dans la mesure où elles sont reliées à une personne vertueuse, aimée pour elle-même. Il existe un objet capital de l'amitié, dont le bien est fin même, et un objet marginal qu'on aime à cause du premier. Même les pécheurs ou les criminels les plus célèbres, qui directement blessent l'amour que Dieu n'arrête de leur manifester, sont en mesure d'être aimés d'une manière dérivée. Notre amitié de charité s'intensifiant jusqu'à eux parce que Dieu les aime : « *Et l'amitié que nous avons pour un ami peut être si grande qu'à cause de lui nous aimions ceux qui lui sont liés, lors même qu'ils nous offensent ou nous haïssent. C'est de cette manière que notre amitié de charité s'étend même à nos ennemis : nous les aimons de charité, par rapport à Dieu auquel va principalement notre amitié de charité* »[200]. Ici, encore, nous voyons que Thomas d'Aquin est redevable de la théorie aristotélicienne de l'amitié et la solution originale qu'il ne manque pas d'apporter au problème de la conciliation des devoirs de l'amitié et de la charité comme socle de l'édifice social et de la politique. Renversant la perspective classique – celle de l'amitié entre les amis uniquement – l'Aquinate trouve dans l'amitié l'archétype de la relation de l'homme à Dieu, où loin de désavouer la charité, l'amitié est alors ce qui rend possible de la penser : « *Il en est de même de la charité, qui est par excellence une amitié fondée sur ce qui est "honnête": elle s'étend jusqu'aux pécheurs que nous aimons de charité à cause de Dieu* »[201].

---

[199] C. Schmitt, *La notion de politique*, op. cit., p. 71.

[200] Saint Thomas d'Aquin, *Somme théologique, La charité*, IIa, IIae, qu23, art. 1, Paris, Ed. du Cerf, 1967, p. 16-21.

[201] Ibid, p. 16-21.

Par ailleurs, en tant que l'Incarnation même de l'Amour, le Christ, Dieu fait homme manifeste sa volonté à travers « *la loi du divin amour : cette parole brève que le Seigneur déclare à l'univers* »[202]. Cette loi divine d'amour doit réguler tous les actes humains en les rendant justes et vertueux conformément aux « *normes de la divine dilection* »[203]. C'est cette docilité des actes humains aux décrets divins, qui est le principe, la quintessence de tout bien. Quand on sait la centralité et les différentes déclinaisons de la charité[204] – que Saint Paul énonce en longanimité, service de l'autre, humilité, désintéressement, patience, tolérance, maîtrise de soi, pardon, justice, joie, vérité etc. – on ne peut alors que faire de ces joyaux chrétiens des principes fondamentaux pour bâtir une communauté politique authentique. Non seulement la charité illumine le cœur enténébré par les passions en enseignant tout ce qui est nécessaire au salut - « *quant à vous l'onction que vous avez reçue de lui demeure en vous, et vous n'avez pas besoin qu'on vous enseigne* »[205], mais également « *elle donne aussi la paix parfaite* »[206] à ceux qui aiment la Loi de Dieu. C'est elle qui révèle la grandeur suprême de l'homme, ami de Dieu et non son esclave. Cette charité chrétienne embrasse tous les hommes quelles que soient leurs différentes appartenances politiques. Elle est la note spécifique de la visibilité de la communauté chrétienne dans le monde profane et le soubassement de son engagement pour tout homme et pour tout l'homme. Un christianisme sans charité est une monstrueuse absurdité.

Quoique l'homme créé à l'image et à la ressemblance de Dieu soit distinct de Lui, il reste, cependant, qu'on ne peut dissocier l'amour de Dieu de celui du prochain ; et partant, on ne saurait séparer Dieu de la politique en tant que « *lieu suprême de la charité* ». La charité chrétienne repose donc essentiellement sur l'amour de Dieu et celui du prochain. Elle souligne que les deux commandements constituent le sommet et la clef de la Loi; le *compendium* de toute exigence morale (charité, longanimité, maîtrise de soi[207]). Elle est la tâche unique et protéiforme de toute foi vivante : « *Qui n'aime pas son frère, qu'il voit, ne saurait aimer Dieu qu'il ne voit pas* »[208]. Calquée sur l'être de Dieu - qui est Communauté parce que Relation et a donné gratuitement son Fils pour le salut de tous les hommes - la charité chrétienne est universelle. Elle n'admet aucune barrière sociale ou raciale et exige

---

202 Saint Thomas d'Aquin, *L'homme chrétien*, Paris, Ed. du Cerf, 1998, p. 209.
203 Ibid, p. 209.
204 1 cor 13/3 – « *La charité est longanime ; la charité est serviable ; elle n'est pas envieuse ; la charité ne fanfaronne pas ; ne se gonfle pas ; elle ne fait rien d'inconvénient, ne cherche pas son intérêt, ne s'irrite pas, ne tient pas compte du mal (...)* ».
205 1Jn 2,27.
206 Saint Thomas d'Aquin, *L'homme chrétien*, op. cit., p. 211-212.
207 Ga 5,22.
208 1Jn 4,20.

vivement l'amour même des ennemis, le pardon sans limite, la patience, le bien rendu pour le mal, la franchise dans les relations intersubjectives etc. Ce sont là quelques déclinaisons de la charité chrétienne qui constituent les soubassements et l'ossature de toute société humaine authentique. En un mot, la charité chrétienne vise à insuffler et à vivifier dans toutes ses ramifications l'ordre de la cité terrestre pour qu'il soit vraiment humain et partant, divinisable. Car, Dieu ne divinise que ce qui est d'abord humain. La charité est inséparable de la justice qu'elle intègre parfaitement. En d'autres termes, la justice constitue la clef de voûte de la charité chrétienne : il n'y a de vraie charité sans justice. Toutefois, il peut y avoir une justice sans charité telle que la loi du Talion, oeil pour œil, dent pour dent.

2.1.2 Herméneutique chrétienne de la Justice : Augustin et Thomas d'Aquin

a/ La Justice, vertu indissociable du Politique et du Théologique : lecture critique d'Augustin

L'approche chrétienne de la justice s'appuie fondamentalement sur le Nouveau Testament, et donc sur la justice divine qui sert de socle pour juger toutes les approches humaines de la justice. Cette justice divine est le fondement de la réévaluation radicale des rapports humains que l'on retrouve dans les Béatitudes conformément à la prescription : « *soyez parfaits comme votre Père céleste est parfait* »[209]. D'après l'Apôtre Paul, la justification (*dikaiosunê*) de l'homme - le fait de trouver grâce devant Dieu - n'advient réellement que par la foi au Christ et n'est nullement le fruit de ses propres efforts encore moins par celui de l'obéissance à la Loi. *La Cité de Dieu*, l'un des ouvrages théologico-politiques majeurs d'Augustin nous permet de saisir son approche de la Justice, comme valeur fondamentale de la vie sociale. Selon Augustin la Justice chrétienne terrestre a fondamentalement sa source dans la Loi éternelle, la loi de Dieu. Elle est l'un des critères déterminants de l'inextricabilité de la théologie et de la politique, et ce, loin des partisans modernes de la séparation radicale ou de la liquidation du théologico-politique

Evoqué déjà au chapitre précédent, restituons brièvement le contexte et la problématique de l'ouvrage en nous attardant un peu sur la question proprement dite de la justice chrétienne qui nous permet de mesurer aujourd'hui l'actualité du théologico-politique. Nous sommes au 24 août 410. Rome, capitale de l'Empire romain d'Occident devenu chrétien, un siècle auparavant, est vandalisée par les Wisigoths. Son invincibilité est désormais entamée et l'Empire avec elle. Pour les Païens, une telle réalité dramatique est inconcevable. Le christianisme avec sa morale de renoncement, de pardon ne serait-il pas la cause d'un tel désastre ? Tel est l'avis de la plupart des romains.

---

[209] Mt, 5,1-6, 29 ; cf Lc, 6,14-29.

La Cité de Dieu d'Augustin est une réponse à cette lancinante question. Varron, Cicéron et Platon sont le socle philosophique sur lequel – ou contre lequel – Augustin élabore sa pensée. Précisons que la distinction entre *Civitas terrena* (cité mortelle, celle des hommes) et *Civitas Dei* (cité éternelle, cité de Dieu) ne recouvre pas point pour point, la démarcation entre Rome et l'Eglise. Rome est la plus grande, la plus belle, la plus influente de la cité terrestre. Idéales, ces deux Cités sont des principes de vie. Leur relation est asymétrique : la *Civitas Dei* est appelée à l'emporter au cours de l'histoire en n'étant jamais pleinement accomplie dans la *Civitas terrena* qui est fondamentalement pélerine. La cité terrestre est érigée sur l'amour de soi et la possession ; la cité céleste sur l'amour de Dieu et l'espérance. Cependant, elles sont indissociables toujours « *enlacées et confondues dans le siècle jusqu'à ce que le dernier jugement les sépare* »[210].

C'est en examinant leur inextricabilité qu'Augustin analyse la notion même de *Res publica*, dans le livre XIX, et les faiblesses de la politique terrestre. « *Sans justice, il n'y a point de république ; sans Dieu, il n'y a point de justice [...]. [(...)] Ce qui se fait avec droit, se fait avec justice ; et ce qui se fait sans justice ne peut se faire avec droit. Il ne faut pas en effet appeler droits, ni considérer comme droits les iniques institutions des hommes* »[211]. Il part du principe du souverain bien, la paix, que tous les hommes religieux et politiques doivent rechercher ardemment tant au niveau individuel – paix de l'âme – qu'au niveau social, la paix dans la cité. Cette paix que vivent les mortels n'est qu'une pâle et défectueuse figure de la paix céleste, la paix éternelle. Or, la cité juste - à laquelle la religion (chrétienne notamment) et le politique doivent tous travailler pour son effectivité – est le critère de la paix. En d'autres termes, la justice est la vertu qui caractérise le citoyen comme tel et commande à tous les citoyens de viser le bien commun[212] de la cité.

C'est ici que naît le débat avec Cicéron pour déterminer la République et le peuple. Augustin cite *De la Répubique, I, 25* : « *La chose publique, donc, dit Scipion, est la chose du peuple ; et par peuple il faut entendre, non tout assemblage d'hommes groupés en troupeau d'une manière quelconque, mais un groupe nombreux d'hommes associés les uns aux autres par leur adhésion à une même loi et par une certaine communauté d'intérêt* ». Précisons que l'expression « *adhésion à une même loi* » est la traduction du *juris consensus*, la sanction d'un droit consenti. La Loi est essentiellement la résultante du droit, la notion de droit signifiée en paroles, le droit appliqué. Or, le fondamental, c'est le *jus* qui est en tête. C'est fort de cette notion de « *droit* » qu'Augustin va débattre de la justice, et de sa fonction pionnière et régulatrice dans la Cité de

---

[210] Saint Augustin, *La Cité de Dieu*, I.35, op. cit., p. 75.

[211] Ibid, p. 132.

[212] Cette question du bien commun reste l'une des caractéristiques fondamentales de l'inséparabilité du théologico-politique. Nous y reviendrons.

Dieu, la vraie cité. Les deux vocables « *justice* » et « *droit* » sont indissociables parce que là « *où il n'y a pas une véritable justice, le droit ne peut pas être* ».

Relativement à Cicéron - c'est ici toute la spécificité de la pensée augustinienne articulant le théologique et le politique, la foi et la raison – Augustin insère une dimension transcendante dans la caractérisation de la République et du peuple. A ses yeux, la justice chrétienne est absente chez Cicéron, pour qui la communauté politique des hommes a pour socle une sociabilité naturelle et la justice innée a pour fondement la loi naturelle vraie de « *la droite raison, conforme à la nature, répandue dans tous les êtres* ». Faire fi de cette loi, c'est « *s'ignorer soi-même* » et « *méconnaître la nature humaine* »[213]. Augustin rétorque à la loi naturelle par la loi éternelle, à la justice congénitale par la distinction entre la parodie de la justice humaine et la véritable justice à l'œuvre dans *la Cité de Dieu*. S'appuyant sur la pensée platonicienne, Augustin établit une hiérarchie morale ancrée dans un ordre naturel fondé par la raison. La justice chrétienne, qui est aussi la justice conformément à sa signification éminente prescrit d'ordonner toutes choses suivant la raison. En d'autres termes, cela revient à inféoder l'inférieur au supérieur, aussi bien à l'intérieur qu'à l'extérieur de l'homme. Le corps est régi par l'âme, les passions ou appétits par la raison et la raison par Dieu. Dans la vie sociale, ce sont les sages qui dirigent les sujets vertueux, et la loi divine commande les sages. Une telle symphonie est présente dans la Cité de Dieu quoique mise à mal dans la cité terrestre en raison du péché originel. Ainsi, la justice terrestre est fondamentalement imparfaite. La loi éternelle, - divine – entièrement immuable est le principe universel de la justice et est assimilée à la volonté de Dieu ou à sa sagesse. « *Pourquoi donc Dieu commande t-il à l'homme, l'âme au corps, la raison à la passion et aux autres parties vicieuses de l'âme ? Exemple qui nous montre assez clairement que la servitude est utile à quelques-uns mais que servir Dieu est utile à tous. (...) Aussi, quand l'homme ne sert pas Dieu, quelle justice peut être dans l'homme* ? »[214].

La loi humaine parce que temporelle est soumise à de profondes et continuelles mutations. Elle harmonise ou accommode la loi éternelle aux appétences ou aux nécessités fluctuantes des groupes sociaux particuliers. Elle est nécessairement juste, car une loi injuste n'est pas une loi, et elle est fixée pour le bien commun, ce qui la rend pratique et indispensable. Cependant elle est inconstituante et défectueuse, principalement quand elle est créée pour l'asservissement de certains hommes sur d'autres ou pour l'accaparement des richesses. Une autre facette de la loi temporelle, c'est qu'elle ne vise pas à toucher ou à accéder au plus intime de l'être humain mais se réduit à primer et à réprimer les actes humains dans la vie sociale. Ainsi, elle n'est pas le gage de la vertu. Or, la justice qui est l'une des valeurs fondamentales de la religion

[213] *De la République*, III, 22.
[214] Saint Augustin, *La Cité de Dieu*, op. cit., p. 134.

chrétienne est principalement une vertu, une vertu cardinale « *qui rend à chacun ce qui lui appartient* ». L'homme est de Dieu et pour Dieu. S'il lui arrive dans la cité terrestre de ne plus se soucier de Dieu et de ses commandements par amour excessif de soi, des richesses et jouissances de ce monde ; s'il se transforme en sujet exclusif, égoïste avec d'autres hommes, il ne fait alors que se rejeter lui-même. Il dénature la justice et cesse d'être homme et citoyen : « *car enfin, quel peut être l'intérêt véritable de ceux qui vivent dans l'impiété comme vit quiconque trahit le service de Dieu pour celui des démons, monstres d'impiété d'autant plus pervers qu'ils veulent, esprits impurs, qu'on leur sacrifie comme à des dieux ? Or ce que j'ai dit du droit reconnu suffit pour montrer qu'aux termes de la définition, il n'y a ni peuple, ni république où il n'y a pas de justice* »[215]. Autrement dit, il n'existe pas de justice véritable sans la reconnaissance du Vrai Dieu révélé en Jésus-Christ et si toute l'existence n'est pas structurée par et selon la justice divine. Augustin admet, néanmoins, que les sociétés humaines peuvent parvenir à une justice qui a sa consistance en elle-même vu que l'existence humaine ne serait possible sans elle. Il revient au chrétien de se soumettre à la justice qui régit les sociétés d'ici-bas, tout en reconnaissant son imperfection et son caractère éphémère.

b/ Thomas d'Aquin et la justice : lecture critique

Avec le *Neuzeit*, signifiant une répartition équitable des bienfaits que l'on recueille de la vie sociale et des charges qu'elle exige, la justice constitue la principale vertu de l'organisation sociale, des institutions. Par contre, si longtemps elle est considérée dans l'Antiquité et au Moyen-Âge comme une vertu personnelle c'est-à-dire la volonté constante et perpétuelle de rendre « *à chacun son dû* »[216] selon l'égalité, elle n'a pas du tout perdu sa dimension sociale. Elle en constitue l'un des piliers prioritaires. « *Le juste, donc, est ce qui est conforme à la loi et ce qui respecte l'égalité, et l'injuste ce qui est contraire à la loi et ce qui manque à l'égalité* »[217]. Vu qu'elle est le parachèvement complet de la loi, la Justice aux yeux d'Aristote – comme valeur politique – coïncide avec la vertu morale intégrale qui porte sur nos liens avec nos prochains : « *Elle se confond avec la vertu, mais en son essence elle est différente ; dans la mesure où elle a rapport avec autrui, elle est justice ; dans la mesure où elle est une disposition acquise, elle est vertu, absolument parlant* »[218].

Justice et vertu possèdent la même substance. Cependant, leur quiddité qui est équivalente à leur définition - parce qu'attribut et prédicat - est à part. La

[215] Saint Augustin, *La Cité de Dieu*, op. cit., p. 134.
[216] Aristote, *E N*, V, 1129q, 1-20.
[217] *E N*, 11296b.
[218] *E N*, V, 1129b25-30.

vertu est « *une disposition à agir d'une façon délibérée, consistant en une médiété relative à nous, laquelle est rationnellement déterminée et comme la déterminerait l'homme prudent. (...) Dans l'ordre de la substance et de la définition exprimant la quiddité, la vertu est une médiété tandis que dans l'ordre de l'excellence et du parfait, c'est un sommet* »[219]. Cette définition de la vertu vaut également pour la justice sauf qu'elle réalise le bien du prochain plutôt que celui de qui l'exerce. La justice légale est la justice en tant qu'elle est réalisée pleinement dans la cité entre citoyens libres et égaux, justice concrète, politique ou sociale. Car, l'éthique est une branche de la politique, « *science souveraine et au plus haut point organisatrice* ». La justice politique est la forme supérieure de la justice. Si toute activité tend vers une fin qui est aussi un bien, il existe une hiérarchie entre les différentes fins. La fin ultime ou le souverain bien est la fin de la politique qui représente le bien proprement humain. Pour l'homme – animal politique – le bien de l'individu et celui de la cité se confondent. Or, la fin de la communauté politique (la cité) par excellence est la vie heureuse : « *s'étant donc constituée pour permettre de vivre, elle permet, une fois qu'elle existe, de mener une vie heureuse* »[220]. Ce bien vivre s'identifie au bonheur, à l'intérêt de tous les membres de la cité, à la vie heureuse de tous en commun et de chacun en particulier. C'est à ce niveau que la justice entre en ligne de compte en tant que vertu politique : elle « *introduit un ordre dans la communauté politique* ». Nous voici donc en présence de la dualité de la justice qui, d'un côté est une vertu capitale au politique puisqu'elle entre dans sa définition, et de l'autre, elle procède d'une institution dont le but est ambivalent : ordonner le politique et s'occuper de la vertu. Car la cité juste doit former, éduquer les citoyens pour qu'ils deviennent justes, et en retour faire de la cité entière une cité juste.

Partant, est juste toute communauté politique qui travaille pour le bien-être, l'intérêt de tous. La question du juste régime, conformément à cette notion absolue de justice trouve sa réponse au livre 6 et 7 du livre III : « *Toutes les constitutions qui visent l'avantage commun se trouvent être des formes droites selon le juste au sens absolu* ». Pour Aristote, l'aristocratie, la royauté, le régime constitutionnel en sont de parfaites illustrations. L'oligarchie, la démocratie, la tyrannie, ne sont que des perversions, des gauchissements du pouvoir dans lesquels les gouvernants font de l'intérêt personnel leur seule priorité. En un mot, chez Aristote, la justice est la véritable vertu politique, orientée vers autrui et, dans cette perspective, elle est indissociable de l'amitié, relation sociale, condition de l'unité voire de paix entre les citoyens : « *La plus haute expression de la justice est, dans l'opinion générale, de la nature de l'amitié* »[221]. Il découle que ces considérations aristotéliciennes de la justice

[219] *E N*, II, 6 1107a-5.
[220] Aristote, *Les politiques*, I, 2, 1252-b.
[221] Aristote, *E N*, VIII, 1.

sont totalement différentes de la perspective de nos trois auteurs. Par ailleurs, l'idée d'un ordre moral établi par la nature et repéré par la raison – la notion stoïcienne de la loi naturelle réfutée particulièrement par Carl Schmitt, Blumenberg et Karl Löwith - a été au centre des débats sur la justice. N'ayant pas un contenu spécifique, elle sous-tend toujours pour les stoïciens l'égalité des hommes parce que tous sont des agents moraux et donc celle de la particularité essentiellement artificielle des institutions sociales. Rattachée à la justice naturelle, la notion de la loi naturelle a été le vecteur de la notion traditionnelle d'un ordre de la moralité plus déterminant que toute organisation sociale et servant de fondement pour la critiquer.

Faisant sienne la conception d'une justice naturelle dont les critères sont reconnus de la plupart, du moins dans ses grandes lignes, l'Aquinate, à l'opposé d'Augustin, admet que puisse prévaloir une vraie justice qu'il appelle naturelle même chez les non-chrétiens, et cette justice naturelle oblige les chrétiens à se conformer aux droits légitimes de ceux qui ne professent pas la foi chrétienne[222]. C'est la preuve que sur le terrain de la justice, athées ou croyants, religion et politique peuvent vraiment collaborer harmonieusement pour le bien de la société. Thomas d'Aquin, d'ailleurs, fait sienne la définition classique de la justice comme disposition à donner à chacun ce qui lui est dû conformément à la règle de l'égalité. Il fait la distinction entre la justice distributive et la justice commutative[223]. A ses yeux, la justice distributive est celle qui est formée de normes d'après lesquelles la société octroie des primes et des peines en exigeant des contraintes de la part de ses membres. La justice commutative est formée de préceptes qui régissent les relations entre les personnes à savoir la prohibition du meurtre, du vol, de l'adultère et tout ce qui peut porter préjudice à autrui. Ce sont autant de valeurs intrinsèques au christianisme qui sont fondamentales pour le vivre ensemble et que l'Eglise promeut à travers son enseignement[224] et ses nombreux engagements sociaux. Par ailleurs, l'Aquinate incorpore la vertu de l'*Epikie* (équité) dans son approche de la justice. L'*epikie* est une limitation conférée à la loi dans un cas singulier où elle ne serait être applicable dans son contenu général. Exemple : brûler un feu rouge pour sauver une vie. Cette restriction advient dans le souci de toujours sauvegarder l'esprit de la loi. Celui qui pratique l'*epikie* ne peut se passer d'un jugement de proportionnalité pour juger s'il lui est permis ou non de transgresser la lettre de la loi et ce, conformément à l'optique d'Aristote : « *[(...)] L'objet de notre investigation est non seulement le juste au sens absolu, mais encore le juste politique. Cette forme du juste est celle qui doit régner entres des gens associés supposés libres et égaux en droits, d'une*

---

[222] Saint Thomas d'Aquin, IIa, IIae, q. 10, a.12.

[223] Ibid, p. 61, a.1,2.

[224] Sur ce point capital de l'enseignement et de l'engagement sociaux de l'Eglise, nous y reviendrons.

égalité soit proportionnelle, soit arithmétique, de telle sorte que, pour ceux ne remplissant pas cette condition[225]*, il n'y a pas dans leurs relations réciproques, justice politique proprement dite, mais seulement une sorte de justice prise en un sens métaphorique* »[226].

Pour comprendre le rôle primordial de l'*epikie* chez Thomas d'Aquin, il faut se convaincre qu'il n'existe aucune norme morale dont l'application en toute certitude, se vérifie dans n'importe quelle situation[227].

2.1.3. Justice sociale[228] et amour social : durabilité du théologico-politique

Ce qui précède révèle l'inextricabilité de l'amour social et de la justice sociale et par conséquent du théologique et du politique qu'on ne saurait dissocier sans remettre fondamentalement en cause l'équilibre social en lui-même. Justice et amour s'enchevêtrent donc. Par leur lien, ils assurent inconditionnellement la stabilité et l'essor de la société : « *Tous deux rayonnent du même esprit divin, programme et sceau de la dignité de l'esprit humain. Tous deux se complètent réciproquement, coopèrent, se vivifient et se soutiennent mutuellement, se donnent la main pour la concorde et la paix* » (Pie XII). En lui-même, le droit est rigide et séparatif, il est affranchi de tout sentiment et de tout penchant. Dans cet ordre de choses, la justice peut « *aussi fidèlement que possible... régler seulement le fond des conflits sociaux dans le monde ; mais elle est incapable d'unir intérieurement les cœurs* ». La paix de la société et la collaboration interhumaine sont conditionnées par « *l'unité interne des esprits et des cœurs* » ce qui ne veut pas dire que la charité pourrait se substituer « *au manque de justice et à sa défaillance*[229] ». « *Il n'est pas nécessaire que le travailleur accepte ce qui lui revient en justice comme une aumône ; de même on ne peut aussi essayer d'échapper aux devoirs difficiles imposés par la justice avec des petits dons de miséricorde*[230] ».

La « *dilectio socialis*[231] » de Thomas d'Aquin,est en étroit rapport avec la justice sociale qui doit imprégner « *les institutions étatiques et sociales*[232] »

---

[225] Ce critère d'égalité proportionnelle concerne l'exemple des cités où la constitution est imparfaite et dégénère. C'est l'exemple aussi des familles ou communautés de vie (*koinonia*) entre maris et femmes, pères et enfants où subsiste cette disparité entre supérieurs et inférieurs.

[226] Aristote, *E N*, V, 10.

[227] Saint Thomas d'Aquin ; IIa. IIae, q47, a.2, ad3.

[228] Par justice sociale, il faut entendre la combinaison harmonieuse de la justice commutative, distributive et légale. Son champ d'action est plus vaste et exerce sa fonctions aussi bien dans l'Etat que dans l'Eglise, les communautés locales, les milieux professionnels, etc. partout où il est question de la réalisation du Bien commun.

[229] Pie XI, *Encycl. « Quadragesimo Anno »*, désormais Q.A. N° 137.

[230] Pie XI, *Encycl.* « *Divini Redemptoris* », 19 mars 1937, p. 91.

[231] Saint Thomas d'Aquin, *De caritate*, a.9.

tandis que l'amour social doit opérer « *l'âme de cet ordre* ». Les différentes catégories sociales doivent être pénétrées « *de la conscience de leur appartenance commune comme membres d'une grande famille, comme enfants d'un seul et même père céleste* » et se sentir « *comme en corps dans le Christ*[233] ». Grâce à l'amour de Dieu qui est inséparable de l'amour du prochain, l'homme est à même de réaliser les exigences de la charité sociale. Apte au service bénévole en vue du bien commun, l'amour social reconnaît à chacun sa place. Les devoirs importants de la *dilectio socialis* se révèlent singulièrement dans les relations d'états, de profession, de classes de groupes. La charité sociale s'attelle à dépasser les conflits par la compréhension. Elle voit et recherche l'unifiant et le commun. Elle respecte les exigences de la justice. Et rien ne la contredit autant sinon l'antipathie des classes. Même si une question de classes encore non résolue ne remet pas en cause l'amour social, la justice et la charité imposent, dans ce cas, de bannir les raisons profondes à la base des clivages et des dissensions entre les différentes couches pour créer un nouvel ordre de relations dans la société.

Par ailleurs, il arrive que l'amour social balise le chemin à travers ses œuvres et ses institutions de droit social et de justice sociale. La doctrine sociale de l'Eglise[234] se propose d'avoir un système de l'ordre de structure « *fondé sur la vérité, conçu avec les lignes directrices de la justice, motivé par l'amour vivifiant et enfin concrétisé dans la liberté* ». Les rapports « *entre individus et peuples* » ne doivent pas être régis par la « *crainte, mais par l'amour* ». Et c'est le propre de la charité d'amener les hommes à une collaboration authentique et multiforme de laquelle proviennent de grands biens tant intellectuels, spirituels que matériels pour les individus et la société entière. Elle ne cesse de convier à faire la distinction entre l'erreur à bannir et la dignité suprême à respecter, à aimer, à promouvoir de la personne qui commet cette erreur. Autant de caractéristiques de la charité chrétienne qui, on le voit, est fondamentalement humano-divine et peut être aussi vécue par tout homme de bonne volonté – athée ou croyant – épris de la vérité, de la justice, de la liberté, de la paix, valeurs fondamentales qui constituent le socle de toute vie sociale et politique. Elles constituent le dénominateur commun de l'articulation entre théologie et politique dans leur distinction ou autonomie mais aussi dans leur étroite connexion. Ainsi, il revient à l'éducation de rappeler et d'éveiller chaque citoyen à la fonction vitale de ces valeurs pour la cohésion et le bien-être de nos sociétés, aujourd'hui en crise, à cause de leur effritement ou de leur neutralisation.

---

[232] Pie XI, Q A. N° 137.

[233] Pie XI, Q A 137.

[234] Par Doctrine sociale de l'Eglise, nous entendons brièvement ce pan de la doctrine de l'Eglise qui a pour objet la vie des hommes dans les sociétés temporelles qu'ils constituent, de la famille à l'Etat *via* les différents corps intermédiaires.

2.2. L'éducation : ou l'indissolubilité du théologico-politique ?

« *L'homme ne peut devenir homme que par l'éducation. Il n'est rien que ce que l'éducation fait de lui* »[235].

2.2.1. L'éducation humaine chez Jacques Maritain : lecture critique

Les pages précédentes n'ont pas manqué de nous rappeler ce chantier commun, immense, multiforme et complexe mais capital qu'est l'éducation où théologie et politique, Eglise et Etat, corps social chrétien et communauté politique sont appelés vivement à collaborer, de façon sincère, pour que la grandeur de l'homme advienne « *par l'éducation* » selon la maxime kantienne. Ce travail de l'éducation de l'homme dont il s'agit ici n'est pas celui de former cette abstraction platonicienne qu'est l'homme en lui-même - l'homme idéal - mais d'éduquer un enfant précis, membre d'une communauté humaine et d'une nation données, enraciné dans une époque définie. Animal de culture et non seulement de nature, le genre humain ne peut perdurer qu'avec le progrès de la communauté civile et de la civilisation. C'est cette réalité qui dévoile qu'il est également un animal historique dont l'expression se trouve dans la variété des types culturels, illustration de la diversité humaine. Tel est le rôle majeur de l'éducation qui non seulement doit s'enraciner « *dans l'expérience collective que les générations précédentes ont accumulée et conservée et par une transmission régulière des connaissances acquises* »[236] mais surtout ne jamais perdre de vue ses fins fondamentales, c'est-à-dire la formation solide, intégrale de l'homme basée sur l'optique « *philosophique et religieuse de l'homme. Je dis philosophique, parce que cette idée a pour objet la nature ou l'essence de l'homme ; je dis religieuse, à cause de l'état existentiel de la nature humaine, par rapport à Dieu et à cause des dons spéciaux, des épreuves et de la vocation impliqués par cet état* »[237]. Aux yeux de Jacques Maritain, seule « *l'idée chrétienne de l'homme* »[238] est le socle de cette éducation solide et complète parce que « *vraie idée* »[239]. C'est pourquoi la finalité de l'éducation est la conquête de la liberté intérieure et spirituelle par la personne c'est-à-dire l'affranchissement de celle-ci par la connaissance et la sagesse, la bonne volonté, l'amour et le sacrifice de soi : « *(...) personne n'est plus libre, ni plus indépendant, que celui qui se donne lui-même pour une cause ou pour un être digne de ce don* »[240]. Dans l'optique chrétienne, cette éducation est fondée en Christ et n'est pas seulement transmission du savoir vivre, du savoir faire mais

---

[235] E. Kant, *Propos de pédagogie*, 1803.
[236] J. Maritain, *Pour une philosophie de l'éducation*, Paris, Fayard, 1959, p. 18.
[237] Ibid, p. 22.
[238] Ibid, p. 22.
[239] Ibid, p. 22.
[240] Ibid, p. 28.

aussi et surtout du savoir être c'est-à-dire du don de la vie. Elle est un travail d'amour véritablement possible sur un fond de confiance de l'avenir de l'homme pour en transmettre et en renouveler le multiple visage à travers les générations. Pour ce corps social à la fois spirituel et temporel – l'Eglise – il revient par son prophétisme en continuité avec celui des prophètes d'Israël, d'annoncer et de dénoncer les "citernes" lézardées (les failles) de l'éducation civile, partiale et parfois idéologique, qui ne permettent pas de retenir les eaux vives et salutaires de l'éducation intégrale que recèle le message d'espérance, de consolation, de solidité qu'est la Bonne Nouvelle du Christ.

Cette vocation chrétienne de l'éducation reste un aspect fondamental de la mission de l'Eglise. Toute son histoire visible et invisible est remplie de ces admirables figures d'éducateurs qui ont marqué l'histoire de l'humanité : Ambroise de Milan, Jean Bosco, Saint Augustin, Thomas d'Aquin, Albert le Grand, Dominique Savio, Saint Benoît etc. qui, à travers monastères et universités, écoles, lycées, centres de formation ont usé de leurs forces en livrant leur vie afin que d'autres vies puissent grandir, s'épanouir en prenant forme humaine et chrétienne. La Bonne Nouvelle est un Trésor inépuisable de nouveauté qui peut inspirer une parole chrétienne sur l'éducation et faire naître les éducateurs qu'il faut face à la crise du *Neuzeit* ou face à cette « *ère des neutralisations et des dépolitisations* »[241] dont parle Carl Schmitt. Car, contrairement à la posture réductrice et idéologique du *Neuzeit* de Blumenberg ou de celle de Löwith, la foi chrétienne ne fait pas nombre et ne concurrence jamais les déterminations anthropologiques inhérentes à chaque ordre profane tant en politique, en philosophie, qu'en éducation. Chacun de ces ordres a son propre domaine, sa propre régulation et fin. C'est pourquoi la puissance de l'impact de la Révélation se manifeste au niveau de la liberté humaine elle-même, en son jaillissement, que la foi met en situation de réception ou de rejet, de vocation ou de réponse. C'est dire que l'incidence de la Révélation n'est point imperméable à la politique, à la philosophie, à l'éthique, que le lieu du cœur soit en l'homme l'espace de Dieu. Cette vérité énoncée n'est pas hermétique à la spécificité chrétienne de l'éducation en tant que champ singulier de rapport interpersonnel et d'action de l'homme et de tout l'homme, ce que Jacques Maritain appelle « *l'humanisme intégral* »[242].

La vocation chrétienne de l'éducation vise à être attentive et accueillante à cet appel total de l'homme, que Dieu ne cesse de lui adresser par son nom pour qu'il y réponde conformément à la mission qui lui revient. L'histoire du salut est fondamentalement une histoire dialogique, une histoire de la Parole, et de la Parole dite et accueillie de sa source exceptionnelle : la Parole qui s'adresse à une liberté par son nom propre. Le livre de la Genèse est l'une de ces illustrations où Dieu ne noie jamais son vis-à-vis (l'homme) dans l'anonymat

---

[241] C. Schmitt, *La notion de politique*, op. cit., p. 129.

[242] J. Maritain, *L'humanisme intégral*, op. cit., p. 82.

du groupe ou de la foule. Adam dans la Genèse ou l'apôtre Pierre dans le Nouveau Testament est un interlocuteur privilégié, un partenaire inédit, à qui, Dieu en Jésus-Christ offre son humanité comme vocation, bénédiction à concéder et mission à accomplir. Cette vocation s'étend de façon analogique dans chacune des sphères de la vie humaine : elle porte sur la maîtrise technique du monde comme la profondeur de l'affectivité, le développement des richesses de la pensée en tant qu'élargissement du champ de l'amour. L'espace de l'éducation englobe tout l'homme dans toute sa croissance. Cette vocation divine de l'homme est enfouie dans l'abysse de surdité de l'humanisme séculier du *Neuzeit* dérobant l'homme à l'interpellation créatrice. Or, le socle de cette éducation chrétienne se trouve dans cette interpellation créatrice même.

L'Incarnation met en pleine lumière la vocation de l'homme rejetant, de manière profonde, toute extériorité du mystère de Dieu au mystère de l'homme. Par le *Verbum factum caro est* le Christ fait de notre humanité créée, l'épiphanie de sa Présence. Partant, la christologie n'est pas un simple ajout ou quelque chose de contingent à l'anthropologie : le Christ assume et vivifie tout l'humain en sa personne. C'est en Lui que se déploie de façon sublime la condition humaine que Ponce Pilate condense en deux mots : *Ecce Homo*. Il est la source et la nouveauté de la foi chrétienne et partant, de la vocation chrétienne de l'Education : « *De fondement nul ne peut en poser d'autre que celui qui s'y trouve, à savoir Jésus-Christ* »[243]. Ainsi, loin de toute pensée ou doctrine spéculative qui est en quête de ses fondements dans les déterminations premières de son objet ; loin de toute réflexion morale qui cherche son principe dans des normes générales d'obligation, l'essence du christianisme sur laquelle toute herméneutique chrétienne du théologico-politique repose est essentiellement une Personne, Jésus-Christ, qui ne saurait se réduire à l'exemplarité d'une valeur ou d'une idée quelconque : « *Il n'y a pas de doctrine, pas de système de valeurs morales, pas d'attitude religieuse ni de programme de vie qui pourraient être détachés de la personne du Christ, et dont on pourrait dire : voilà le christianisme. Le christianisme c'est lui-même ; ce qui par lui parvient à l'homme et la relation que par lui l'homme peut avoir avec Dieu. Un contenu doctrinal est chrétien dans la mesure où il tombe de ses lèvres. L'existence est chrétienne dans la mesure où son rythme est déterminé par lui. Rien n'est chrétien qui ne le contient pas. La personne de Jésus-Christ dans son unicité historique et sa splendeur éternelle est elle-même la catégorie qui détermine l'être, l'agir et l'enseignement du christianisme* »[244].

Aux antipodes de ce que Hans Blumenberg et Löwith énoncent de l'homme, son humanité - dans l'optique de la foi chrétienne - n'est point une idée de la raison autosuffisante, auto-puissante et inaccessible, se diluant dans

[243] 1 co.3,11.

[244] R. Guardini, *L'essence du christianisme*, Paris, Alsatia, 1950, p. 87.

les variations infimes de l'histoire. Elle est l'espace où l'être humain entend l'appel de Dieu qui ne cesse de retentir, le foyer où se produit la rencontre vitalisante avec Celui qui est intime à lui, plus que lui-même. Le mystère de l'homme est donc inséparable du dessein salvifique de Dieu accompli merveilleusement dans le Christ. Révélant entièrement l'homme à lui-même en lui découvrant « *la sublimité de sa vocation* », le Christ est « *l'homme parfait qui a restauré dans la descendance d'Adam la ressemblance divine, altérée dès le premier péché* »[245]. Par Lui et en Lui, « *la nature humaine a été assumée, non absorbée (...) élevée en nous aussi à une dignité sans égale. Car, par son incarnation, le Fils de Dieu s'est en quelque sorte uni lui-même à tout homme. Il a travaillé avec des mains d'homme, il a pensé avec une intelligence d'homme, il a agi avec une volonté d'homme, il a aimé avec un cœur d'homme. (...) Il est de Rédempteur de l'homme* »[246]. En tant que Totalité et Perfection de l'existence humaine, le Christ est donc la Norme de la vocation chrétienne de l'éducation. Le théologique et le politique doivent être sous l'onde de choc de l'Incarnation et de la Résurrection du Christ. En vérité, éduquer c'est conduire l'homme vers sa manifestation totale, entièrement révélée dans le Fils de Dieu. Selon l'herméneutique chrétienne de l'actualité du théologico-politique, l'éducation véritable doit se référer et tendre pleinement à cet *Ecce homo*. En tant que l'ensemble des méthodes qui aident la personne humaine à atteindre sa propre humanité en l'enracinant dans une communauté humaine, la mission chrétienne de l'éducation n'est pas, dès lors, une surenchère : c'est bel et bien dans le contexte anthropologique spécifique qu'elle s'ouvre à la Révélation, à cet appel du Dieu vivant lancé à l'homme pour qu'il réalise pleinement son humanité en Jésus-Christ. L'Eglise catholique de par son universalité intrinsèque et comme communauté de croyants a aussi à former ses fidèles et tous ceux qui le désirent.

2.2.2. L'éducation selon la perspective catholique

D'une extrême importance pour l'Eglise, le droit à l'éducation est un droit inaliénable pour tous les hommes sans discrimination d'âge, de race ou de condition. Sa mission sociale est de former la personne humaine dans la perspective de sa fin la plus haute et celle du bien des groupes. Elle s'emploie à inculquer à tous les esprits de nouveaux sentiments générateurs de paix, de respect de la vie et de la création, de la justice, de la défense des plus pauvres et des sans droits. Accéder à une culture spirituelle, morale, intellectuelle et humaine est le centre de l'éducation quelles que soient les autres formes d'apprentissage indispensables vu que « *le fait culturel premier et fondamental est l'homme spirituellement mûr* », c'est-à-dire, l'« *homme pleinement éduqué,*

---

[245] Jean-Paul II, *Encycl. « Redemptor Hominis »*, 4 mars 1979, N° 8.
[246] Ibid, n° 8.

homme capable de s'éduquer lui-même et d'éduquer les autres »[247]. En tant que « *Mater et Magistra* », Mère et Educatrice, l'éducation est tellement « *le bien propre de l'Eglise qu'il en constitue la substance* »[248]. Sa maternité est au service de la vie et son magistère n'est que l'humble serviteur de la vérité dans la charité. Cette vérité dont le magistère est le dépositaire est celle des « *paroles de la vie éternelle* ». Au sens rigoureux, l'éducation de la foi de ses enfants est la charge fondamentale et prioritaire de l'Eglise catholique. Comme catéchèse, elle est l'éducation du chrétien dans l'homme. Mais réduire l'éducation chrétienne à la seule catéchèse ne rend pas justice à la logique spirituelle de la Bonne Nouvelle qui ne vient pas toucher la réalité humaine de façon latérale mais la refondre complètement au creuset du Christ. Ceci suppose un soubassement anthropologique consistant sans lequel la foi - qui n'est pas un cri - ne peut s'enraciner durablement.

Venue à nous par une tradition et une histoire séculaire, la foi a une teneur doctrinale spécifique et des impératifs moraux pratiques. Elle doit se manifester dans la volonté et l'intelligence, pénétrer et changer tout le comportement se formant en eux, les formant selon elle pour qu'ils soient humanisés et partant divinisés. En d'autres termes, il ne saurait y avoir réception du message évangélique sans cet éveil culturel et humain par l'éducation. Une attitude essentiellement instructive ne peut assimiler la Bonne Nouvelle du Christ. Cependant, ajoutons aussitôt que la foi chrétienne a en elle-même une formidable force d'humanisation. Et ce qui est en jeu, ici, c'est qu'il ne peut y avoir d'évangélisation sans humanisation, sans promotion humaine. Il y a des rapports profonds entre évangélisation et promotion humaine : « *Liens d'ordre anthropologique, parce que l'homme à évangéliser n'est pas un être abstrait, mais qu'il est sujet aux questions sociales et économiques. Liens d'ordre théologique, puisqu'on ne peut pas dissocier le plan de la création du plan de la Rédemption qui, lui, atteint les situations très concrètes de l'injustice à combattre et de la justice à restaurer (..) : comment en effet proclamer le commandement nouveau sans promouvoir dans la justice et la paix la véritable, l'authentique croissance de l'homme ?* »[249]. Déterminée à assurer à ses fidèles leur « *droit à l'éducation* », l'Eglise ne saurait admettre qu'une formation amputant leur humanité ou les éloignant de leur vocation leur soit prodiguée. Au cours de son histoire, elle n'a pas arrêté d'assurer le service temporel de l'éducation dans des situations ou dans des endroits où cela fait cruellement défaut. Elle n'a pas manqué non plus - et elle continue encore aujourd'hui – à assurer certaines nécessités temporelles et d'autres droits fondamentaux, quand la société civile voire la communauté politique n'a pas

---

[247] Jean-Paul II, *Discours à l'Unesco*, 2 juin 1980.

[248] Pie XI, *Encycl. « Divini illius magistri »*, 31 Décembre. 1929, in : *Les Enseignements Pontificaux – L'Education*, Paris, Desclée de Brouwer, 1955, p. 245.

[249] Paul VI, « *Exhort. Apost. Evangelii nuntiandi* », N° 31, 8 décembre 1975.

les institutions requises pour y faire face. En témoignent les exemples de Saint Vincent de Paul et de Jean Bosco respectivement auprès des enfants laissés à eux-mêmes et des jeunes loubards (de Turin). A cela s'ajoute le rôle prépondérant que jouent les écoles ou universités catholiques sans aucune discrimination dans nos sociétés actuelles. Le sérieux, la qualité de la formation et de l'éducation qui y sont donnés achèvent de convaincre de l'indissociabilité du théologico-politique et de la place inédite que la religion chrétienne joue dans nos sociétés contemporaines en perte de repères pour l'éducation solide et complète de nos citoyens.

Son "expertise en humanité" exige de l'Eglise qu'elle ose toujours une parole pour tous les hommes, qu'elle atteste envers et contre toutes puissances adverses de la vérité de l'homme au regard de sa vocation entière. C'est cela même le sens de sa catholicité : parler de l'homme à tout homme aussi bien aux pauvres, aux riches, aux responsables politiques, aux savants etc. Une telle exigence suppose une estime infinie de l'éducation où l'humanité de l'homme prend peu à peu forme. C'est pourquoi, à l'homme en marge de tout recours au message chrétien, mais dont le travail porte surtout sur « *l'éducation, la science et la culture* », Jean-Paul II souligne l'importance de sa tâche : « *la tâche première et essentielle de la culture en général, et aussi de toute culture, est l'éducation. L'éducation consiste en effet à ce que l'homme devienne toujours plus homme, qu'il puisse être davantage, et pas seulement qu'il puisse avoir davantage, et que, par conséquent, à travers tout ce qu'il a, tout ce qu'il possède, il sache de plus en plus pleinement être homme. Pour cela il faut que l'homme sache être plus non seulement avec les autres mais aussi pour les autres* »[250].

2.2.3. L'Ecole et l'Université, prototypes d'une indissociabilité ?

a/ L'Ecole

Un des moyens éducatifs appartenant au patrimoine commun de l'humanité, l'école a une importance spéciale pour l'Eglise parce qu'elle permet le développement des facultés intellectuelles, spirituelles, humaines, morales de la personne etc. Témoin privilégié du problème théologico-politique, l'école catholique ne manque pas d'être au cœur des controverses portant sur l'insertion de la foi dans la culture et dans la vie en société, et sur la mission de l'Eglise dans le domaine de la formation humaine. Elle constitue pour l'Eglise un moyen exceptionnel de la réalisation de sa vocation chrétienne de l'éducation même si celle-ci ne saurait pas s'y réduire. Sa spécificité et son privilège – tout en agissant avec d'autres instances éducatives (mouvements de

---

[250] Jean-Paul II, *Discours à l'Unesco*, op. cit., N°9 et 11, Cf. *Documentation catholique, n° 1788*, p. 605-606.

jeunesse, groupements de loisirs) – sont de former l'esprit dont la vocation est déterminante pour la formation intégrale des personnes. Mais précisons que n'étant pas une société parmi tant d'autres, l'Eglise n'est en compétition avec aucune. Insérée dans la société, sa finalité n'est pas d'ordre temporel quoiqu'elle ne saurait y rester indifférente sans faillir à sa mission. Car, dit Charles Péguy, « *le spirituel est aussi charnel* ». Contre les tentations renouvelées des messianismes historiques (nazisme, fascisme, communisme, libéralisme) caressant l'espoir d'ériger la *Civitas terrena* en *Civitas Dei* ou phagocytant celle-ci dans celle-là, il lui faut inlassablement défendre l'idée que sa mission première n'est pas de se substituer à la communauté politique en organisant la société civile. Elle ne doit pas s'en désintéresser au nom même de la logique et du retentissement du Message évangélique qui « *doit bouleverser les critères de jugement, les valeurs déterminantes, les points d'intérêt, les lignes de pensée, les sources inspiratrices et les modèles de vie de l'humanité qui sont en contraste avec la parole de Dieu et le dessein du salut* » (Paul VI).

Son rôle - qui est également sa différence avec les autres formes de société - est de garder inconditionnellement son autonomie afin d'accomplir convenablement sa mission spécifique de signe visible, en ce monde, du Royaume qui n'est pas du ressort de ce monde. En elle-même, l'école constitue la condensée de l'intrication du théologico-politique, dont la dissociation ne peut être que l'amputation de la personne humaine comme l'illustre *De Idolatria* de Tertullien (155-220), qui, face aux écoles païennes professant la mythologie n'interdit pas néanmoins aux parents d'y envoyer leurs enfants : « *Comment rejeter les études profanes, sans lesquelles les études religieuses sont impossibles ? Comment former sans elles à la prudence humaine, préparer à comprendre et à agir, puisque la littérature est un moyen nécessaire pour toute la vie ?* »[251]. Si de tels propos sont très suggestifs, ils trouvent également leur écho étincelant dans ce que Newman nous dit soulignant l'aspect parfois idéologique et passionnel de la revendication moderne et tranchée de la liquidation du théologico-politique : « *Les plus saints évêques et docteurs furent durant leur adolescence, envoyés par leurs parents dans des endroits où les païens donnaient des leçons* »[252].

Si l'éducation est fondamentalement une œuvre temporelle qui porte sur la société entière et repose sur la mise en pratique d'une grande variété de savoirs, de pouvoirs et d'avoirs, il y va toujours en elle de la C*ivitas Dei*, mais dans la foisonnante et fluctuante complexité de la *Civitas terrena*. Or, telle est notamment la situation chrétienne des croyants chrétiens (laïcs) dans leur rapport avec l'Etat ou en un mot de l'Eglise avec le monde. Non accessoire, cette condition chrétienne est un véritable appel à animer le monde, c'est-à-dire

---

[251] Tertullien, *De Idolatria, X, 4* : cité par J. Danielou et H. I. Marrou, *Nouvelle histoire de l'Eglise, I*, Paris, Seuil, 1963, p. 211.

[252] J-H. Newman, *L'idée d'université*, Paris, Desclée de Brouwer, 1968, p. 73.

l'ordre profane des choses et des institutions politiques et économiques, en lui insufflant et en l'imprégnant de l'esprit de l'Evangile : « *La vocation propre des laïcs consiste à chercher le règne de Dieu précisément à travers la gérance des choses temporelles qu'ils ordonnent selon Dieu. Ils vivent au milieu du siècle, c'est-à-dire engagés dans tous les divers devoirs et travaux du monde, dans les conditions ordinaires de la vie familiale et sociale dont leur existence est comme tissée. A cette place, ils sont appelés par Dieu à travailler comme du dedans à la sanctification du monde, à la façon d'un ferment, en exerçant leurs propres charges sous la conduite de l'esprit évangélique...* »[253]. Ici encore, l'intrication du théologique et du politique, de l'Eglise et de l'Etat n'est jamais plus urgente et précieuse que dans le travail de l'éducation dont l'école et l'université restent des moyens privilégiés de sa réalisation. Nulle part, il n'est plus stimulant de rechercher et de travailler à cette harmonie, qui, pour chaque communauté civile ou politique, est marquée de touches différentes. Saisir ces différentes touches avec chacun de leur retentissement requiert assez d'amour et de savoir-faire.

Dans des contextes de désertion de l'Etat ou de carence des institutions scolaires indispensables à la survie culturelle, l'Eglise n'a cessé de jouer son rôle de suppléance et de vigilance (-*Mater et Magistra*-) à la formation humaine de tous ceux et de toutes celles qui sont dans d'impérieux besoins éducatifs. Il suit que l'intrication du théologico-politique ne peut être frappée d'aucune obsolescence. Autant l'homme est à la fois corps et esprit, autant il est un être religieux et politique qu'on ne saurait liquider sans le supprimer. C'est dans cette connexion du temporel et du spirituel, du théologique et du politique que la métaphore de la cathédrale de Notre Dame, par Etienne Gilson, est encore parlante : « *S'il est vrai que la façade de Notre Dame est un élan de l'âme vers Dieu, cela ne l'empêche pas d'être aussi une œuvre de géométrie. Il faut savoir la géométrie pour construire une façade qui soit un acte de charité* »[254].

b/ L'Université

Quant à l'Université (catholique), en tant qu'espace de l'enseignement supérieur et de l'approfondissement « *des connaissances universelles* »[255] elle est aussi le lieu de la « *présence publique, durable et universelle de la pensée chrétienne dans tout l'effort intellectuel vers la plus haute culture (...)* »[256]. Par elle, en elle, l'Eglise manifeste sa charge éducative dans la société et le souci de service de l'homme et de tout l'homme. L'acceptation - sans discrimination

[253] *Lumen Gentium*, N° 31, désormais *L G.*

[254] E. Gilson, *Christianisme et philosophie*, Paris, Vrin, 1936, p 155-156.

[255] J-H. Newman, *L'Idée d'université*, op. cit., p. 156.

[256] *Gravissimum Educationis Momentum, N°* 10, désormais *G E M.*

- des étudiants de toute provenance et de toute religion dans ses universités, témoigne de sa catholicité et de son ouverture à faire vraiment de l'homme le pèlerin de la vérité, la « *route de l'Eglise* » en l'aidant à scruter « *le magnifique patrimoine de l'esprit humain* » déployé à travers les générations. A travers les études supérieures de qualité qu'elle assure elle-même dans nos sociétés contemporaines sécularisées, l'Eglise veut promouvoir et transmettre à l'homme le goût de la vraie liberté inséparable de la recherche de la Vérité que raison et foi doivent s'unir pour atteindre. La vérité est la condition *sine qua non* de la liberté authentique. L'esprit d'unité et de généralisation qui doit caractériser l'université fait qu'elle doit éviter toute liberté apparente, superficielle et unilatérale qui n'irait pas jusqu'au fond de la vérité sur l'homme et sur le monde. Dans la perspective chrétienne, le Christ demeure « *celui qui apporte à l'homme la liberté fondée sur la vérité, comme celui qui libère l'homme de ce qui limite, diminue et pour ainsi dire détruit cette liberté jusqu'aux racines mêmes, dans l'esprit de l'homme dans son coeur, dans sa conscience* »[257]. La tâche de l'Eglise dans son insertion sociale et dans sa relation au politique est de rappeler à l'humanité entière - par l'Education dans ses écoles et universités - et en particulier à l'humanité européenne - que la « *voie à la neutralisation et à la minimalisation [...] [qui] fut la consécration de la règle qui devait gouverner le mouvement de l'humanité européenne dans les siècles à venir et présider à la formation de son concept de vérité* »[258] ne peut conduire qu'à « *l'éducation pour la mort* » c'est-à-dire à « *l'effondrement et au nihilisme d'esprits désintégrés et dévastés* »[259]. Cette « *neutralisation* » et cette « *minimalisation* », fruits de la liquidation moderne du théologico-politique font perdre, du coup, à l'homme contemporain le sens fondamental de sa domination sur le monde visible, qui lui est conférée par son Créateur Lui-même et qui se résume fondamentalement dans « *la priorité de l'éthique sur la technique dans le primat de la personne sur les choses, dans la supériorité de l'esprit sur la matière* »[260].

L'Ecole, l'université, les différents instituts de recherche sont autant d'espaces de formation, d'éducation par lesquels l'Eglise éveille l'homme au respect de la vie et celui de la création témoignant ainsi de sa sollicitude pour lui et pour les choses sociales et politiques ainsi que son engagement aux côtés de chaque personne quelle qu'elle soit, où qu'elle soit. Devant la "raison désintégrée" moderne et face à la crise du *Neuzeit* - due à la « *crise de la moralité et la rupture entre la religion et la vie, et enfin la crise de l'Etat et de la conscience civique, et la nécessité pour les Etats démocratiques de se reconstruire selon un idéal renouvelé (...)* »[261] - la formation et l'éducation de

[257] Jean-Paul II, *Encycl.*, « *Redemptor hominis* », n° 12.
[258] C. Schmitt, *La notion de politique*, op. cit., p. 143.
[259] J. Maritain, *Pour une philosophie de l'Education*, op. cit., p. 128.
[260] Jean-Paul II, *Encycl.*, « *Redemptor hominis* », n° 16.
[261] J. Maritain, *Pour une philosophie de l'éducation*, op. cit., p. 114.

la personne humaine sont les tâches prioritaires et les défis à relever aussi bien par l'Eglise que par l'Etat afin d'éviter la mort inéluctable de l'homme (sans catastrophisme), après la Mort de Dieu qui sous-tend le nihilisme ou « *la tentation relativiste* »[262] contemporaine : « *Auctoritas non veritas facit legem* »[263].

La séparation[264] entre l'Eglise et l'Etat en France qui est plus théorique qu'effective - quoique bienfaisante aujourd'hui, à la lumière de l'histoire - ne saurait signifier une quelconque opposition des deux sphères mais plutôt et surtout une distinction pour une collaboration étroite pour le Bien commun dont l'éducation constitue la clef de voûte : « *Une nette distinction entre l'Eglise et l'Etat ne signifie pas que l'Eglise et l'Etat doivent vivre dans une mutuelle ignorance et un mutuel isolement. Au contraire, Eglise et Etat ont à coopérer* »[265]. Par ailleurs, l'Ecole aussi bien que l'Université ne doivent donc pas être des espaces pédagogiques et éducatifs où « *on se débarrasse de Dieu et de la morale avec lui* » (Karl Löwith) ; mais plutôt des pépinières et des forteresses où « *Dieu est (...) en droit d'avoir sa place que l'électron ou que le professeur Bertrand Russel; une institution vivante (...) tenue en conscience de prendre position au sujet de l'existence de Dieu* »[266]. C'est pourquoi celui qui prétend vivre aujourd'hui de la liquidation définitive du théologico-politique court le risque de devenir un ignorant des « *problèmes et controverses théologiques [qui] ont imprégné le développement entier de la culture et de la civilisation occidentales et sont encore à l'œuvre dans ses profondeurs* »[267] ; un « *incapable de comprendre son propre temps et la signification de ses conflits internes* »[268] ; un « *démuni* », semblable à « *un enfant barbare et désarmé errant parmi l'incompréhensible bizarrerie des arbres, des fontaines (...) des ruines et des édifices encore en construction du vieux parc de la civilisation* »[269]. C'est dire clairement que le détour inéluctable par la théologie ou par les grandes disputes sur « *la nature et la grâce de notre âge classique* »[270] enseigné dans les universités, collèges et lycées etc. est la clef de compréhension de l'histoire intellectuelle et politique des 16ème, 17ème, 18ème

---

262 J. Rollet, *La tentation relativiste ou la démocratie en danger*, Paris, Desclée de Brouwer, 2007.

263 C. Schmitt, *Théologie politique*, op. cit., p. 43.

264 Cf. La Loi de 1905 « *(...) et la loi qui nous intéresse le plus directement, la loi de la séparation de 1905 (...). Du point de vue de la logique de ce développement juridico-social, la loi de 1905 est un couronnement* », M. Gauchet, *La religion dans la démocratie*, op. cit., p. 57-58.

265 J. Maritain, *Pour une philosophie de l'éducation*, op. cit., p. 182.

266 Ibid, p. 182.

267 Ibid, p. 185.

268 Ibid, p. 185.

269 Ibid, p. 185-186.

270 J. Maritain, *Pour une philosophie de l'éducation*, op. cit., p. 186.

siècles. Cela vaut également pour l'intelligibilité de la philosophie moderne et contemporaine : « *la philosophie moderne elle-même, de Descartes à Hegel, reste énigmatique sans cela [la théologie], car en fait la philosophie s'est chargée elle-même, tout le long des temps modernes*[271]*, de problèmes et d'inquiétudes dont elle a dépossédé la théologie, de sorte que l'avènement culturel d'une philosophie purement philosophique est une chose qu'on attend encore. Dans la vie intellectuelle du Moyen Âge, la philosophie était au service de la théologie ou plutôt enveloppée en elle ; dans la vie culturelle des temps modernes elle n'a été qu'une théologie sécularisée* »[272]. Le diagnostic est net : la "barbarie" qui caractérise la manière de penser du *Neuzeit*, se trouve donc dans cette suppression du socle théologique qu'il faut réhabiliter plus que jamais dans tous les lieux pédagogiques et éducatifs.

Telles sont, alors, la pertinence et l'acuité de l'actualité des réflexions maritainiennes que nous ne pouvons pas ne pas citer, de nouveau, en anticipant un peu l'objet principal du chapitre troisième de ce second volume : « *Maintenant, est-ce que l'œuvre de la raison elle-même est capable de prendre ses pleines dimensions naturelles sans l'équilibre supérieur créé dans la conscience commune par la foi et l'inspiration religieuse ? Est-ce que la philosophie est capable, dans l'existence réelle, d'atteindre sa pleine intégrité rationnelle sans les incitations intérieures et les renforcements qu'elle reçoit de la connaissance théologique ? (...). Si on répond qu'en effet raison et philosophie demandent à être ainsi aidées, on devra dire que la civilisation humaine et sa guérison dépendent d'un complexe de causes qui, selon le mot d'Aristote, "se causent l'une à l'autre". Causae ad invicem sunt causae* »[273].

2.3. La religion chrétienne, bride salutaire de la démocratie selon Alexis de Tocqueville

Loin de tout cloisonnement des sphères, la connexion du rapport théologico-politique est telle que la religion constitue la rêne qui oriente et modère le politique lui servant à la fois d'enveloppe et de borne. Les hommes ne peuvent se passer de « *croyance dogmatique* » parce que naturellement ils sont des êtres religieux pour qui la religion « *est aussi naturelle que l'espérance elle-même* »[274]. Aux yeux de Tocqueville l'athéisme, l'indifférence religieuse ou l'agnosticisme sont des véritables déviances ou perversions de la nature humaine : « *c'est par une espèce d'aberration de l'intelligence, et à l'aide d'une sorte de violence morale exercée sur leur propre nature, que les hommes s'éloignent des croyances religieuses ; une pente invincible les y*

---

[271] C'est nous qui soulignons.

[272] J. Maritain, *Pour une philosophie de l'éducation*, op. cit., p. 186.

[273] Ibid, p. 188.

[274] A. de Tocqueville, *De la Démocratie en Amérique. Œuvres complètes*, Tome I, Paris, Gallimard, 1951, vol I, p.310. Désormais *D. A. I.*

ramène. L'incrédulité est un accident ; la foi seule est l'état permanent de l'humanité »[275]. Les actions humaines ont pour socle une « *idée très générale que les hommes ont conçue de Dieu, de ses rapports avec le genre humain, de la nature de leur âme et de leurs devoirs envers leurs semblables* »[276]. Les citoyens vivant dans des démocraties ne peuvent donc pas se passer de la connaissance ou d'une appréciation sur le Tout qui les transcende et les entoure complètement. Or, la plupart ne réussissent pas à se faire une conviction s'appuyant sur les seules lumières de leur raison. Tel un dogme religieux, ils sont contraints de l'accueillir d'autorité. Si leurs « *instincts fort dangereux* »[277] les conduisent à se recroqueviller sur eux-mêmes recherchant, de façon immodérée, les plaisirs matériels, la religion qui régit leur cœur, dans un sens contraire, leur est davantage primordiale qu'aux autres êtres humains. C'est en cela que se résument les mobiles fondamentaux du bienfait public de la religion, et de son exigence caractéristique pour les communautés humaines démocratiques.

Conformément à l'optique d'Alexis de Tocqueville, le bienfait social de la religion n'est pas lié à sa vérité propre, interne : « *La société n'a rien à craindre ni à espérer de l'autre vie ; et ce qui lui importe le plus, ce n'est pas tant que tous les citoyens professent la vraie religion, mais qu'ils professent une religion* »[278]. Ainsi, les antagonismes dogmatiques entre les confessions religieuses, quand elles sont toutes reconnues par l'autorité publique, n'entament en rien leur utilité sociale, principalement quand elles proclament « *la même morale* »[279]. La morale reste le canal par lequel les confessions religieuses ont un impact considérable sur la vie des citoyens. Elles sont les régulatrices des conduites humaines. En adoucissant l'impétuosité à amasser des richesses, elles dominent puissamment dans le cœur de la femme qui décrète les us et coutumes. Vu que c'est à elle que revient, de façon éminente, de faire les mœurs – « *C'est la femme qui fait les mœurs* »[280] - la femme est l'agent catalysant par lequel la religion (aux Etats-Unis notamment) a un impact considérable sur la vie des habitants de la cité. Régulant la vie familiale, elle concourt, par ricochet, à réglementer, à discipliner la communauté politique (l'Etat) et la société civile. Inscrite dans la nature humaine – *homo religiosus* – l'homme ne peut donc s'affranchir radicalement de la religion sans opérer « *une sorte de violence morale (...)* »[281] sur sa propre nature. La foi est la condition durable de l'être humain. Partant, on ne peut comprendre la

---

[275] A. de Tocqueville, *De la Démocratie en Amérique. Œuvres complètes*, Tome I, op.cit., p.310. Désormais *D. A. I.*

[276] Ibid, II, p. 27.

[277] Ibid, II, p. 29.

[278] Ibid, I, p. 304.

[279] *D.A.*, op. cit., p. 304.

[280] Ibid, p. 206.

[281] Ibid, p. 310.

relation entre religion et institutions politiques qu'à l'aune de cette perspective tocquevillienne de l'inhérence humaine de la foi. En elle-même, la religion est toute puissante, autosuffisante dans la mesure où en chaque homme, où qu'il soit et à tout moment, elle a une assise et une énergie dans sa nature. Autant il ne lui est nullement nécessaire de recourir aux contrats humains pour proclamer son message et montrer son emprise, autant elle – la religion - n'a pas besoin de l'aide spécifique d'aucune institution politique pour accomplir sa mission. On ne fait que l'étioler en l'amalgamant aux passions et aux structures politiques et du coup compromettre son avenir en le ficelant avec ce qui est appelé à disparaître : « *L'on n'a jamais vu de gouvernement qui ne soit appuyé sur une disposition invariable du cœur humain, ni qui ait pu se fonder sur un intérêt immortel* »[282] en contraste avec la religion qui « *ne s'appuie que sur des sentiments qui sont la consolation de toutes les misères* » qui de la sorte « *peut attirer à elle le cœur du genre humain* »[283].

Toute la grandeur et la force de la religion résident dans cette assomption d'elle-même et non dans sa compromission avec les pouvoirs politiques qui ne peuvent que l'anémier. Sauvegarder sa limpidité est donc la condition primordiale de son énorme bienfaisance sociale : « *La religion qui, chez les Américains, ne se mêle jamais directement*[284] *au gouvernement de la société doit donc être considérée comme la première de leurs institutions politiques ; car, si elle ne leur donne pas le goût de la liberté, elle leur en facilite singulièrement l'usage* »[285]. Gardant son autonomie vis-à-vis de l'Etat, la religion bride la sphère morale et les mœurs de la famille. Elle préserve les personnes du mésusage de leur liberté, vu que l'autonomie radicale de l'individu que postule et défend la démocratie peut également avoir des retombées contradictoires mais essentiellement nocives : le refus d'user de cette liberté à cause de sa grandeur ou encore la témérité de l'individu à vouloir tout réaliser au nom de sa liberté supposée abyssale, que Hans Blumenberg dénomme « *la découverte de l'absolu immanent* »[286]. La propension des sociétés démocratiques est de concéder le droit à cette liberté incommensurable. Comme une bride, la religion tempère, cependant, une telle véhémence voire une telle impiété : « *En même temps que la loi permet au peuple américain de tout faire, la religion empêche de tout concevoir et lui défend de tout oser* »[287].

---

[282] *D.A.*, op. cit., p. 310.
[283] Ibid, p. 311.
[284] C'est nous qui soulignons le directement qui, en vérité, ne signifie pas que la religion chrétienne (le puritanisme) n'a pas de répercussions ou d'impact sur la vie sociopolitique et familiale.
[285] *D. A.*, I, p. 306.
[286] H. Blumenberg, *La Légitimité des Temps Modernes*, op. cit., p. 199.
[287] *D.A*, I p. 306.

Loin de l'harmonie du politique et du théologique dans l'Allemagne[288] de Blumenberg et de Löwith etc., la religion et la liberté démocratique s'accordent parfaitement aux Etats Unis. Tocqueville voit surtout dans cette alliance harmonieuse ce qu'il dénomme « *L'état naturel des hommes en matière de religion* »[289]. Avec le *Neuzeit,* par contre (la situation européenne) – la France révolutionnaire notamment – la rupture Eglise et communauté politique semble consommée une fois pour toutes, d'après certains penseurs dont Marcel Gauchet en particulier. « *Pour la première fois, notre compréhension temporelle de nous-mêmes – je parle de la compréhension spontanée, quotidienne, pratique – est réellement et complètement soustraite à l'immémoriale structuration religieuse du temps* »[290].

2.3.1. De l'utilité sociale à la distinction ou à la confusion ?

Cependant, Tocqueville ne défend nullement la thèse de la confusion du religieux et du politique. A ses yeux ce serait dénaturer fondamentalement le religieux : c'est en affranchissant la religion de ses chaînes politiques qu'on la réhabilite dans son socle naturel lui conférant ainsi sa vraie autonomie pour faire d'elle l'amie, le paraclet et la promotrice de la liberté politique : « *Je ne sais si tous les Américains ont foi dans leur religion, car qui peut lire au fond des cœurs ? Mais je suis sûr qu'ils la croient nécessaire au maintien des institutions républicaines. Cette opinion n'appartient pas à une classe de citoyens ou à un parti, mais à la nation entière ; on la retrouve dans tous les rangs* »[291]. Cette conviction sur la nécessité sociale de la religion est un puissant projecteur sur la distinction du théologique et du politique, des Eglises et de l'Etat préconisée par notre penseur. Cette différenciation est à l'avantage aussi bien de la démocratie et de l'autonomie que de celui des confessions religieuses. A la base d'une telle allégation est la certitude que la démocratie ne peut se passer de religion vu que cette dernière lui tient lieu de frein, de *Katechon*, de reteneur de « *tout oser* ». La religion n'est aussi salutaire et aussi puissante qu'abandonnée à elle-même, ancrée qu'elle est dans la foi naturelle de chaque être humain. Ce raisonnement repose également sur le préalable selon lequel la bienfaisance politique de la religion est liée à l'amour sincère et essentiellement religieux de chaque individu de sa religion. La vitalité de la religion c'est l'attachement que chaque homme lui témoigne pour ce qu'elle est

[288] Il s'agit implicitement des guerres de religion, la guerre européenne des religions, qu'est la guerre de Trente ans qui a ravagé l'Allemagne. Et M. Gauchet de préciser que « *cette situation qui donne à l'Etat comme pouvoir de paix, une raison d'être fondamentalement religieuse, est la situation source de la pensée politique moderne* », in *La religion dans la démocratie*, op. cit., p. 45.
[289] *D. A.*, I, p. 312.
[290] M. Gauchet, *La Religion dans la démocratie*, op. cit., p. 30.
[291] A. de Tocqueville, *D.A. I,* p. 316.

en elle-même, et non pour sa fonction sociale ou par passion des institutions politiques dont elle ne saurait se mêler sans s'atrophier et se corrompre. Se dégage alors la subtilité remarquable de l'herméneutique tocquevillienne des liens de la communauté politique (la démocratie) et de la religion.

Dans cette perspective, la séparation des Eglises et de l'Etat ne saurait être qu'aberrante. Cette distinction actuelle est la forme et l'illustration de l'allégeance[292] relative mais actuelle de la religion à la démocratie. Une telle argumentation trouve son assise dans la prise en compte de l'histoire de la démocratie en Amérique, où Tocqueville défend l'idée que l'avenir de la République américaine a été façonné par le puritanisme caractérisé par l'enchevêtrement du religieux et du politique : « *Le puritanisme n'était pas seulement une doctrine religieuse ; il se confondait encore en plusieurs points avec les théories démocratique et républicaines les plus absolues* »[293]. Ce puritanisme constitue la clef de compréhension et d'interprétation de « *presque tout l'ouvrage* »[294] et l'attestation même de l'emmêlement des commandements religieux et des lois politiques de la société : « *Les législateurs... sont surtout préoccupés du soin de maintenir l'ordre moral et les bonnes mœurs de la société ; ils pénètrent aussi sans cesse dans le domaine de la conscience, et il n'est presque pas de péchés qu'il ne parviennent à soumettre à la censure du magistrat* »[295]. Tocqueville peut alors condenser sa pensée : « *J'en ai déjà dit assez pour mettre en son vrai jour le caractère de la civilisation anglo-américaine. Elle est le produit (et ce point de départ doit sans cesse être présent à la pensée) de deux éléments parfaitement distincts, qui ailleurs se sont fait souvent la guerre, mais qu'on est parvenu, en Amérique, à incorporer en quelque sorte l'un dans l'autre, à combiner merveilleusement. Je veux parler de l'esprit de religion et l'esprit de liberté* ». Le remarquable ici, c'est que l'alliance Religion et Etat se présente sous des formes antagonistes. La première, sous la figure d'un imbroglio inextricable pendant la création puritaine ; et la seconde par la rigoureuse disjonction consécutive à l'histoire du pays. Ces deux formes incompatibles ne sont pas absurdes. Elles traduisent deux étapes alternatives d'un unique développement.

Par ailleurs, Alexis de Tocqueville n'entend pas oublier la relecture théologico-politique de son pays - la France - à la lumière de l'histoire américaine. A ses yeux, l'affrontement qui a marqué les rapports entre l'Eglise et l'Etat tire sa source profonde dans « *la passion irreligieuse* » de la Révolution française : « *Une des premières démarches de la Révolution française a été de s'attaquer à l'Eglise, et parmi les passions qui sont nées de*

---

[292] Parce que membres à part entière de la société politique, il y a des lois de l'Etat qui régulent également la vie sociale de l'Eglise : les normes de la justice, du mariage, le code du travail, le code pénal, etc.

[293] *D.A.*, I, p. 202.

[294] Ibid, p. 31.

[295] Ibid, p. 37.

cette révolution, la première allumée et la dernière éteinte a été la passion irréligieuse »[296]. Muni de ces pages noires de l'histoire théologico-politique de la France, Tocqueville examine aussi les causes profondes de cet antagonisme parfois sanglant ente l'Eglise et l'Etat : « *La guerre aux religions n'était qu'un incident de cette grande révolution... et non son génie propre* »[297]. Puis il précise « *c'était bien moins comme doctrine religieuse que comme institution politique que le christianisme avait allumé ces furieuses haines ; non parce que les prêtres prétendaient régler les choses de l'autre monde mais parce qu'ils étaient propriétaires, seigneurs, décimateurs, administrateurs dans celui-ci* »[298]. Autrement dit, par une série de contingences historiques, le christianisme s'est vu mêler inextricablement avec la société politique et civile avec laquelle il n'a pas d'unité d'essence. Voulant saccager cette société, les partisans de la Révolution n'ont pas trouvé mieux que d'afficher leur animosité totale à l'endroit de la religion chrétienne. Ce qui signifie que dans l'ordre normal des choses, il y a bel et bien une distinction de droit inscrite dans la nature humaine qui peut être mise à mal, pervertie ou occultée par des facteurs contingents. En mettant en lumière le point commun – la catholicité de l'appel - , et le désaccord – l'objet de l'appel – entre christianisme et Révolution française, Tocqueville vise à rappeler que la conflictualité théologico-politique n'est pas le cours normal des choses mais sa perversion.

Bref, le retentissement de la religion, c'est-à-dire son impact social et politique, réside dans l'inscription de l'ordre politique par lequel les hommes sont prêts à recevoir cet impact qui les affranchit de l'engrenage des préoccupations égoïstes et quotidiennes du moi. Pierre angulaire de la doctrine d'Alexis de Tocqueville, la religion est le régulateur inéluctable et efficace des passions humaines et sociales. Son existence et sa vitalité tiennent également, en partie, de sa collaboration harmonieuse et prudente avec la société politique ; et ce, dans la distinction sans faille du religieux et du politique, c'est-à-dire sans confusion : « *A côté de chaque religion se trouve une opinion politique qui, par affinité, lui est jointe. Laissez l'esprit humain suivant sa tendance, et il réglera d'une manière uniforme la société politique et la cité divine ; il cherchera, si j'ose dire, à harmoniser la terre avec le ciel* »[299].

2.4. Portée sociale et politique du catholicisme

Alexis de Tocqueville n'est pas le seul et le premier à avoir perçu et analysé la bienfaisance sociale et politique du christianisme. Au 20ème siècle, plus particulièrement, Jacques Maritain, Henri de Lubac, etc. – tous

[296] A. de Tocqueville, *L'Ancien régime et la Révolution*, Paris, Gallimard, 1967, p. 84. Désormais, *A.R.R.*, I, p. 84.
[297] Ibid, p. 84.
[298] Ibid, p. 84.
[299] A. de Tocqueville, *D A* , p. 301.

contemporains de Carl Schmitt, Blumenberg et Löwith - n'ont pas manqué eux aussi de reprendre la problématique de l'incidence morale, sociale et politico-économique du catholicisme contre ceux qui revendiquent la liquidation du théologico-politique. Sans toutefois anticiper l'objet principal du chapitre quatrième – Eschatologie et Engagement – , essayer de les convoquer ici, en esquissant certaines de leurs thématiques[300] pourrait aider à découvrir et à mieux saisir pourquoi l'Eglise et l'Etat, le théologique et le politique sont appelés à coopérer étroitement pour le bien intégral de l'homme.

2.4.1. De la distinction à l'union féconde chez Jacques Maritain : lecture critique

Thomiste irréductible - mais un peu "moderne" sur ce point comme Blumenberg et Löwith - Maritain considère la sacralisation du pouvoir politique comme obsolète. Et pourtant, son dessein est d'œuvrer pour le règne d'une communauté politique où le christianisme trouverait son plein accomplissement sans que celle-ci (l'Etat) perde son caractère séculier. Telle est l'une des thématiques de *"Du régime temporel et de la liberté"* : « *Le moment paraît venu pour le christianisme de tirer toutes les conséquences du fait que le monde issu de la Renaissance et de la Réforme a achevé de se séparer du Christ. [...]. Si, à mesure que cette chrétienté se défaisait, une connexion contingente a pu lier [(...)], cette connexion est désormais brisée* »[301]. Quant à la question de « *l'idéal historique de la nouvelle chrétienté* »[302], il rappelle l'obsolescence de celle du Moyen Âge - « *la chrétienté sacrale du temporel* »[303] - et l'avènement, la visibilité d'une nouvelle – profane *« chrétienne »* - « *Selon un type tout autre, peut être très visible, nous croyons qu'une nouvelle chrétienté se fera jour* »[304]. Par la nouvelle chrétienté du futur, Maritain entend « *un nouveau régime temporel chrétien* », c'est-à-dire « *une conception profane chrétienne et non pas sacrale chrétienne du temporel* »[305]. La première note caractéristique est son pluralisme « *la cité pluraliste* » à l'encontre des différentes approches totalitaires de l'Etat (le communisme, le fascisme) mais notamment *la Dictature* telle que théorisée par Carl Schmitt : « *Par opposition aux diverses conceptions totalitaires de l'Etat actuellement en vogue, il s'agit là de la conception d'une cité pluraliste,*

---

[300] Nous disons certaines de leurs thématiques en ce sens où notre intention n'est pas de les aborder, de façon exhaustive, ce qui serait prétentieux et déborderait le cadre même de notre travail. Il s'agit plutôt d'un angle d'approche qui porte également ses risques de partialité dont nous avons conscience, sans vouloir les occulter.

[301] J. Maritain, *Du régime temporel et de la liberté*, op. cit., 1933, p. 119.

[302] J. Maritain, *Humanisme intégral*, op. cit., p. 175.

[303] Ibid, p. 175.

[304] J. Maritain, *Du régime temporel et de la liberté*, op. cit., 1933, p. 119.

[305] J. Maritain, *Humanisme intégral*, op. cit., p. 175.

qui assemble dans son unité organique une diversité de groupements et de structures sociales incarnant des libertés positives »[306]. Comme quoi, le catholicisme peut être un ferment, un facteur sociopolitique pour l'avènement et le règne de la démocratie où les droits fondamentaux de la personne sont reconnus, promus contrairement aux différents totalitarismes. La note caractéristique du retentissement sociopolitique du christianisme est l'avènement de la « *cité pluraliste* » et son autonomie par rapport à la tutelle de l'Eglise. L'Etat ne doit point mettre un terme à l'aide qu'il se doit d'apporter à l'Eglise dans la réalisation de la mission évangélisatrice qui lui revient prioritairement. Cela doit se faire désormais, de façon nouvelle, « *en intégrant, suivant le mode pluraliste qui a été décrit ici, les activités chrétiennes dans l'œuvre temporelle elle-même* » aussi bien dans l'enseignement que dans les œuvres d'assistance. L'Etat doit également renoncer définitivement à être le bras séculier de l'Eglise.

Mais ce n'est pas tout : la liberté des personnes constitue également la caractéristique et la clef de voûte de cette nouvelle chrétienté, et partant de la mission libératrice que le christianisme a à accomplir non seulement pour la personne humaine mais aussi pour la libération sociale, politique, économique etc. En s'attelant à souligner en quoi son modèle de cité pluraliste est distinct de celui de la cité libérale stigmatisé par l'Eglise, Jacques Maritain met beaucoup l'accent sur « *l'extraterritorialité de la personne à l'égard des moyens temporels et politiques* »[307]. Cette liberté des personnes – témoin de l'utilité sociale du catholicisme - n'est pas celle libérale c'est-à-dire « *la simple liberté de choix de l'individu* » qui n'est que l'ébauche de la liberté, ni la liberté dictatoriale et de grandeur mais fondamentalement et avant tout, « *la liberté d'autonomie*[308] *des personnes, qui se confond avec leur perfection spirituelle* »[309]. Cet affranchissement progressif de la personne par rapport à l'Etat ou à toute forme d'esclavage est la grande conquête du christianisme avant d'être revendiquée par le *Neuzeit.* D'après l'optique chrétienne, l'esclave ou l'opprimé n'est nullement une bête de somme, une chose dont on peut disposer comme on veut mais une personne à part entière méritant respect, amour, un frère dans le Christ. Telle est d'ailleurs la thématique fondamentale, mais révolutionnaire de Saint Paul dans son Epître à Philémon (52-54 ou 61-63) au sujet d'Onésime, son esclave fugitif pour lequel il exhorte son maître à l'accueillir « *non plus comme un esclave* »[310] mais surtout comme « *son propre*

---

306 J. Maritain, *Humanisme intégral*, op. cit., p. 177.

307 Ibid, p. 191.

308 Par liberté d'autonomie, J. Maritain lève l'équivoque en précisant « *que nous [l'] employons dans un sens à la fois aristotélicien et paulinien nullement kantien . Cf. notre ouvrage Du régime temporel et de la liberté* », in *Humanisme intégral*, op. cit., p. 191.

309 Ibid, p. 191.

310 Phm 16.

cœur »[311], « *comme un frère très cher* »[312]. Cette émancipation de la personne de l'asservissement des maîtres ou de l'Etat a débouché sur la reconnaissance de ses droits à la liberté de pensée, d'expression, à la reconnaissance des droits personnels comme ceux des travailleurs dans l'entreprise ou ceux de la femme dans le mariage. Une quatrième note caractéristique de la bienfaisance sociopolitique du catholicisme c'est-à-dire de la nouvelle chrétienté porte sur « *la parité d'essence* » entre gouvernants et gouvernés. En d'autres termes la légitimité des gouvernants repose essentiellement sur le socle de l'accord (volonté) des gouvernés. Cette option pour l'organisation démocratique de la société n'est pas automatiquement une garantie d'efficacité mais l'une des réponses appropriées aux exigences de la dignité de la personne. A ce quatrième trait de la fonction sociale du catholicisme chez Maritain, s'ajoute la fraternité qui en tant que traduction profane de l'amour divin, est le soubassement de la communauté nouvelle, « *l'œuvre commune à accomplir par la cité* »[313]. Cette amitié fraternelle n'est pas quelconque ni stoïcienne, ni kantienne, ni basée sur « *l'idée médiévale d'un empire de Dieu à édifier ici-bas, et encore moins le mythe de la Classe, de la Race, de la Nation ou de l'Etat* »[314].

Loin de reposer sur l'humanisme anthropocentrique (Blumenberg, Löwith), cette fraternité a sa source dans « *la dignité de la personne humaine, et de sa vocation spirituelle, et de l'amour fraternel qui lui est dû. [(...)] C'est là une œuvre ardue, paradoxale et héroïque ; il n'y a pas d'humanisme de la tiédeur* »[315]. En tant que principe dynamique et essentiel de cette nouvelle chrétienté, du « *mythe primordial de la vie commune* »[316] à accomplir héroïquement, du but spécifique à rechercher inlassablement ou du « *thème animateur d'un commun enthousiasme* »[317], la fraternité, d'après l'optique maritainienne, est « *orientée tout entière vers une réalisation socio-temporelle de vérités évangéliques, qu'elle s'appliquerait proprement à une œuvre commune profane chrétienne* »[318]. La réalisation concrète de l'avènement d'une telle cité fraternelle parce que chrétienne exige une *metanoia*, un retournement de mentalité, d'esprit de la part des hommes politiques chrétiens. A eux incombent l'impérieux devoir non seulement de dépasser mais surtout de rompre avec l'erreur de l'économisme (primauté de l'économie) et du politicisme (primauté du politique) pour défendre et asseoir la primauté de la

[311] Phm12.
[312] Phm 16.
[313] J. Maritain, *Humanisme intégral*, op. cit., p. 217.
[314] Ibid, p. 217.
[315] Ibid, p. 218.
[316] Ibid, p. 219.
[317] Ibid, p. 219.
[318] Ibid, p. 219.

morale, celle « *du spirituel* » (contre Charles Maurras) en tant que la seule garantie de l'autonomie du temporel.

L'éthique politique qui a pour but le bien commun du corps social ne peut se passer de la « *vertu de prudence* », c'est-à-dire de la morale. Cette indispensable allégeance du politique à la morale devient ainsi « *une subordination humaine, pratique et praticable, et non pas inhumaine, impraticable et géométrique* ». Maritain, ne manque pas de s'en prendre, de façon véhémente, à toutes les variétés de « *pseudo réalismes* » qui revendiquent la séparation radicale de la politique de la morale - le machiavélisme contemporain - ne prenant pas en compte « *ce qu'il y a de plus profond dans l'homme* ». Dans l'optique de Maritain, le déni des droits fondamentaux de la personne humaine est l'aboutissement inéluctable et tragique - aussi bien du fascisme qui ne fait qu'« *évincer Dieu à force de mépriser l'homme* » (fascisme) ou d'« *écarter le créateur pour diviniser l'homme* » (communisme) - que du nazisme dont la spécificité est de « *développer un impérialisme ethnique ou national et une politique de prestige qui ébranleront jusqu'aux fondements ce qui subsiste de commune civilisation européenne, ou à désorganiser de plus en plus profondément (c'est ce qui apparaît en Allemagne avec une clarté tragique) les structures internes de civilisation les plus délicates et les plus fortes à la fois (...)* »[319]. C'est contre ces dérives et perversions de la politique, que la « *nouvelle chrétienté doit se faire jour, dont le principe est la réalisation de la liberté* » dans un « *Etat laïque chrétiennement constitué* » ; c'est-à-dire non « *pas décorativement* » mais « *vitalement chrétien* », « *intrinsèquement vivifié et imprégné par le christianisme* ». Cet « *Etat laïque* » est respectueux du « *bien intemporel* » et de « *la destinée éternelle* » de chaque citoyen. Il a des fins en parfaite harmonie avec l'éthique chrétienne - le bien commun, la justice, la paix, l'amitié civique, la liberté d'autonomie - et fait usage de son dispositif législatif pour conduire la cité entière vers le droit naturel et les valeurs évangéliques. C'est là le « *seul sens légitime, affirme Maritain, que nous puissions, dès l'instant que nous tenons pour vraie la révélation chrétienne, reconnaître au mot "Etat laïque", qui autrement n'a qu'un sens tautologique – la laïcité de l'Etat signifiant alors qu'il est ou bien neutre ou bien antireligieux, c'est-à-dire au service de fins purement matérielles ou d'une autre religion* »[320]. Pour ce qui relève de la vie politico-économique, il s'agira d'une « *organisation de la communauté internationale conforme à la justice et à l'amitié* »[321]. Relativement à l'aspect culturel, cet Etat laïque chrétiennement fondé est appelé à être « *instrument du sacré* », un « *foyer de culture* ».

---

[319] J. Maritain, *Humanisme intégral*, op. cit., p. 298.
[320] J. Maritain, *Du régime temporel et de la liberté*, op. cit., p. 125.
[321] Ibid, p. 126.

En somme, l'optique globale du maritainisme relativement à la portée sociopolitique du catholicisme est « *d'infuser du dedans et comme en secret une certaine sève au monde* »[322]. Autrement dit, c'est au christianisme d'informer et de transformer la vie sociopolitique et ce, dans la distinction des sphères et non leur séparation, dans l'affirmation de la primauté[323] du spirituel qui n'est qu'une prohibition radicale de toute confusion éventuelle entre le profane et le sacré, le politique et le théologique. Ici encore, nous percevons quelques analogies chez Maritain avec certaines approches d'Alexis de Tocqueville ci-dessus étudiées.

2.4.2. La dimension sociale et politique du dogme catholique chez Henri de Lubac. Lecture critique

Henri de Lubac (1896-1991) est ce théologien jésuite en l'œuvre duquel la distinction entre théologie et politique et leur harmonieuse connexion trouve sa parfaite illustration, et dont *le Catholicisme* paru en 1939 – soit trois ans après *Humanisme intégral* de Jacques Maritain – constitue l'inédite consécration. Penseur social ayant la foi attentive aux soubresauts de son temps, enracinée dans l'expérience profonde de Dieu, nourrie de l'Ecriture, attachée à la vie de la cité et de l'Eglise, il reste persuadé que l'attachement à l'Evangile doit inspirer certaines prises de position du chrétien dans le monde de son temps. C'est ce qu'il a fait durant la seconde Guerre Mondiale par son engagement dans la résistance spirituelle contre l'animosité planifiée et mortelle des juifs. Contribution inédite à la pensée sociale chrétienne, durant la première moitié du 20ème siècle, *le Catholicisme* a pour originalité de faire ressortir le social de la foi et des dogmes chrétiens, de souligner davantage la sociabilité de l'homme à partir de sa dimension religieuse. Cette reconnaissance de la dimension sociale de l'homme est tout l'inverse de la thèse individualiste.

Le sous-titre de l'ouvrage, fort éloquent, souligne bien l'incidence sociopolitique du catholicisme : « *Les aspects sociaux du dogme* ». Les premières pages fournissent le liminaire de son argumentation face à certaines objections : « *Comment le catholicisme, une religion qui se désintéresse apparemment de l'avenir terrestre et de la solidarité humaine, offrirait-elle un idéal capable de rallier encore les hommes aujourd'hui ?* »[324]. Le catholicisme est souvent perçu comme la citadelle de l'individualisme, de l'évasion de l'histoire. Or, en des heures sombres du règne et du triomphe sanglants du Nazisme et du Communisme, le plus urgent et le plus important affirme de Lubac, sont les problèmes « *d'ordre social et spirituel* »[325]. Il s'agit donc pour

---

[322] J. Maritain, *Du régime temporel et de la liberté*, op. cit., p. 134.
[323] Ibid. Nous y reviendrons dans le chapitre troisième.
[324] H. de Lubac, *Catholicisme*, Paris. Ed. du Cerf, 1947, 4ème édition, préface, p. VIII.
[325] Ibid, p. VII.

lui de contrer les thèses modernes de l'inutilité voire de la nocivité sociale et individuelle du christianisme dont la paternité revient particulièrement à Feuerbach, Nietzsche, Karl Marx et Auguste Comte : « *L'instinct moderne [(...)] ne peut s'accommoder de cette perpétuelle pensée de la mort que le christianisme inculque à ses fidèles et qui les porte à déserter les tâches de la vie présente. [(...)]. Antisocial, le christianisme l'est doublement. Il l'est par sa conception de l'homme et par sa conception du salut ; ou si l'on veut, par sa doctrine et par sa morale, par son ontologie et par son aptitude pratique. L'une est "anarchique", l'autre est "égoïste" ! Toutes deux sont d'ailleurs en connexion étroite (...)* »[326]. Face à ces perversions du christianisme, et surtout du catholicisme, la réponse lubacienne ne souffre d'aucun compromis : « *On nous reproche d'être des individualistes même malgré nous, par la logique de notre foi, alors que, en réalité, le catholicisme est essentiellement social. Social, au sens le plus profond du terme : non pas seulement par ses applications dans le domaine des institutions naturelles, mais d'abord en lui-même, en son centre le plus mystérieux dans l'essentiel de sa dogmatique. Social à tel point que l'expression "catholicisme social" aurait toujours dû paraître un pléonasme* »[327]. L'enjeu selon H. de Lubac ne consiste pas à dresser pour son siècle et celui à venir un catalogue « *de réformes sociales inspirées de l'esprit chrétien* »[328], mais, au contraire, revenir à la source même de l'élucidation des « *retentissements sociaux du christianisme dans l'ordre temporel* »[329]. Sa perspective ne peut tolérer aucune ambiguïté. C'est pourquoi il tient à dévoiler l'assurance « *contre une "tentation sociale" par l'effet de laquelle, si elle venait à succomber, la foi elle-même se corromprait »*[330]. Le catholicisme ne peut consister en une simple doctrine sociale. Il est la Bonne Nouvelle du salut de tout homme et de tout l'homme dont le Christ reste l'*alpha* et l'*oméga* de ce salut, Lui à qui toutes œuvres ou toutes institutions humaines doivent être ordonnées.

La catholicité de l'Eglise parce que la fraternité universelle de l'amour est le socle de toute vie communautaire authentique sans cesse valorisée : « *La catholicité de l'Eglise n'est pas affaire de géographie ni de chiffres... L'Eglise, en chaque homme, s'adresse à tout l'homme, le comprenant selon toute sa nature*[331] ». L'unité « *qui est l'une de ses caractéristiques au point qu'elle apparaît constamment personnifiée* »[332] fait d'elle l'espace c'est-à-dire le havre de cette communion fraternelle et solidaire où « *le chrétien sait que dans le Christ les fidèles sont réellement présents chacun l'un à l'autre, et que pour*

---

[326] H. de Lubac, *Le drame de l'humanisme athée*, op. cit., p. 186-187.
[327] H. de Lubac, *Catholicisme*, 4ème édition, préface, p. IX-X.
[328] Ibid, p. X.
[329] Ibid, p. X-XI.
[330] Ibid, p. XI.
[331] Ibid, p. IK-X, p. 26.
[332] H. de Lubac, *Catholicisme*, 4ème édition, préface, p. 33.

ceux qui vivent de son amour, le bien de chacun est le bien de tous »[333]. Vivant au cœur de la société mais citadelle et défenseur du caractère transcendant de la personne humaine, l'Eglise est aussi aux yeux de de Lubac, le lieu de l'unité de la personne humaine, par l'altérité, telle que certaines approches philosophiques[334] n'ont pas manqué de le souligner : « *Dieu, qui "n'a point créé le monde en dehors de lui", n'a pas non plus créé les esprits les uns en dehors des autres. Chacun, tout d'abord, n'a-t-il pas besoin de "l'autre" – d'un autre qu'il imagine, s'il le faut, et retrouve en toutes choses – pour s'éveiller à la vie consciente ? Cette vérité psychologique est le symbole d'une vérité plus profonde : il faut être regardé pour être éclairé et les yeux "porteurs de lumière" ne sont pas ceux de la seule divinité. La médiation des autres pour la réalisation de notre personnalité est ainsi incontestable ; et personne ne doit être marginalisé par aucune entremise. « Les deux ordres de valeur (catholicisme, personnalisme), loin de se nuire l'un à l'autre, ont été promus solidairement* »[335]. Dans cette optique, le racisme ne peut être alors qu'une négation de cette fraternité et celle de l'unité de l'humanité, un déni de cet amour universel comme en témoigne l'engagement d'Henri de Lubac au sein du parti de la Résistance face à l'occupant allemand. Tel est le sens également de l'une de ses missives adressées le 25 avril 1941 à ses supérieurs hiérarchiques où il stigmatise la révolution nazie, la considérant profondément comme une « *révolution antichrétienne* »[336].

La France, son pays, est aussi le théâtre de l'antichristianisme : « *Nous sommes conduits peu à peu vers un culte de l'Etat contraire à la doctrine catholique et souvent condamné depuis un siècle. Ce culte s'insinue grâce à certaines confusions : on exploite à cette fin certains sentiments d'une tout autre nature, tels que l'amour de la patrie blessée, le besoin si légitime d'une autorité forte, l'attachement à l'homme qui a pris en main le gouvernail en des heures si critiques [...]. On parle aussi d'une évolution fatale de nos sociétés, d'une forme d'individualisme à une forme "communautaire" : ce qui est incontestable. Mais ce à quoi on veut nous mener, c'est à toute une conception de la société disons même de l'être, qui écrase la personne humaine (et avec elle la famille) parce que, d'abord, elle nie le Dieu transcendant* »[337]. Si ce que nous relevons du propos d'Henri de Lubac stigmatisant les dérives[338] fréquentes du politique, prépare déjà notre prochain chapitre – (Chap. 3) – il souligne tout de même la force sociale que constitue le catholicisme. Il témoigne aussi de la bride potentielle et salutaire qu'il incarne contre les excès

---

[333] H. de Lubac, *Catholicisme*, 4ème édition, préface, p. 54.

[334] Cf. Le personnalisme d'E. Mounier ; et La question du regard chez Levinas.

[335] H. de Lubac, *Catholicisme*, 4ème édition, p. 294.

[336] H. de Lubac, *Questions disputées et résistance au nazisme,* Paris, Desclée de Brouwer, 1990, p. 208.

[337] Ibid, p. 224.

[338] Nous y reviendrons plus amplement.

récurrents du politique, que résument fort bien le *Mein Kampf* de Hitler et le *Discours de Rosenberg* à Nuremberg le 6 septembre 1938. C'est cette perversion du politique en un instrument d'horreur et d'abêtissement mortel de l'homme qu'Henri de Lubac fustige ici, de façon métaphorique : « *Les rameaux humains divergents ne se séparent jamais, comme ils feraient partout ailleurs dans le règne animal : la ramification, en effet très poussée, s'y achève en un phénomène de "palmure"* »[339].

2.5. La doctrine sociale de l'Eglise : actualité du théologico-politique ou de la fonction sociale du catholicisme ?

« *Pour l'Eglise, le message social de l'Evangile ne doit pas être considéré comme une théorie mais avant tout comme un fondement et une motivation de l'action* »[340].

Les considérations précédentes préparent à comprendre que l'Eglise chargée des affaires d'ordre surnaturel - le salut des âmes - ne peut et ne doit être indifférente aux choses politiques, économiques, sociales, familiales etc. Elle a une conscience vive que « *si le Royaume de Dieu n'est pas de ce monde* », elle vit pourtant dans le monde. Partant, ses fidèles appartiennent à des sociétés séculières qu'elle ne peut ignorer ou occulter, pas plus que ces sociétés ne peuvent faire fi du phénomène religieux. Vu que le croyant fait partie de la cité et de l'Eglise, chacune a son mot à dire du bien commun, de l'éducation des enfants, de la vie personnelle, familiale, conjugale, du respect de l'environnement, de la paix, de la guerre, de la justice etc. Le mariage est à la fois pour l'Eglise un contrat et un sacrement, le prototype de l'impossibilité de la séparation du théologique et du politique, et par conséquent, il relève du domaine de sa compétence de juger en matière doctrinale et morale. Pour elle (l'Eglise), l'homme n'est pas un pur esprit. Il est à la fois corps et âme, vivant en société. Elle est convaincue que c'est de la forme donnée à la société que dépendent et découlent inéluctablement le bien et le mal des âmes. En d'autres termes, les conditions sociales, politiques, culturelles, économiques etc. dans lesquelles vit l'homme, ont une incidence considérable sur son salut éternel. Travailler au rétablissement de l'ordre moral[341] dans la société est un devoir impérieux et sacré pour l'institution ecclésiale. A elle, revient d'analyser et de juger si les fondements d'une organisation sociale donnée sont en adéquation

---

[339] H. de Lubac, *Questions disputées et résistance au nazisme,* op. cit., p. 208.

[340] Jean-Paul II, *Encycl. « Centesimus Annus »*, N° 57.

[341] Par ordre moral, nous entendons la vérité, l'ordre, la liberté, le bien commun, etc.

avec l'ordre immuable des choses que Dieu a laissé paraître à travers le droit naturel[342] et la Révélation.

2.5.1. Ce qu'elle est

Traitant de la vie des hommes dans les sociétés temporelles qu'ils constituent, et plus précisément, en tant qu'application des principes immuables de la théologie morale à la vie en société[343], la pensée sociale de l'Eglise est partie intégrante de l'optique chrétienne de la vie humaine et repose sur la Loi naturelle et la Révélation. Elle prend en compte tout ce que lui apportent les sciences et la philosophie en vue d'aider l'homme sur la voie du salut : « *(...) L'enseignement et la diffusion de la doctrine sociale de l'Eglise appartiennent à sa mission d'évangélisation ; c'est une partie essentielle du message chrétien, car cette doctrine en propose les conséquences directes dans la vie de la société et elle place le travail quotidien et la lutte pour la justice dans le cadre du témoignage rendu au Christ Sauveur* »[344]. Comme telle, elle n'est donc pas une collection ou une sélection de quelques connaissances de la sociologie moderne ingénieusement incorporées dans l'enseignement sociopolitique chrétien. Elle est fondamentalement « *une partie essentielle et intégrale de la doctrine chrétienne sur l'homme* »[345] et constitue le témoignage manifeste et permanent de la « *préoccupation sociale de l'Eglise pour un développement de l'homme et de la société* »[346]. Ainsi, elle est le démenti de l'énoncé de Karl Löwith selon lequel ; « e*n tant que proclamation eschatologique du royaume de Dieu, la théologie néotestamentaire est par essence indifférente à l'histoire politique de ce monde* »[347]. Son importance théologique est basée sur quatre considérations. La première est que l'homme est créé à l'image de Dieu et racheté par le Christ. Il est donc appelé à partager la vie de Dieu et ne saurait être considéré comme un moyen anodin dans tout le processus étatique, social ou politique (contre Carl Schmitt). Car, « *l'ordre des choses doit être au service de la personne et non le contraire* »[348]. Seconde considération : c'est dans le rapport du « *toi* » et de la communauté que le Christ sauve tous les hommes. Il n'est

---

[342] Le droit naturel est « *l'ensemble des lois qui dérivent de la nature humaine et que l'homme connaît par la lumière naturelle de sa raison* ». Cf. Pie XII, A*llocution aux membres du congrès international des études humanistes*, 25 septembre 1949.

[343] Cf. *Etudes et Enquêtes* n° 12, Décembre 1991, p. 3. Ce numéro est intitulé « *le retour de la doctrine sociale de l'Eglise* ».

[344] Jean-Paul II, *Encycl. « Centisemus Annus »*, N° 5.

[345] Jean XXIII, *Encycl. « Mater et Magistra »,* 15 mai 1961, n° 222.

[346] Jean-Paul II, *Encycl. « Sollicitudo Rei socialis »,* 30 décembre 1987, n° 1.

[347] K. Löwith, *Histoire et salut, les présupposés théologiques de l'histoire*, op. cit., p. 233. Nous y reviendrons particulièrement au chapitre quatrième de nos analyses.

[348] G.S. 26.

donc nullement question d'une doctrine catholique essentiellement préoccupée du salut de l'âme individuelle par Dieu. Penser le contraire n'est que mutilation. La troisième prend en compte le supranaturalisme amplement diffusé et souligne le fait qu'après le péché originel, il existe aussi une inclination sociale en l'homme, une vie communautaire et sociale voulue par Dieu. Cet « *ordre social, sa restauration, sa perfection en relation au salut proclamé par la Bonne Nouvelle* »[349], son « *façonnement à la lumière de la doctrine sociale* »[350] constituent la substance de cette doctrine sociale. A cela vient se greffer la quatrième remarque selon laquelle l'annonce du salut ne peut se faire séparément des conditions sociales dans nos milieux particuliers. En d'autres termes, des conditions de vie hostiles au salut telles que les cas de misère dans bon nombre de pays en voie de développement sont des infamies exigeant des solutions, des remèdes appropriés qui ne sauraient consister en des formes de déclaration de bonnes intentions, de critique sociale ou à des œuvres de philanthropie (aumône, etc.) ; mais aussi et surtout se traduire sous la forme d'un nouvel ordre social en connexion avec les principes[351] de la doctrine sociale catholique.

Ces principes constituent la vérité totale sur la personne humaine, connue par la raison et la foi. Ils surgissent de la « *rencontre du message évangélique et de ses exigences résumées dans le commandement suprême de l'amour de Dieu et du prochain et dans la justice avec des problèmes émanant de la vie de la société* »[352]. De caractère général et capital, ils portent sur la réalité sociale dans sa globalité et méritent d'être reconnus à leur juste valeur non seulement dans leur unité mais aussi dans leur harmonie et intrication. Pris dans leur ensemble, ils sont la première articulation de la vérité de la vie sociale, par laquelle chaque personne humaine en tant que conscience est interpellée et vivement conviée à collaborer sincèrement et librement avec les autres dans une véritable co-responsabilité avec tous et vis-à-vis de tous. Ainsi, les principes de cette doctrine sociale ont un sens fondamentalement moral parce qu'ils font appel aux fondements derniers qui structurent la vie en société. En un mot, ils sont l'attestation que la communauté humaine comme telle provient de l'entrelacement des libertés de l'ensemble des personnes qui opèrent en interaction, rendant possible, par leurs options sa construction ou sa fragilisation voire sa destruction.

Le combat implacable contre l'attentat à la vie, contre la misère, la famine, l'exploitation etc. – bref pour la promotion humaine - qui est au cœur de ces principes est un impératif chrétien. Faute de quoi, tout fatalisme prématuré ou

---

[349] Pie XI, *Quadragesimo Anno*, N° 32.

[350] Jean XXIII, *Encycl. « Mater et Magistra »*, N° 453.

[351] Il s'agit notamment de la Dignité de la personne humaine, du Bien commun, de la Subsidiarité et de la Solidarité.

[352] Congrégation pour la Doctrine de la Foi, instr. *Libertatis conscientia*, 72 : AAS79 (1987) 595.

toute abdication ne serait qu'une validation et confirmation de l'énoncé de Karl Marx selon lequel la foi catholique est « *l'opium du peuple* »[353]; ou un réconfort, un ralliement à Nietzsche et une capitulation devant lui, dans sa hargne implacable, inconditionnelle voire blasphématoire du christianisme - « *ce platonisme pour le peuple* » - : « *Cette éternelle mise en question du christianisme, je la veux afficher sur tous les murs, partout où il y a des murs – j'ai pour cela des lettres qui rendraient la vue aux aveugles... J'appelle le christianisme, l'unique grande malédiction, l'unique grande corruption intime, l'unique grand instinct de vengeance, pour qui aucun moyen n'est assez venimeux, assez secret, assez souterrain, assez mesquin – je l'appelle l'immortelle flétrissure de l'humanité* »[354].

2.5.2. Pour une foi engagée ?

Pour avoir pris la nature humaine, le Christ est entré réellement dans la vie sociale et historique de l'humanité. Il en découle que le chrétien qui ne prend pas en compte la force de la foi dans sa vie sociopolitique, relationnelle ne fait que trahir l'œuvre rédemptrice du Christ. A cause de l'incarnation qui fait d'elle le fondement de vie de la société humaine, l'Eglise et le monde, l'Eglise et l'Etat s'appellent réciproquement. En tant qu'institution, elle est dans le monde et agit comme « *levain* »[355], « *sel de la terre* »[356], « *lumière du monde* »[357]. Dans l'optique du catholicisme, une société authentiquement humaine ne peut être édifiée que sur le socle d'une éthique exigeante, qui a ses racines profondes dans la "vérité transcendant" l'homme.

Par son enseignement et par son engagement, l'Eglise veut être la citadelle et la sentinelle du caractère transcendant de la personne humaine contre tout despotisme « *négation de la vérité au sens objectif du terme. [(...)] Si la vérité transcendante n'est pas reconnue, la force du pouvoir triomphe et chacun tend à utiliser jusqu'au bout les moyens dont il dispose pour faire prévaloir ses intérêts ou ses opinions, sans considération pour les droits des autres. Alors l'homme n'est respecté que dans la mesure où il est possible de l'utiliser aux fins d'une prépondérance égoïste* »[358]. En vérité, à la racine profonde du totalitarisme moderne, particulièrement théorisé par Carl Schmitt, - *La Dictature* – se trouve ce déni fondamental de la valeur transcendante de la personne humaine, sujet de droits et de devoirs que « *personne ne peut violer, ni l'individu, ni le groupe, ni la classe, ni la nation, ni l'Etat* »[359]. Tout projet

---

[353] K. Marx, *La critique de la philosophie du droit de Hegel,* Paris, Bayard, 1960, p. 41.
[354] F. Nietzsche, *l'Antéchrist*, Paris, Gallimard, 1996, p. 233.
[355] Mt 13,33.
[356] Mt 5,13.
[357] Mt 5,14.
[358] Jean-Paul II, *Encycl.* « *Centesimus Annus* », N° 44.
[359] Ibid.

politique, économique et toute velléité visant à marginaliser ou à exterminer une minorité pour sa religion, sa race, sa culture etc. ne sont que la négation de ces droits fondamentaux de la personne humaine, qui ont leur source et synthèse, dans la « *liberté religieuse, entendue comme le droit de vivre conformément à la dignité transcendante de sa personne* »[360]. Ces droits constituent la clef de voûte du bien commun basé sur l'évaluation harmonieuse selon une hiérarchie stable de valeurs, et finalement, d'une conception adéquate de la dignité de la personne[361].

Par son enseignement, elle veut donc travailler avec la communauté politique pour la sauvegarde de la paix, la construction de la communauté des nations, le respect de la vie humaine dès sa conception jusqu'à sa mort. Elle ne ménage pas ses efforts pour dénoncer et combattre la course aux armements, le respect et la gestion responsable de la création (écologie) etc. Autant de raisons et de défis qui font que cette pensée sociale doit revêtir une « *dimension interdisciplinaire* »[362], c'est-à-dire qu'elle ne peut se dispenser de l'impérieux « *dialogue avec les diverses disciplines qui s'occupent de l'homme* » mais et surtout assimiler leurs différentes contributions tout en les aidant « *à s'orienter dans une perspective plus vaste, vers le service de la personne connue et aimée dans la plénitude de sa vocation* »[363]. Par ailleurs, dans l'élaboration et la formation de sa doctrine sociale, il lui revient, dans cette ouverture au dialogue de ne point sous-estimer les autres Eglises et communautés chrétiennes encore moins les autres religions et cultures, presque acquises ou éveillées, aujourd'hui, à l'expression de l'existence religieuse dans la vie sociopolitique et à la quête implacable de la justice et de la paix. Ce qui revient à dire que l'Eglise ne peut vivre et accomplir de façon pertinente sa mission sans eux.

Convaincue et forte de sa collaboration avec des hommes de bonne volonté, elle ne doute pas non plus du rôle prépondérant que les religions ont à jouer dans la sauvegarde et l'édification d'une société digne de l'homme aujourd'hui : « *Le monde prend toujours mieux conscience aujourd'hui de ce que la solution des graves problèmes nationaux et internationaux n'est pas seulement une question de production économique ou bien d'organisation juridique ou sociale, mais qu'elle requiert des valeurs précises d'ordre éthique et religieux, ainsi qu'un changement de mentalité, de comportement et de structures* »[364].

---

[360] Jean-Paul II, *Encycl.* « *Centesimus Annus* », N° 47.

[361] « *Dans la vie économico-sociale aussi, il faut honorer et promouvoir la dignité de la personne humaine, sa vocation intégrale et le bien de toute la société. C'est l'homme en effet qui est l'auteur, le centre et le but de toute la vie économico-sociale* ». G. S. 63.

[362] Jean-Paul II, Encycl. « *Centesimus Annus* », N° 58.

[363] Ibid, N° 58.

[364] Ibid, N° 60.

« *A considérer le principe totalitaire en lui-même en tant qu'énergie historique ayant sa loi propre, il apparaît ainsi que ce principe enveloppe une aversion foncière des ordinations chrétiennes, aversion qui n'est rendue inefficace que dans la mesure où le totalitarisme est efficacement contrarié par l'opposition de la religion* »[365].

Les considérations et les vives controverses entre Löwith, Carl Schmitt et Blumenberg sur la sécularisation, qui ont fait l'objet du second chapitre de notre premier volume ,ont mis en relief la question du rôle des religions dans la cité, leurs influences ou faiblesses. Elles portent aussi la question fondamentale de la relation qu'une société humaine maintient ou entretient avec le Tout-Autre, la Transcendance divine. Plus près de nous et pendant longtemps, a été admise comme un dogme, la marginalisation irrévocable des religions voire leur extinction au point que la société désormais affranchie d'elles vit et pense sans elles : « (…) *Derrière les Eglises qui perdurent et la foi qui demeure, la trajectoire vivante du religieux est au sein de notre monde pour l'essentiel achevée ; et que l'originalité radicale de l'Occident moderne tient toute à la réincorporation au cœur du lien et de l'activité des hommes de l'élément sacral qui les a depuis toujours modelés du dehors* »[366]. Pour étayer sa thèse de la fin d'un christianisme sociologique c'est-à-dire non normatif de l'espace public, Marcel Gauchet ajoute : « *Si fin de la religion il y a, ce n'est pas au dépérissement de la croyance qu'elle se juge, c'est à la recomposition de l'univers humain – social non seulement en dehors de la religion, mais à partir et au rebours de sa logique religieuse d'origine. C'est l'examen de ce processus de dissolution et de retournement de l'immémoriale emprise organisatrice du religieux que nous avons privilégié* »[367].

Or, ce dépérissement du religieux de la vie publique ne peut remettre en cause que l'équilibre même de la société comme en témoignent les chapitres précédents notamment sur la fonction sociale de la religion. Bien avant Gauchet avait prévalu la thèse – radicale – de « *l'impossibilité théologique d'une démocratie chrétienne, d'une civilisation chrétienne et d'une histoire chrétienne* »[368] dont Karl Löwith s'était déjà fait le porte-parole.

Affirmation contestable de Löwith, à la lumière des racines chrétiennes de l'Europe et surtout des régimes totalitaires considérés comme des vocations anthropocentriques, des « *religions séculières* », qui n'ont pas manqué de révéler que l'athéisme officiel – le communisme, le nazisme, le fascisme, etc. –

---

365 J. Maritain, *Humanisme intégral*, op. cit., p. 302-303.
366 M. Gauchet, *Le désenchantement du monde*, op. cit. P. 89.
367 Ibid, p. 9.
368 K. Löwith, *Histoire et salut*, op. cit., p. 234.

a inexorablement cette puissance d'être l'emblème d'une telle transcendance de substitution en formant et en octroyant un assemblage de doctrines et un appareil qui prennent toute la société en otage en lui assurant une signification objective, capable de diriger le présent vers un futur soi-disant florissant, éblouissant. Tout ceci constitue la preuve qu'il est difficile voire impossible à une société de se passer de toute référence transcendante, même si elle se prévaut, avec affectation, sous les oripeaux de l'athéisme tels qu'Eric Voegelin nous en donne de lumineuses analyses[369]. De même les démocraties libérales ne font que se fourvoyer à vouloir se considérer – comme Marcel Gauchet nous en donne l'illustration – comme sans transcendance sous l'alibi fallacieux que les religions n'y ont plus aucune place directrice ou normative ; ou quand d'aucuns pensent ériger « *une religion civile* » comme Jean-Jacques Rousseau. Dans cette optique, il revient à l'Etat (républicain) de définir et d'imposer les « *dogmes de la religion civile* », « *sans lesquels il est impossible d'être bon citoyen ni sujet fidèle* » à tel point que le refus de les appliquer ou leur transgression provoque la mort[370]. Ce qui est encore en jeu, ici, c'est qu'on aboutit à la sacralisation de l'Etat – à une sorte de *potentia absoluta* – chaque fois que le pouvoir démocratique ou autocratique repose sur l'emmurement, le déni radical de l'ouverture, c'est-à-dire l'intolérance.

Que dans son dernier chapitre du *Contrat social*, le même Jean-Jacques Rousseau – bien avant Jacques Maritain qui « *de gauche, de droite, à aucun je ne suis* »[371] - ait décelé et se soit appesanti sur un tel péril pour les libertés, souligne bien l'impossibilité de concevoir une société radicalement affranchie de toute relation au religieux (théologique). Quoique avec des tonalités ou accentuations propres, l'affranchissement du religieux est au cœur des différentes positions de chacun de nos auteurs, telles que l'illustrent nos analyses précédentes. Or, cette émancipation présumée décisive du religieux mais partie intégrante de l'être commun – ne peut, dès lors, que générer la dépravation de la politique elle-même. C'est cette indigence voire cette misère

---

[369] Cf. E. Voegelin, *Science, politique et gnose*, op. cit., ou *La nouvelle science du politique. Une introduction* (1952), Paris, Ed. du Seuil, « *L'ordre philosophique* », 2000.

[370] « *Or, il importe bien à l'Etat que chaque citoyen ait une religion qui lui fasse aimer ses devoirs ; mais les dogmes de cette religion n'intéressent ni l'Etat ni ses membres qu'autant que ces dogmes se rapportent à la morale et aux devoirs que celui qui la professe est tenu de remplir envers autrui. [...] Ceux qui distinguent l'intolérance civile et l'intolérance théologique se trompent, à mon avis. Ces deux intolérances sont inséparables. Il est impossible de vivre en paix, avec des gens qu'on croit damnés. (...) Partout où l'intolérance théologique est admise, il est impossible qu'elle n'ait pas quelque effet civil (...)* ». J-J. Rousseau, *Du contrat social*, Paris, Flammarion 2001, p. 178-179.

[371] J. Maritain, *Lettre sur l'indépendance*, Paris, Ed. Œuvres complètes, Volume VI, 1935, p. 255-256.

du politique déconnecté du théologique qu'il nous faut surtout réinterroger et analyser en partant de certaines thématiques opératoires et piliers de la théologie politique de Carl Schmitt.

3.1. Vulnérabilité du politique ?

3.1.1. La question de la souveraineté : lecture critique de Jacques Maritain

« *Est souverain, celui qui décide de la situation exceptionnelle* »[372]. C'est par cette définition péremptoire que s'ouvre *la Théologie politique* de Carl Schmitt ayant pour thème central le concept de souveraineté. Cette souveraineté est *« la raison systématique de logique juridique »* qui rend à l'état d'exception *« éminemment approprié à [sa] définition juridique (...) »*. Pour faire bref[373], la souveraineté est fondamentalement une puissance de décision sur l'état d'exception auquel revient de manifester « *dans une pureté absolue un élément formel spécifiquement juridique : la décision* ». L'enjeu est clair : il s'agit de définir juridiquement la souveraineté comme véritable et irremplaçable « *monopole de la décision ultime* » qui non seulement est débarrassée de « *toute obligation normative* » (p. 28) mais aussi et surtout « *devient absolue au sens propre* » (p. 22). Par l'entremise de la décision, « *l'autorité démontre qu'elle n'a pas besoin de droit pour créer du droit* » (p. 23). La décision transcende la norme et reste, dans le même temps, le postulat de toute borne. Inséparable de la décision, l'exception relève d'« *une philosophie de la vie* »[374] – *Lebensphilosophisch* – durant laquelle « *la force de la vie réelle brise la croûte d'une mécanique figée dans la répétition* ». En d'autres termes, la portée existentielle et anti-normative conférée à la décision fait d'elle la citadelle de la négativité, celle de « *l'absence de fondement* » qui la place en porte-à-faux avec toutes les perspectives substantialistes traditionnelles de l'ordre – le christianisme en particulier – ou de la radicalité positive ; en revendiquant la suprématie de l'existence de l'Etat et de son droit inaliénable « *d'autoconservation* ». Dans ces conditions, le souverain ne saurait tolérer la subordination de son pouvoir. Sa souveraineté comme puissance d'octroyer et de suspendre une loi fait d'elle la puissance suprême – *plenitudo potestatis* – et éternelle comme la toute-puissance divine.

En tant qu'essence et toute-puissance juridique de l'Etat, la souveraineté n'admet au dessus d'elle aucune norme, aucune règle ou loi qui primerait sur elle : « *La souveraineté est la puissance suprême, juridiquement indépendante,*

---

372 C. Schmitt, *Théologie politique*, op. cit., p. 25.

373 Nous renvoyons ici au second chapitre du premier tome sur C. Schmitt et la question de la souveraineté.

374 « *Ce n'est précisément une philosophie de la vie concrète qui n'a pas le droit d'ignorer l'exception et le cas extrême, elle doit au contraire y prendre le plus vif intérêt* ». C. Schmitt, *Théologie politique*, op. cit., p. 25.

déduite de rien »[375]. Le Dieu omnipotent est devenu le législateur tout-puissant. Cette souveraineté est particulièrement mise en évidence dans la définition que Carl Schmitt en donne. Puissance normative, la décision sur les cas d'exception, suspend l'ordre juridique et reste le sceau même de la souveraineté : L'Etat s'y pose, alors, comme supérieur à l'ordre juridique. Il existe donc un lien analytique entre souveraineté et décision de sorte que du point de vue politique, la souveraineté demeure un attribut du commandement. De telle sorte que la souveraineté est la forme qui octroie l'être à l'Etat, c'est-à-dire sa puissance constitutive. L'autonomie de l'Etat à l'endroit de toute norme transcendante, (rationnelle ou divine) et la réduction du droit au droit positif sont autant de caractéristiques de la souveraineté de l'Etat moderne qui n'admet aucune autorité qui lui dicterait ses propres règles. Partant, n'ont de valeur normative coercitive que les préceptes juridiques que l'Etat souverain accepte librement selon les procédures qui lui sont propres, dans le système de droit qui est le sien : « *Grand Léviathan* » ou « *Dieu mortel* », l'Etat « *est une personne dont les actes ont pour auteur, à la suite de conventions mutuelles passées entre eux-mêmes, chacun des membres d'une grande multitude afin que celui qui est cette personne puisse utiliser la force et les moyens de tous comme il l'estimera convenir à leur paix et à leur défense commune* »[376].

Or, c'est justement sur ces différents points que la perspective schmittienne de la souveraineté interroge, en vue d'une herméneutique chrétienne. D'après Jacques Maritain, parler de la souveraineté politique n'est que blasphème et idolâtrie. La souveraineté est absolue et harmonise l'indépendance avec le pouvoir prééminent du droit naturel et imprescriptible. Elle est fondamentalement indissociable de cette conviction que cette indépendance et ce pouvoir de *jure*, séparés, c'est-à-dire absolus sont au-dessus de tout fondement. Comme telle, la souveraineté ne saurait s'appliquer au peuple ; celui-ci ne peut être guidé par lui-même mais plutôt en relation avec les différentes personnes ou communautés formant le très grand nombre. La souveraineté est inapplicable à l'Etat dans la mesure où, en tant qu'instance prééminente de la communauté politique, il ne joue que le rôle de moyen relativement aux autres représentants de cette société. Elle ne saurait, par ailleurs, trouver son terrain d'application dans le corps politique dont l'indépendance et le pouvoir ne sont que relatifs. Ce bannissement du principe de souveraineté de l'Etat, sous toutes ses formes occupe une place centrale dans l'approche maritainienne de la démocratie et des totalitarismes. A ses yeux, la thématique de la souveraineté et de la réalité à laquelle elle renvoie, est profondément liée à la perspective d'un pouvoir au dessus du corps politique et s'appliquant indépendamment de lui, sur lui. Que ce pouvoir

375 C. Schmitt, *Théologie politique*, op. cit. p 28.

376 T. Hobbes, *Léviathan ou Matière, forme et puissance de l'Etat chrétien et civil*, Paris, Gallimard, 2000, p. 288-289.

dissocié (autonome) prenne la figure d'une volonté générale indivisible comme chez Rousseau, n'altère en rien la finalité totalitaire de l'Etat telle que Hobbes, Hegel et Carl Schmitt l'ont théorisée.

Véritable idolâtrie, la souveraineté, chez Maritain, n'est qu'une sécularisation des attributs divins par l'Etat moderne ou par le monarque. Partant, celui qui a le pouvoir sur terre devient le représentant de Dieu, son vicaire. Une telle réalité est la liquidation de toute idée de suppléance politique ; car c'est du peuple que le Führer ou le prince est le suppléant, le vicaire. Certes, Dieu est le principe direct de son autorité. Cependant son pouvoir n'est que le dérivé de la faculté immuable et intrinsèque de l'ensemble des citoyens à se diriger eux-mêmes. L'autorité qu'il exerce sur le peuple n'est alors que celle que la communauté lui confère, sur la base de la confiance. Cette procuration n'est pas synonyme du dessaisissement de l'autorité qui revient de droit à la nation, mais au contraire synonyme de sa détention tangible, indéniable par le peuple. Le monarque ou le prince possède le pouvoir de commander qui lui vient de ses gouvernés et au nom de la faculté de ceux-ci à se diriger eux-mêmes. Le bien commun est la raison d'être de l'exercice de son autorité dont il est le grand garant devant le peuple. Toutefois, l'usage de ce droit à se commander, détenu par l'ensemble des citoyens et ses mandataires par suppléance est lui-même soumis aux prescriptions de la Loi naturelle. Ce qui revient à dire que la volonté « *du peuple n'est pas souveraine en ce sens vicié que tout ce qui plaît au peuple aurait force de loi : le droit du peuple à se gouverner lui-même procède de la Loi naturelle : pareillement l'exercice même de son droit est soumis à la Loi naturelle. [...] Une loi injuste, fût-elle l'expression de la volonté du peuple, n'est pas une loi* »[377]. Il s'agit ici d'une perspective maritainienne radicalement aux antipodes de celle de Carl Schmitt qui, d'entrée de jeu, n'admet pas du tout l'idée de loi naturelle et pour qui seule compte la primauté de l'ordre concret selon lequel « *la règle n'est qu'une partie et un moyen de l'ordre* »[378]. Mieux, la politique schmittienne de la décision souveraine provient fondamentalement de l'*occasio,* de la situation donnée. Ce qui, d'ailleurs, n'a pas manqué de provoquer les invectives de Karl Löwith qui y voit la conséquence d' « *une décision en soi vide qui, lorsqu'elle se laisse [...] donner un contenu grâce à ce qui se passe de facto politiquement, rend caduc le décisionnisme comme tel* »[379].

---

[377] J. Maritain, *L'homme et l'Etat*, op. cit., o.c, vol IX, p. 534.

[378] C. Schmitt, *Les trois types de pensée juridique*, op. cit., p. 72.

[379] K. Löwith, « *Le décisionnisme (occasionnel) de Carl Schmitt* (1935) » Les Temps modernes, N° 544, Nov. 1991, p. 15-50.

a/ Rejet de la loi naturelle

L'avènement d'Hitler au pouvoir met fin à l'ordre politique démocratique. Dorénavant composé de trois ordres - Etat, mouvement et peuple - l'Etat n'est qu'un organe au service du Führer – le souverain – du mouvement national socialiste. En défendant l'idée que le mouvement est l'unique « *corps politique* », Carl Schmitt ne fait qu'actualiser la première phrase de *la Notion de politique* , selon laquelle : « *L'Etat ne peut plus déterminer le politique ; c'est le politique qui doit déterminer l'Etat* »[380]. De caractère entièrement juridique, la décision schmittienne parce que souveraine c'est-à-dire fondatrice, détermine la signification ou la volonté objective du droit. N'étant pas extérieure au droit, la décision lui est immanente, intrinsèque. Sa contingence et son irrationalité sont érigées comme étant les fondements de l'autonomie de la politique ; politique qui n'est que la manifestation de la volonté étatique. D'après Schmitt, Hobbes est l'exemple classique de la pensée souveraine chez qui le droit est la loi et la loi est le commandement qui dicte le droit lors d'un conflit conformément à la maxime du chapitre XXVI du *Léviathan*, très sollicitée par Schmitt, *auctoritas, non veritas facit legem* (c'est l'autorité et non la vérité qui fait la loi). La décision absolue suscite la loi et l'ordre en se fondant sur l'état de nature pré-étatique, c'est-à-dire «*jaillit d'un néant normatif et d'un désordre concret* »[381]. En altérant l'approche hobbesienne de la pensée souveraine, Schmitt occulte délibérément la loi naturelle qui occupe une place majeure dans la pensée politique du philosophe anglais et dans l'herméneutique chrétienne. Sa lecture tronquée du souverain hobbesien montre qu'il ne suit que les seules règles émanant de sa propre volonté vu qu'il « *n'existe aucun droit antérieur ou en dehors de l'Etat* »[382].

C'est à ce niveau que la critique thomiste et maritainienne de la notion de loi et de souveraineté est révolutionnaire, étincelante et d'actualité. Elle permet de mieux saisir les contours de la teneur du concept de vicariance que recouvre la double idée de service et de représentation ; et d'aller en guerre contre toute velléité tyrannique sous quelque forme que ce soit : « *Rappelons-nous que la loi vise premièrement et à titre de principe l'ordre au bien commun. Ordonner quelque chose au bien commun revient au peuple tout entier ou à quelqu'un qui représente le peuple (alicujus gerentis vicem totius multitudinis)* »[383]. Il s'ensuit qu'avec Maritain le pouvoir de légiférer revient de droit au peuple tout entier ou à un mandataire, représentant officiel, qui, en répond sérieusement *ad personam publicam, quae totius multitudinis curam habet*. C'est à celui dont la fin dépend immédiatement qu'appartient, de façon implacable, la tâche

---

[380] C. Schmitt, *Etat, Mouvement, Peuple. L'organisation triadique de l'unité politique*, op.cit., p. 28.

[381] C. Schmitt, *Les trois types de la pensée juridique*, op. cit., p. 83.

[382] C. Schmitt, *La Dictature*, op. cit., p. 38.

[383] Saint Thomas d'Aquin, *Sum. Theol, Ia-IIae*, q.90, a.3.

d'ordonner à la fin : « *S'il s'agit d'une société libre capable de faire elle-même sa loi, il faut compter davantage sur le consentement unanime du peuple pour faire observer une disposition rendue manifeste par la coutume, que sur l'autorité du chef qui n'a le pouvoir de faire des lois qu'au titre de représentant de la multitude (in quantum gerit personam multitudinis). C'est pourquoi, bien que les individus ne puissent pas faire de loi, cependant le peuple tout entier peut légiférer* »[384]. Ce qui est ici fondamental et d'actualité, c'est que la validité de l'autorité politique repose essentiellement sur le consentement général (populaire). Cette normalité inclut d'autres considérations majeures telles que le civisme, la détermination de s'inscrire dans la pérennité historique des aspirations nationales ou du travail accompli bénévolement pour la nation.

En définitive, c'est la compatibilité de l'autorité à la Loi naturelle – rejetée et décriée tant par Carl Schmitt que Karl Löwith - qui rend compte de son bon droit. Par sa critique radicale du concept de souveraineté – celle de Schmitt en particulier – Maritain peut énoncer, en partant des principes rationnels solides que le « *mouvement* »[385], c'est-à-dire le corps politique, aussi bien que la Nation et l'Etat, ne sauraient être des absolus assurant leur primauté hiérarchique sur l'individu. Ou encore, l'Etat ne doit pas être « *un organe au service du Führer du mouvement [national-socialiste]* »[386] qui détient la totalité du politique et pour qui « *la loi est dessein et volonté du Führer* »[387]. Le totalitarisme, l'étatisme, le nationalisme voire le démocratisme – tous ayant pour socle la souveraineté - sont autant d'altérations du bien commun (- la *Res publica* -). Ce sont les soubassements métaphysiques de sa politique qui mettent Jacques Maritain à l'abri de toute propension autocratique, contemptrice de tous les arbitrages incontournables. La philosophie de l'être qui est le socle de la perspective maritanienne lui interdit de limiter sa philosophie politique à une simple pensée de l'identité. Pensée de la finitude de l'être participé et créé, de sa plurivalence - et donc de sa ressemblance (analogie) - son herméneutique de l'Etre est fondamentalement une doctrine de l'arbitrage. On peut, cependant, se demander si l'approche critique de la souveraineté que fait Jacques Maritain prend en compte tous les impératifs de l'arbitrage. A ses yeux, la souveraineté a une signification métaphysique lorsqu'elle se rapporte au Dieu créateur dont la transcendance radicale est la garantie de son indéfectible prééminence sur le monde.

---

[384] Saint Thomas d'Aquin, *Sum. Theol, Ia-IIae*, q.9, a.3, ad um.

[385] C. Schmitt, *Etat, mouvement, peuple. L'organisation triardique de l'unité politique*, op. cit., p. 48.

[386] C. Schmitt, *Les trois types de la pensée juridique*, op. cit., p. 114.

[387] C. Schmitt, « *Die Rechtswissenschaft im Führerstaat* », *Zeitschrift der Akademie für Deutches Recht*, op. cit., p. 439.

b/ Une souveraineté affranchie du théologique

Ce qui est dit au chapitre précédent de la religion comme la bride du politique - chez Alexis de Tocqueville - vaut également pour la critique de l'approche schmittienne de la souveraineté. Celle-ci n'est qu'un leurre pour l'herméneutique chrétienne et pour Jacques Maritain en particulier; pour qui, « *les deux concepts de souveraineté et d'absolutisme ont été forgés ensemble sur la même enclume* »[388]. Ne partageant pas cette réduction de la souveraineté telle qu'elle est énoncée par Maritain, nous pouvons relever que le souverain chez Carl Schmitt est celui qui organise le droit autour des « *notions limites* » de dictature, d'état d'exception qui traduisent bien l'axiome décisionniste d'un ordre existentiel qui n'est jamais libéré de la contingence du moment présent. En tant qu'instance suprême qui définit la légalité et la légitimité sans être elle-même soumise à aucune norme, le souverain – incarnation suprême du pouvoir constituant – comme « *volonté politique dont le pouvoir ou l'autorité sont en mesure de prendre la décision globale concrète sur le genre et la forme de l'existence politique propre* »[389], est celui qui clôt le système juridique. En d'autres termes, la décision reste son mode d'existence par laquelle il définit la forme de l'unité politique. L'ordre juridique est entièrement subordonné à la décision instituante ce qui n'est, en vérité, qu'un phagocytage autoritaire, une compression du pouvoir constituant dans la souveraineté. Vu que la décision, chez Schmitt, est « *jetée dans l'ordre juridique comme un fait d'immanence absolue* »[390], la souveraineté est surimposée au pouvoir constituant. Comme pouvoir prééminent et incommensurable cette surimposition dévoile alors la cynique volonté schmittienne de réduire le pouvoir à l'usage de la force tel que lui-même l'énonce dans sa *Théorie de la constitution* : « *la trame existentielle sur laquelle se définit le pouvoir constituant est d'emblée déchirée et ramenée aux déterminations abstraites de la violence* »[391]. Par ailleurs, Carl Schmittt croit réactiver la notion de souveraineté en tant que véritable bouclier et thérapie contre les velléités déliquescentes du *Neuzeit* qui pensent la politique comme une technique, une norme et non pas comme une exception et un conflit.

En concevant la souveraineté comme une fonction de l'ordre cosmique et social non comme une décision fondatrice, Schmitt estime que « *l'apport scientifique* »[392] et la raison du succès des *Six livres de la République* de Jean Bodin, « *viennent donc de ce qu'il a introduit la décision au cœur de la notion*

---

[388] J. Maritain, *L'homme et l'Etat*, op. cit., o.c, vol IX, p. 539.
[389] C. Schmitt, *Théorie de la constitution*, op. cit., p. 211-212.
[390] A. Negri, *Le pouvoir constituant. Essai sur les alternatives de la modernité*, trad. E. Balibar et F. Matheron, Paris, P.U.F., 1997, p. 12.
[391] C. Schmitt, *Théorie de la constitution*, op. cit. p. 211-212.
[392] Ibid, p. 18.

de souveraineté »[393] ainsi que de sa définition lumineuse de la souveraineté comme « *la puissance absolue et perpétuelle d'une République* »[394]. Comme tel et tirant jusqu'au bout la logique du droit de souveraineté, Carl Schmitt précise qu'une telle caractérisation supprime toute différentiation contre la situation exceptionnelle et l'état normal. Dans les deux cas, c'est à la puissance souveraine que revient la compétence décisionnelle. C'est le point commun entre Bodin et Carl Schmitt dont leur différence est cependant considérable. Quoique le juriste français juge impossible de mettre entre parenthèses les « *principes universels de la nature* » - la loi naturelle – sur lesquels repose tout le pouvoir du souverain, Carl Schmitt soutient que « *pour créer le droit, il n'est nul besoin d'être dans son droit* »[395]. Or, c'est cette dégénérescence de la souveraineté schmittienne en absolutisme qui a conduit Jacques Maritain à la rejeter. Contre une telle assimilation maritainienne et contre la perspective de Carl Schmitt, nous proposons une souveraineté ouverte, relative qui requiert limitation, contrôle, médiation. En réalité, la mission arbitrale, symbolique et médiatrice du pouvoir politique - dans la stricte observance des règles constitutionnelles librement acceptées et appliquées par l'Etat - demande qu'il soit en profonde connexion avec la société tout en étant extérieure à elle – contre « *l'Etat total* » de Carl Schmitt – et uni aux différentes composantes de la cité (classes ouvrières, famille, partis politique, etc.). C'est là l'authentique et relative souveraineté du pouvoir vis-à-vis des différents groupes d'intérêts ou de pression qui sont dans la cité. Telle est également sa souveraineté face à toute éventuelle velléité par le spirituel d'une emprise immédiate ou indirecte sur le temporel. Assurément, la transcendance et l'autonomie (partielles) du pouvoir n'entraînent pas une surimposition au corps politique ou l'absorption en soi de ce même corps, vu que tout pouvoir absolu, en tant que garant responsable de la souveraineté populaire, tire sa légitimité et admet le contrôle de la communauté nationale au service de laquelle il s'applique tel que Maritain nous le présente de façon étincelante : « *Remarquons ici qu'il n'est pas de commandement sans une certaine séparation. Segregatus ut imperet, "séparé pour commander", disait Anaxagore du νοῦς, de la divine Intelligence. Après tout, dès qu'un homme est placé à un poste de commandement, ne commence t-il pas par se séparer des autres dans une certaine mesure, ne fût-ce qu'en se munissant d'un siège plus important ou d'un bureau moins facilement accessible ? Mais c'est la nature de la séparation en question qu'il importe de préciser. En ce qui concerne le commandement politique, la séparation n'est vraiment et authentiquement requise que comme un état de fait ou une condition existentielle pour l'exercice du droit de gouverner* [396]».

---

[393] C. Schmitt, *Théorie de la constitution*, op. cit. p. 18.
[394] Ibid, p. 18.
[395] Ibid, p. 24.
[396] J. Maritain, *L'homme et l'Etat*, Paris, Œuvres complètes, 1951, o.c, vol.IX, p. 519.

En outre, la relativité de l'indépendance du pouvoir n'implique nullement qu'il ne garde sa suprématie qu'à l'intérieur d'un ensemble. Le pouvoir politique ne saurait rester libre des conflits (familiaux classiques, sociaux et politiques) d'un groupe contre un autre et de toute allégeance au parti dominant, qu'en gardant sa distance vis-à-vis de ces terrains d'affrontements ; dans une réelle et relative séparation de la société, où, sans conteste, ces diverses frictions se déroulent. Cette démarcation du pouvoir politique – de façon souveraine – quand c'est la tête de l'Etat qui la représente est de *jure*, et provient de l'essence même de la tâche qui le détermine. Comme le pense Maritain qui ne fait que réduire la possibilité médiatrice et arbitrale du pouvoir, elle n'est pas une extériorité contingente ou défaite à cause des critères de son exercice. Le souverain ou la transcendance relative du pouvoir politique sur la société en garantissant la concorde sociale, peut seul rendre possible une vraie communion sans confusion.

3.1.2. La souveraineté anthropocentrique (Machiavel, Hobbes, Jean Bodin, Rousseau)

Le décisionnisme de Carl Schmitt qui puise sa source chez Jean Bodin et Hobbes dévoile l'essence éminemment profane de la politique. Ainsi, le juste politique désormais affranchi de toute idée existant a priori (transcendance divine) procède désormais d'un physique des forces. L'un comme modèle du multiple, émane de l'action unique et historique des hommes et rien d'autre. En témoignent les guerres fondatrices et les révolutions constitutives d'un nouvel ordre se déclinant comme situation de justice. Mais derrière le décisionnisme de Carl Schmitt, se cache et se déploie également une ontologie de l'un, véritable processus d'individuation des nations, des peuples ou du Führer. Mieux encore, l'approche schmittienne de la politique – comme d'ailleurs chez beaucoup de Modernes (Hobbes, Machiavel, Rousseau, etc.) – dévoile que désormais la politique est une œuvre essentiellement et définitivement humaine. Son origine et sa fin sont radicalement anthropocentriques. C'est d'ailleurs ce que sous-tend la notion de souveraineté : « *(...) la souveraineté est la puissance suprême, juridiquement indépendante, déduite de rien* »[397]. Elle ne relève de personne d'autre que de celui qui l'incarne. Avant qu'elle ne soit puissance de l'un sur le multiple, elle est prioritairement l'allégation de l'autonomie radicale de la vie humaine sur elle-même, sur la nature et sur Dieu. A ce point, on peut donc voir la parfaite osmose qui règne entre nos trois auteurs sur cette thématique selon laquelle aucun Dieu, aucune nature ne sauraient fonder l'expérience humaine sinon la seule volonté des hommes.

---

[397] C. Schmitt, *Théologie politique*, op. cit., p. 28.

L'« *absolu immanent* »[398] de Blumenberg n'est fondamentalement que la traduction philosophique ou ontologique du souverain politique de Carl Schmitt. On est en droit de se demander d'après quel type d'homme, l'homme du *Neuzeit* conçoit sa relation à ce qui n'est pas humain pour penser la vie politique. C'est la question fondamentale qu'on ne peut éluder même s'il n'y a pas de solution appropriée ; et ce, si on veut accéder à l'intelligibilité profonde de la politique. En d'autres termes, pour qu'elle soit dûment pensée et appliquée, la politique présuppose qu'une réponse adéquate soit trouvée à l'interrogation majeure de la place que l'humain a à l'intérieur de la totalité de ce qui est. Si comme Carl Schmitt le prétend dans *Théologie politique*, la politique c'est l'action du Führer ou d'une communauté historique (allemande) en vue de sa survie, il est évident que la question se pose de savoir jusqu'où cette action peut s'étendre. Ou, plus communément : sur quels critères une telle pratique est-elle réalisable ?

Derrière ces interrogations demeure également la question principale de la liberté qui est celle de la politique. De façon claire, il ne saurait y avoir de liberté authentique des hommes dans la cité si son fondement leur est transcendant. D'où l'idée moderne de la politique selon laquelle elle est la construction d'un univers radicalement humain. C'est en ce sens qu'il faut entendre surtout la thématique de la souveraineté chez Carl Schmitt. La politique n'est donc pas la vie contemplative mais, et surtout, la vie active et guerrière. Ses fins essentiellement profanes et immanentes recherchent uniquement la subsistance et la survie. Il en résulte qu'avec le *Neuzeit*, l'Etat est l'instrument de la force qu'une personne (Führer) ou une communauté historique s'octroie pour pérenniser son l'existence. C'est dans cette optique qu'il faut concevoir l'humanité de l'Etat, son institution essentiellement humaine, c'est-à-dire athéologique n'exprimant que lui-même. La spécificité fondamentalement historique de la politique aussi bien chez Schmitt que chez les modernes est génératrice d'un univers lui-même historique, celui de la liberté du possible et de la liberté contingente. Partant, la solution au problème politique moderne - *« qui doit gouverner ? »* - relève de l'initiative et de l'œuvre humaines. Or, si la - *Res publica* - la politique est l'œuvre humaine par excellence, elle appartient au cours des affaires non religieuses et sacrées, flux des matérialités, et l'Etat n'est alors qu'une forme de la finitude et de sa prise en charge. La nature fondamentalement humaine et profane de la politique, chez Machiavel, est fondatrice de la modernité. Elle instaure la liberté sur la contingence des actions humaines. Cette contingence est le socle même de la liberté.

L'ordre chrétien du monde est un ordre déterminé, discipliné et primordial d'où est exclue toute contingence de l'action, que l'ordre souverain du monde rejette de façon irrévocable, de Machiavel à Hobbes *via* Bodin. Par la cassure

398 H. Blumenberg, *La Légitimité des Temps Modernes*, op. cit., p. 199.

moderne opérée par Machiavel, "l'auto-affirmation" politique repose désormais sur le socle de la contingence de l'action qui réussit ou échoue, sans qu'il puisse y avoir quelqu'assurance quant à la fin du débat ou du combat. Si le principe de la cité est désormais humain, la politique appartient alors à la contingence absolue. Ce qui est admis comme juste ici et maintenant, peut être proclamé injuste ailleurs et demain. La chose publique devient alors le foyer des possibles contingents : elle est réduite, tout d'un coup, aux champs de bataille de l'opinion ou de la guerre civile. Elle relève du domaine de la contingence de l'histoire profane.

3.1.3. Le totalitarisme ou la Négation de l'être commun (Kristallnacht et Auschwitz-Birkenau)

Or, c'est bel et bien cette contingence des principes - socle de la modernité (politique, philosophique, etc.) - qui a engendré le désastre politique du 20ème siècle à travers toutes les formes de totalitarisme « *pliant l'homme à quelque humanisme inhumain, à l'humanisme athée de la dictature du prolétariat, ou à l'humanisme idolâtrique de César, ou à l'humanisme zoologique du sang et de la race* »[399]. En d'autres termes, si le juste est négociable parce que douteux ou aléatoire, dès lors la politique du pire – qu'incarnent toutes les formes de despotisme – peut être prise comme étant le meilleur régime possible. L'Etat nazi ou le Führer concentre désormais en lui la totalité du politique à laquelle les ordres concrets sont subordonnés. Comme l'Eglise de Rome représente le Christ « *lui-même, en personne* » - parce que « *corps mystique du Christ* »[400] - le Führer incarne l'unité politique parce que « *représenter signifie rendre visible et actuel un être invisible par le truchement d'un être publiquement présent* »[401]. Pris sous cet aspect, l'Etat nazi doit être considéré comme la vérité, menée à l'irrationalité du principe moderne de contingence. Il est l'artisan d'une politique absolument antipolitique érigée sur l'assurance inébranlable de la contingence radicale de l'humanité elle-même. Le premier chapitre du second volume de nos analyses – la personne humaine, pivot de la question théologico-politique – nous a permis d'identifier l'anthropologie à l'œuvre chez nos trois auteurs et plus substantiellement chez la plupart des modernes. Quant à l'anthropologie réductrice de Carl Schmitt, elle conduit également à mieux percevoir en quoi la politique a cessé d'être ce qui relève spécifiquement de l'être commun des hommes pour devenir uniquement l'espace de l'affrontement implacable, de la distinction ami/ennemi. Elle a rendu possible également la compréhension de ce en quoi consiste la modernité

---

399 J. Maritain, *Humanisme intégral*, op. cit., p. 295.
400 L.G N° 7,20-22 ou encore 1cor 12,13 « *Car nous avons tous été baptisés en un seul Esprit pour n'être qu'un seul corps* ».
401 C. Schmitt, *Théorie de la constitution*, op. cit., p. 347.

politique – comme remise en cause de la nature profonde de l'être commun - même si Carl Schmitt donne l'impression d'être anti-moderne.

Avec la crise de Weimar, l'Etat nazi – dont Carl Schmitt fut le grand théoricien et juriste pendant quelques années avant de s'en séparer – a formé et consolidé le programme conscient et résolu d'extermination systématique de cette frange de l'humanité tenue pour races subalternes afin de faire régner la « *race supérieure, la race aryenne* » : « *Lorsque je découvris que le juif était le chef de la social-démocratie, les écailles commencèrent à me tomber des yeux. Ce fut la fin du long combat intérieur que j'avais eu à soutenir (67). [(...)] Je connaissais enfin le mauvais génie de notre peuple (68). J'avais appris, en effet, ce que parler veut dire chez un juif : ce n'est jamais que pour dissimuler ou voiler sa pensée. Et il ne faut pas chercher à découvrir son véritable dessein dans le texte, mais entre les lignes où il est soigneusement caché. Ce fut l'époque où se fit en moi la révolution la plus profonde que j'aie jamais eu à mener à son terme. Le cosmopolitiste sans énergie que j'avais été jusqu'alors devint un antisémite fanatique* »[402]. La thèse (tragique) selon laquelle, il y a du non humain au sein de l'humanité ou encore qu'il faut décimer des personnes humaines pour que l'humanité existe est, la négation même du vivre-en-commun. L'Etat total (nazi ou stalinien) est un événement unique de la modernité politique où l'homme s'est autoproclamé souverain, c'est-à-dire affranchi de toute dépendance hétéronomique pour bâtir et gérer sa vie comme il l'entend dans une immanence radicale. Telles sont également[403] les implications anthropologiques, philosophiques et politiques qu'on peut tirer de l'affirmation de Blumenberg d'après laquelle « *la provocation de l'absolu transcendant se renverse au point de sa radicalisation extrême, en la découverte de l'absolu immanent* »[404].

Partant, pour savoir ce qu'est l'homme dans la cité moderne, la réponse ne saurait être plus la même avant et après l'Etat nazi. En d'autres termes, il s'agit d'une véritable et radicale métamorphose que l'anthropologie (politique, philosophique) du *Neuzeit* a opérée rendant réelle une politique de l'Etat érigée sur l'humanité comme pure éventualité (contingence). Que l'Etat moderne – *le Léviathan* – fasse de la *Shoah* ou de l'extermination le *leitmotiv* ou le fondement de son action politique, voilà l'inédit tragique, qui à lui seul, oblige à réinterroger et à redéfinir profondément le projet anthropologique de la politique. L'anéantissement des juifs, ci-dessus théorisé par Hitler dans *Mein Kampf*, et concrétisé à Auschwitz-Birkenau n'est que la liquidation du référent anthropologique dans la modernité politique. La raison même du génocide des

402 A. Hitler, *Mein kampf* 67-71, in http://pagesperso-orange.fr/marxiens/philo/pretapen/hitler.htm du 16/06/2008.

403 Nous disons également en ce sens que la perspective de H. Blumenberg n'est pas d'abord politique au sens moderne du terme quoiqu'elle ait des incidences politiques énormes.

404 H. Blumenberg, *La Légitimité des Temps Modernes*, op. cit., p. 200.

juifs et des tziganes ne relève pas de la logique de guerre interétatique ou nationale. Le gazage est essentiellement l'application d'un programme de fondation politique d'un Etat de souveraineté historique – l'Etat nazi – qui opère une cassure finale dans l'ordre humain de la politique moderne. Le 20ème siècle, le siècle des totalitarismes, a ébranlé l'anthropologie fondamentale sur laquelle repose l'Etat moderne : le postulat d'Egalité. Son histoire politique a instauré une nouvelle catégorie politique et morale dont l'existence est une véritable condamnation de la tradition dite de la modernité : la catégorie de crime contre l'humanité. L'Etat nazi – véritable effritement de la *Res publica* – a donné lieu à une politique de l'horreur et de la terreur, de guerre contre l'humanité, de combat civil et sanglant de l'homme contre l'homme. Il s'agit là d'une fracture, sans appel, du principe de l'être commun moderne non pas en soi – parce qu'en soi il est l'attestation *a priori* de l'universelle et irrévocable humanité des hommes – mais en la faculté actuelle de cet axiome à refonder maintenant la *Res publica*. Partant, si la catégorie de « *crime contre l'humanité* » traduit l'échec tragique du politique actuel dans sa finalité à être le grand acteur et le garant de l'être et du bien commun, elle révèle également l'impuissance de la vérité apodictique du principe de l'être commun à affranchir et à prémunir les hommes des rets, des passions dans lesquels ils sont toujours ou souvent enchaînés.

De plus, « *La nuit de cristal* »[405] (*kristall nacht*) et *Auschwitz-Birkenau* sont doublement la négation absolue de la philosophie et de la politique elle-même en tant que pensée de l'être commun, c'est-à-dire pensée de la liberté pensée. Auschwitz est l'éradication de l'être commun et exige alors de refondre et de reformuler radicalement le principe même de la toute-puissance ainsi que ses fondements métaphysiques, juridiques, éthiques. En tant qu'industrie de mort, d'extermination impitoyable d'une trentaine de millions d'êtres humains et comme solution finale du problème juif en Europe – dictées par la filière Hitler – Himmler – Eichmann – Heydrich – Auschwitz est fondamentalement l'incarnation du nazisme comme programme irréductible et démentiel. Comme réalité d'un Etat historique, il reste le désaveu implacable du projet moderne « *de l'auto divinisation antidivine (gegengötliche*

[405] Cette « *nuit de cristal* » du 9 au 10 novembre 1938, a été une occasion lugubre pour Hitler de franchir une étape décisive dans la persécution des Juifs d'Allemagne. Elle marque un tournant dans la sinistre politique antisémite du régime qui transforme les provocations en de véritables terreurs à grande échelle. Presque toutes les synagogues du pays ont été brûlées ou détruites ; des boutiques juives saccagées et leurs vitrines brisées d'où le nom donné par les nazis eux-mêmes à leur suicidaire exploit. Beaucoup de juifs ont été assassinés et plus de 20.000 sont déportés dans des camps de concentration et ce, au nom de la souveraineté du Führer qui d'après Schmitt, est, « *puissance suprême et non dérivée, de gouverner* ». C. Schmitt, *Théologie politique*, op. cit. p. 16.

selbstergöttlichung) »[406]. Parce qu'acte de souveraineté par excellence – « *est souverain celui qui décide de la situation exceptionnelle* » - Auschwitz-Birkenau – c'est-à-dire le gazage ou le génocide des Juifs et des Tziganes – est dans sa réalité effroyable la marque absolue et ultime de l'omnipotence démentielle du Führer et, du même coup, l'annihilation de toute souveraineté. Car, anéantir une frange de l'humanité ou des populations civiles au nom de la suprématie du politique, c'est liquider la civilisation même, c'est détruire la multitude qui est le fondement de la souveraineté dans sa personne et dans sa chair. En un mot, en tant qu'abâtardissement de la politique et du politique, Auschwitz[407] supprime le soubassement ontologique de la liberté moderne sous la figure de l'être commun et ce qui fonde sa possibilité même c'est-à-dire une certaine idée de l'humanité de l'humain. Tout ceci nous porte à dire qu'une philosophie de l'être commun est indispensable et urgente à cause du déni absolu de ce qui rend possible l'humanité de l'homme.

3.2. Le Machiavélisme : affaissement de la politique et du politique ?

On ne peut souligner assez la portée éminemment moderne et relativiste – donc assassine de toute vérité absolue – de l'axiome décisionniste[408] de Hobbes revendiqué par Carl Schmitt sur lequel doit reposer tout l'édifice sociopolitique. Bien avant la *Théologie politique* de Carl Schmitt, marque un tournant *le Prince* de Nicolas Machiavel (1465-1527). Il est ce penseur italien de la Renaissance et cet inventeur de la pensée politique moderne en rupture avec la philosophie politique traditionnelle héritée des auteurs de l'Antiquité. Il a fait de l'homme politique un homme qui doit vivre sans scrupule, combinant le mensonge, le calcul des intérêts personnels, le narcissisme, la manipulation d'autrui et si nécessaire la violence pour atteindre tous ses objectifs.

---

406 H. Blumenberg, *La Légitimité des Temps Modernes*, op. cit., p. 200.

407 « *Nous autres allemands, qui sommes les seuls à traiter correctement les animaux, nous traiterons correctement les animaux humains. Mais ce serait un crime contre notre sang que de se soucier d'eux, [...]. Je voudrais parler aussi de l'évacuation des Juifs, de l'extermination du peuple juif. Voilà une chose dont il est facile de parler. Le peuple juif sera exterminé, dit chaque membre du parti, c'est clair, c'est dans notre programme ; nous ferons cela* ». Discours d'Himmler prononcé en 1943 devant les chefs S.S, in L. Poliakov, *Auschwitz*, Paris, Gallimard, 2006, p. 21-22.

408 C. Schmitt, *Théologie politique*, op. cit., p. 43. Le juriste de Plettenberg précise d'ailleurs que « *le représentant classique du type décisionniste (si l'on me permet ce néologisme) est Hobbes. (...). C'est lui et non l'autre type qui a trouvé la formulation classique de l'antithèse : Auctoritas non veritas facit legem (Léviathan, chap. XXVI). L'antithèse entre auctoritas et veritas et non pas majorité. (...) Hobbes discute l'exigence que le pouvoir étatique soit soumis au pouvoir spirituel sous le prétexte que le pouvoir spirituel constituerait un ordre supérieur* », p. 43-44.

Mais si quatre siècles séparent aujourd'hui Machiavel d'Hitler, la stratégie politique pour régner reste fondamentalement la même : subordonner la raison à la manipulation et à la violence pour parvenir à ses fins sans considération aucune, ni respect pour la morale et pour la religion. En d'autres termes, avec Machiavel et avec tous ceux qui se réclament de lui, il faut se servir de la violence et de la ruse pour prendre et conserver le pouvoir à tout prix. A ses yeux, le fond de l'homme est la soif et la détermination de conquête du monde. Ainsi, la problématique de l'institution et de l'origine des corps politiques vient prendre la place du meilleur régime. Pour se constituer, une société a nécessairement besoin d'un acte ou principe fondateur : la conquête, toujours amorale et apolitique. La sociabilité (Aristote) n'est pas une caractéristique naturelle de l'homme.

Marqué par la précarité, l'imprévisible et l'aléatoire (*fortuna*), le pouvoir doit en tout cas s'efforcer de se conserver et de sauvegarder l'Etat contre les périls du dehors et de l'intérieur. La politique apparaît alors comme l'espace suprême de la conflictualité et non celui du vivre en commun ou de la quête du meilleur régime, c'est-à-dire de l'ordre politique le plus favorable à la vertu, seule capable de répondre aux exigences de l'homme en tant qu'il a une âme. Le Prince est le miroir raisonné des situations de conquête, l'amoralisation de la politique. La notion de vertu condense la kyrielle de remèdes appropriés recommandés par le Florentin.

3.2.1. La "vertu politique" : Faculté de conquête et de conservation du pouvoir ?

Comme genre moral des miroirs du politique (prince), la vertu est la qualité des « *princes nouveaux* » c'est-à-dire ceux du *Neuzeit*, qui ont été victorieux dans leur prise de pouvoir. Comme telle, elle est la capacité d'adaptation à tous les imprévus politiques qui surgissent et est indissociable de la *fortuna*, de la domination, de la manipulation des hommes et de la nécessité. Synthèse des qualités, la vertu concentre en elle-même les scrupules dans la préparation, la force dans la conquête, la persévérance du courage et l'attention dans la conservation des acquis, qui seuls, rendent possible le triomphe des pires situations. La vertu politique ne se traduit qu'en situation. C'est le sens opportuniste du nouveau prince qui sait découvrir la solution appropriée devant un problème spécifique. Ainsi, elle est un talent qui consiste à agencer la *fortuna* sans se laisser déconcerter par elle. Cette *fortuna* qui n'a rien à voir avec le destin ou la providence est surtout le mouvement hasardeux du monde, et aussi la force du hasard qui fait advenir des situations déconcertantes. Comme telle, la vertu politique se trouve dans la faculté d'opérer ce que la fortune ordonne, en se conformant à elle.

Dans cette optique, elle n'est nullement l'ennemie des hommes mais plutôt et surtout le matériau dont est faite l'histoire, à tel point que l'action politique a toujours affaire avec elle. Elle est ce matériau brut que l'action politique métamorphose pour la victoire. Dans ces conditions, le prince valeureux devient un champion de l'action politique en situation historique. Puissance qui génère des situations déconcertantes pour la majorité des hommes, la fortune sait se laisser utiliser par le détenteur valeureux du pouvoir qui sait improviser judicieusement. Avec Machiavel, il n'existe plus aucune systématicité de la pensée qui définirait une fois pour toutes, quelques recettes de la vie en commun. L'asymétrie est la caractéristique de sa pensée qui confère à la réalité la possibilité immuable d'innovation. C'est pourquoi, la valeur politique n'est pas simplement une question d'apprentissage mais fondamentalement un don de la nature qui se manifeste par l'expérience concrète du pouvoir.

De ces quelques considérations sur la vertu politique, il en découle que plutôt d'être une qualité non ambiguë, la vertu politique se déploie à travers une somme d'attitudes qui proviennent de la force et du savoir-faire conscients d'eux-mêmes et de leurs propres limites. L'énumération que Machiavel lui-même nous en donne, souligne son caractère polymorphe et le cynisme à l'œuvre en politique : « *Quiconque juge nécessaire dans sa principauté nouvelle de s'assurer de ses ennemis, de se gagner des amis, de vaincre par la force ou par la fraude, de se faire aimer et craindre des populations, de se faire suivre et respecter par les soldats, d'éliminer ceux qui peuvent ou doivent te nuire, de rénover de manière originale les institutions du passé, d'être sévère et bienveillant, magnanime et libéral, d'éliminer les armées indociles, d'en créer de nouvelles, de conserver les amitiés des rois et des princes en sorte qu'ils doivent ou bien t'aider de bon cœur ou bien te nuire avec crainte, ne peut trouver d'exemple plus récent que les actions du duc* »[409]. Il s'agit, ici, chez le Florentin, de la mobilisation des nombreuses qualités qui portent sur la capacité à conquérir le pouvoir et la signification de l'organisation politique où la pitié est bannie. Ceci ne peut être que l'affaissement de la politique en tant que lieu commun du bien vivre où l'amitié et la justice, au sens aristotélicien du terme, devraient être maîtresses. En tant qu'art stratégique affranchi de l'éthique et de la religion, la politique est surtout la stratégie par excellence pour tenir les hommes. Le monde de la *Res publica* est gouverné par des rapports de force où la dimension essentielle est le pouvoir comme rapport du prince à ses sujets, c'est-à-dire comme art de « *tenir les hommes* ». Il est également l'espace de la rivalité entre princes qui ont la capacité de se déposséder par la conquête.

En tant que champ de bataille, le jeu politique est une logique de la force apparentée à l'art de la guerre. Les urgences de l'habileté politique auxquelles le prince conséquent doit recourir, entraînent le rejet de la soumission inconditionnelle à la loi naturelle et divine. La politique est, ainsi, conçue comme la forteresse radicale de l'autonomie et l'hermétisme à tout canon de

---

409 N. Machiavel, *Le Prince*, Paris, Hatier Poche, 2007, p. 41.

l'éthique traditionnelle. La moralité n'est pour Machiavel qu'un ordre dérivé, réalisable essentiellement au cœur d'une société constituée. C'est pourquoi celui qui a le pouvoir doit, autant que faire se peut, savoir faire usage de la ruse et de la force, lorsqu'il s'agit dans l'urgence de sauver le corps politique ou de le revivifier : « *(...) l'expérience de notre temps montre que les princes qui ont fait de grandes choses sont ceux qui ont tenu peu compte de leur parole, et qui ont su, grâce à la ruse, circonvenir l'esprit des hommes ; et à la fin, ils ont vaincu ceux qui se sont fondés sur la loyauté* »[410]. Toute la stratégie politique du prince provient du postulat de la conservation de l'acquisition, il doit reconnaître la nature des hommes sur lesquels il a la mission de régner. Convaincu que la nature humaine est hideuse et égoïste, celui qui établit la forme d'un Etat et lui donnant des lois doit toujours « *supposer les hommes méchants et disposés à faire usage de leur perversité toutes les fois qu'ils en ont l'occasion* ». Le désir insatiable est ce qui caractérise fondamentalement la nature humaine, que l'éducation, l'art politique, de bonnes armes et de bonnes lois peuvent s'octroyer comme tâche d'ordonner et de canaliser. Ce sont donc les impératifs de la nécessité qui légitiment la capacité de la personne humaine à accomplir le bien quoique dépossédée de tout principe naturel de sociabilité qui l'inclinerait vers la justice : « *C'est ce qui a fait dire que la faim et la pauvreté éveillaient l'industrie des hommes, et que les lois les rendaient bons* ».

a/ L'usage de la violence ou la « *fécondité du mal* » ?

Les passions sont au cœur de la nature humaine. Avec violence, elles se manifestent et se livrent bataille les unes les autres. D'après Machiavel, seules les passions sont en mesure de braver les passions. Il n'y a personne d'autre qui sache en user avec violence que le prince valeureux. Il est conscient de la grandeur de la fécondité du mal. César Borgia est le prototype du prince nouveau qui sait en quoi consiste cette logique des passions. Pour ramener la paix à Romagne – une province italienne conquise que les excès de pouvoir des princes mesquins ont rendu indocile - il fait de Ramiro, le gouverneur de Lorca et l'homme d'une cruauté expéditive exceptionnelle avec mandat de pacifier le pays. Celui-ci réussit sa mission par la répression violente. Pour obtenir la faveur du peuple, César n'hésite point à faire assassiner publiquement son gouverneur, ce qui rend la population joyeuse et abasourdie : « *Après que le duc eut pris la Romagne comme il l'avait trouvée gouvernée par des seigneurs impuissants qui avaient plutôt volé que gouverné leurs sujets et leurs avaient donné matière à désunion plutôt qu'à union (...) il jugea que si on voulait la rendre pacifique et obéissante à l'autorité souveraine, il était nécessaire de lui donner un bon gouvernement. C'est pourquoi il y nomma Messire Ramiro de*

---

[410] N. Machiavel, *Le Prince*, op. cit., p. 84.

Lorca, homme cruel et expéditif, auquel il donna les pleins pouvoirs. [...]. Sur ce il (le duc) saisit la première occasion, et à Cesena un matin il le fit couper en deux sur la grand-place, avec un billot de bois et un couteau sanglant à ses côtés. La férocité d'un tel spectacle rendit la population à la fois contente et stupéfaite »[411]. On le voit, le prince vertueux sait guérir le mal par le mal et passe pour un véritable champion de la violence : la fureur répressive du gouverneur est alors la riposte appropriée aux déchaînements des citoyens. Le gouverneur contient ainsi les retombées de ceux-ci qui lui seraient très nocives pour son autorité par la férocité pacifiante de la répression publique de son lieutenant. La furie est donc utilisée dans l'intention de la dominer. Le prince nouveau et valeureux ne doit avoir aucune répulsion à l'emploi de la force. Car, si la violence est ce que les hommes ont de commun avec les animaux pour agir, il en résulte que le prince vaillant ou héroïque doit être mi-bête, mi-homme. L'amoralisme qui est au cœur de la pensée de Machiavel repose sur le rejet de toute notion de droit et de fin juste. En d'autres termes, nulle perspective morale et religieuse, ni aucune considération juridique n'ont le droit de venir d'immiscer ou de brouiller l'exercice de notre jugement.

Cependant, le prince héroïque ne se comporte pas de façon bestiale et sanguinaire comme un tyran qui se repaît du sang de sa race tel que cela est décrit chez Platon[412]. Il n'est pas un cruel ayant une attirance permanente pour la violence. Il en est le maître sachant la déclencher et la modérer quand il s'agit de conquérir et de maintenir le pouvoir. La fécondité du mal, chez le Florentin, ne signifie pas que la violence est le remède approprié et permanent à la fin de la violence c'est-à-dire pour le triomphe de la paix selon une perspective dialectique (hégélienne). L'amélioration substantielle de l'homme n'est pas la finalité de l'emploi de la violence. Tout instrumentale, elle est essentiellement un des procédés les plus actifs que détiennent les hommes pour asseoir politiquement leur autorité. Le détenteur du pouvoir doit faire davantage preuve de clémence en étant cruel de temps en temps plutôt que de laisser pourrir une situation.

b/ Le "Bon Prince" : une dissimulation ?

Aux yeux de Machiavel, il revient à l'essence même de la politique de reposer sur la simulation, c'est-à-dire dans ce jeu de miroir auquel se prête à son insu le peuple qui accueille et reflète l'image remplie de gloire que le prince doit lui offrir. La morale et la religiosité populaires dictent des interdits au prince telles que la pusillanimité, l'inconstance, l'irrésolution ou des recommandations positives comme l'amour de la grandeur, de l'honneur et la pratique religieuse. Afin d'éviter d'être méprisé ou de contrarier le peuple, il

---

[411] N. Machiavel, *Le Prince*, op. cit., p. 38-39.
[412] Platon, *La République*, livre VIII, 565 d-566a.

doit constamment sauvegarder son simulacre, conscient que les hommes jugent plus par les yeux que par les mains. Le vulgaire est toujours fasciné par l'apparence, et dans le monde, il n'existe que le vulgaire : « *Dans les actions humaines, et surtout dans celles des princes, où il n'y a nul tribunal à qui faire appel, on considère la fin. Qu'un prince fasse donc en sorte de vaincre et de préserver ses possessions. Les moyens employés seront toujours jugés honorables et loués de tous, car le vulgaire est toujours pris par les apparences et par les résultats ; or, dans le monde il n'y a que le vulgaire* »[413]. Si une minorité de proches peut donc savoir réellement ce qu'est le prince, il faut en revanche, qu'il évite coûte que coûte de se dresser contre l'opinion de la multitude.

3.3. Vice en morale, vertu en politique ?

L'autre trait caractéristique de la modernité politique – en rupture avec la perspective aristotélicienne et thomiste – est la non transposabilité et l'invalidité des qualités morales personnelles dans la sphère politique. Politiquement parlant, l'enfer est pavé de bonnes intentions : la générosité n'est pas seulement superflue, elle est surtout très préjudiciable à celui qui est libéral. A cet égard, l'argumentaire de Machiavel est encore rigoureux : « *Il n'y a pas de chose qui se consume davantage elle-même que la libéralité : à mesure que tu en uses, tu perds la faculté d'en user, et tu deviens ou bien pauvre et misérable, ou bien, pour échapper à la pauvreté, rapace et odieux. Et parmi toutes les choses dont doit se garder un prince, il y a le fait de devenir rapace et odieux ; or, la libéralité le conduit à l'un et à l'autre. C'est pourquoi il est plus sage de garder le nom de ladre, qui engendre une mauvaise réputation sans haine, que d'être obligé, à vouloir le renom de libéral, d'encourir le nom de rapace qui engendre une mauvaise réputation accompagnée de haine* »[414]. Le contraire tient lieu de vérité pour la raison que tel vice utilisé au bon moment ne peut être qu'un motif d'exaltation du prince. La parcimonie est une précieuse aide en politique : un dirigeant (prince) économe qui possède beaucoup de biens, pour ne pas asservir son peuple, par une lourde fiscalité, peut alors garder d'excellentes relations avec les gouvernés. Mieux encore, « *c'est de ce qui n'appartient ni à toi, ni à tes sujets que tu peux être généreux donateur (...). Dépenser les biens des autres, en effet, ne nuit en rien à ta réputation, mais l'enrichit. C'est seulement le fait de dépenser ton bien qui est néfaste* »[415]. Le véritable généreux qui ne court aucun risque est celui qui réussit à arnaquer le bien d'autrui. Il en découle qu'en politique, la vertu se repaît de l'amoralité, c'est-à-dire du vice.

---

[413] N. Machiavel, *Le Prince*, op. cit., p. 86-87.
[414] Ibid, p. 79.
[415] Ibid, p. 79.

a/ La politique : lieu de la terreur ou de l'amour ?

Le pouvoir une fois acquis et résolu à le maintenir, la seule grande interrogation et préoccupation du prince est de savoir s'il préfère être redouté ou aimé par le peuple. L'amour inconditionnel de la masse des gens doit lui servir de support, de bouclier en cas de conquête féroce du pouvoir. La grande question est de savoir donc comment susciter cet attachement et ce, de façon durable. Aux yeux du Florentin, il vaut mieux être craint qu'adoré car les hommes sont plus dociles à ce dont ils ont le plus peur comme l'illustre si bien le cas du Romain Scipion. Ses détachements lui sont moins soumis, et par conséquent ses victoires militaires sont infimes parce qu'il considère et vénère trop ses soldats au lieu de les brutaliser et de se faire redouter d'eux. « *Aussi un prince ne doit pas redouter la mauvaise réputation de la cruauté s'il maintient ses sujets unis et confiants. [(...)] Mais lorsque le prince est à l'armée et doit commander une multitude de soldats, alors il est absolument nécessaire qu'il ne se soucie pas de la réputation de cruauté, car sans cette réputation, on n'a jamais tenu une armée unie et prête au combat* »[416]. Il est toujours possible de se faire chérir. Cependant, les hommes capricieux et papillonnants, sont à même de mépriser ce qu'ils complimentent juste auparavant. D'après Machiavel, les hommes chérissent durablement ceux dont ils ont quelques raisons de crainte, et le respect n'est rien d'autre que la capacité renouvelée de toujours tenir en respect. C'est là toute la découverte de la fécondité politique de l'inquiétude chez le Florentin. Le fondamental pour le politique est de toujours éviter d'être haï par son peuple : « *Je conclus donc le débat de savoir s'il faut être craint ou aimé : comme les hommes éprouvent l'amour selon leur gré et craignent au gré du prince ; un prince sage doit se fonder sur ce qui dépend de lui, non sur ce qui dépend d'autrui ; et il doit seulement s'employer à fuir la haine, comme on a dit* »[417].

b/ La bonne renommée : critère de l'efficience politique ?

Avec Machiavel, la bonne réputation est la garantie de l'efficacité politique et non la pratique des vertus cardinales telles que la prudence, la justice, la force, la tempérance. Or, cette réputation est basée sur l'illusion généralisée suscitée par la théâtralisation politique qui constitue la découverte majeure que le Florentin consacre aux critères de la décision politique. Pour lui, la logique politique exige l'emploi des potentialités inhérentes à l'illusion. Cette perspective politique constitue également une véritable fracture du Florentin avec la position philosophique traditionnelle sur les critères de la communauté

[416] N. Machiavel, *Le Prince*, op. cit., p. 184.
[417] Ibid, p. ,83.

politique, telles que nous les avons évoquées dans les chapitres précédents. S'il n'est plus concevable ni possible d'ériger une cité moderne sur le socle de l'authenticité morale, tel que le fait Aristote, c'est parce que le peuple devenu captif du mirage a toujours plus de penchant pour ce qui est aguichant ou de belle allure que pour la vertu la plus probe. Telle est la thèse que Machiavel défend au chapitre XVIII : « *Mais cette nature, il est nécessaire de bien la maquiller, et d'être grand simulateur et dissimulateur ; et les hommes sont si naïfs, et ils obéissent tant aux nécessités présentes que celui qui trompe trouvera toujours quelqu'un qui se laissera tromper* »[418]. Telle est également la *commedia dell'arte* que présupposent ces énoncés et qui dévoilent la dimension ludique qui est désormais opératoire et intrinsèque aux relations de pouvoir. L'imposteur se transforme en protagoniste quand le politique sait embobiner ses administrés par le sophisme ou la rhétorique de l'apparence qui condense en elle des signes que le prince sait donner de lui-même. Il doit savoir envisager avec ses conseillers, l'incidence de ses discours et manifestations en vue de charmer et de rallier au maximum son peuple. C'est pourquoi, il lui revient de toujours sauvegarder « *la majesté de son rang, [qui] ne doit jamais faire défaut* ».

Dans la perspective de notre auteur, si proche soit-il du peuple, il appartient toujours au politique (le prince) de le garder à bonne distance. Cette distance est alors le critère de sa crainte et de son admiration comme c'est la coutume pour une divinité qui nous subjugue parce que, doublement, elle nous enchante ou nous ensorcelle et nous méconnaissons l'ampleur de son autorité, que nous admettons plus grande que nos capacités habituelles. Si la *« meilleure des forteresses qui soit, c'est le fait de ne pas être haï par le peuple »*[419], la raison est que les hommes chérissent les chefs modèles plus qu'eux-mêmes. La politique valeureuse ne doit donc pas perdre de vue sa propre image, en nouant toujours un astucieux lien de pouvoir, où c'est la population ensorcelée qui donne au politique l'emprise qu'il a sur elle.

L'un des retentissements inédits de toutes ces analyses machiavéliennes est la radicalisation de l'autonomie de la sphère politique ; l'attachement du peuple au politique (le prince) en est la consécration. C'est la puissance du mirage qui met au grand jour cette autonomie radicale. Une autonomie dont la « *morale* » la plus efficace est celle du politique, qui sachant employer la ruse et la force comme moyens, vise plus haut et s'assigne pour tâche éminente la recherche du salut de son peuple par la transformation du cours des événements historiques. Quête de rédemption de son peuple à tout prix, par le Florentin, qui le pousse à placer ce salut au-dessus de tout scrupule humaniste, déterminé qu'il est à penser les procédés, pour le réaliser. Ce rachat du peuple, enfin, doit primer sur le devoir moral et religieux, qui, par principe, condamne l'emploi

[418] N. Machiavel, *Le Prince*, op. cit., p. 85.
[419] Ibid, p. 104.

politique de la violence. Le seul devoir du prince, c'est d'utiliser toutes les possibilités requises même les pires, pour préserver l'intégrité de son Etat. En partant donc de toutes ces considérations machiavéliennes, on note la subtilité, la force, voire la « *bombe* » philosophico-politique et la cassure révolutionnaire qu'opère la pensée du Florentin. Une pensée, qui malgré sa percussion constitue fondamentalement une dépravation de la *Res-publica*, du politique lui-même tel que conçu par Aristote qui subordonne la philosophie politique à la Morale.

Ces quelques points de la dégénérescence du politique par la souveraineté anthropocentrique débouchent finalement sur le machiavélisme et sur le totalitarisme. Ils mettent à nu la question du mal, de la violence et du péché qui ne cessent de tarauder quotidiennement la vie des hommes. Cette perversion dénoue les liens sociaux auxquels Religion et Politique sont confrontées et contre lesquelles l'autonomie radicale du politique, celle de la morale et de la religion – le décisionnisme schmittien (ou Hobbesien) et le machiavélisme – ne sauraient être la solution requise à ces maux. Car, la politique sacralisée conduit non seulement à sa propre caricature – l'Etat total - de Schmitt ou du Prince qui doit se faire craindre plutôt que de se faire aimer – mais surtout à sa propre asphyxie comme en témoignent le communisme, le stalinisme, le fascisme et le nazisme. Une politique sans âme c'est-à-dire rivée sur l'instantané, l'immanence pure, la ruse, la violence et la rhétorique de l'apparence etc., consomme sa propre extirpation. Pareillement, un illuminisme ou un théologique désincarné, sans prise sur la vie quotidienne et sociopolitique finit par s'effriter complètement. Il doit donc exister un lien inextricable entre la « *vita activa* »[420] et la « *vita contemplativa* »[421], entre le politique et le théologique qui doivent se nourrir et se stimuler mutuellement dans le respect de leur autonomie. Faute de quoi, c'est la mort de l'homme lui-même, l'anéantissement de la civilisation et de la société. Ce qui revient à dire, en clair, à l'encontre de Karl Löwith et de Hans Blumenberg recommandant la séparation entre le politique et le théologique, l'Eglise et l'Etat, que nous revendiquons, à la suite de Charles Péguy leur connexion : « *La politique se moque de la mystique mais c'est encore la mystique qui nourrit la politique même. Car les politiques se rattrapent, croient se rattraper en disant qu'au moins ils sont pratiques et que nous ne le sommes pas. Ici même ils se trompent. Et ils trompent [...]. Ce sont les mystiques qui sont même pratiques et ce sont les politiques qui ne le sont pas. C'est nous qui sommes pratiques, qui faisons quelque chose, c'est eux qui ne le sont pas, qui ne font rien. C'est nous qui amassons et c'est eux qui pillent. C'est nous qui bâtissons, c'est nous qui fondons, et c'est eux qui démolissent. C'est nous qui nous nourrissons et*

420 H. Arendt, *Condition de l'homme moderne*, Paris, 2ème Ed. Calmann Levy, 1983, p. 41.

421 Ibid, p. 362.

c'est eux qui parasitent. C'est nous qui faisons les œuvres et les hommes, les peuples et les races. Et c'est eux qui ruinent. Le peu même qu'ils sont, ils ne le sont que par nous »[422].

3.4. Force[423] de la Mystique

3.4.1. Contre les Vulgates contemporaines ?

Les chapitres premier et deuxième de ce second volume – inséparables des analyses précédentes – ont permis progressivement de dessiller les yeux contre les idéologues de l'insignifiance, de la marginalisation voire de l'éradication de la religion de la sphère sociopolitique, la privatisant au nom même du dogmatisme de la sécularisation et de la souveraineté désormais inaliénable et inébranlable de la raison et de l'Etat. Ils nous aident également à apprécier de façon progressive en quoi l'Etat souverain désormais résolu à puiser suffisamment en lui-même et par lui-même les ressources dont il a besoin pour l'éducation de l'homme à la citoyenneté, se garde, à tout prix – quand il ne le rejette pas – de l'apport de l'Eglise en matière de collaboration pour la sauvegarde du caractère transcendant de la personne humaine, de ses droits fondamentaux et de la construction de la vie commune. Nos démarches, ici, visent davantage à remettre en cause ces vulgates ou suppositions tranchées - « *L'Etat chez lui, l'Eglise chez elle* »[424] - du rapport entre l'Eglise et l'Etat au nom de l'actualité. Laquelle actualité ne cesse de révéler avec écoeurement comment *les "Léviathans"* modernes affranchis du théologique sont non seulement démunis mais surtout se transforment en bourreaux de ceux dont ils ont le premier devoir d'assurer la protection et la sécurité de leur vie.

Mieux, il ne saurait y avoir d'histoire humaine européenne, commune et authentique à bâtir, aujourd'hui sans l'assomption de ce passé pétri par le christianisme. La force ou la perspective d'un futur radieux pour l'humanité - européenne en particulier - et pour ce monde de plus en plus mondialisé, tient dans l'aveu inconditionnel et dans la réappropriation de toute la tradition religieuse pour qu'elle engendre sans cesse du *Neuzeit* c'est-à-dire qu'elle soit protagoniste du nouveau, au sens positif tel que Jean-Marc Ferry le souligne avec force : « *Ma thèse est que la stabilisation d'une identité postnationale requiert les vertus reconstructives d'une éthique de la reconnaissance, et que cette éthique reconstructive rencontre les intuitions morales profondes qui sont*

---

[422] C. Péguy, *Notre Jeunesse*, précédé par *De la raison*, Paris, Gallimard, 1993, p. 149.
[423] Par force, nous entendons tout ce que la mystique peut apporter de positif pour le bien commun.
[424] J-P. Scot, « *L'Etat chez lui, l'Eglise chez elle* », *comprendre la loi de 1905*, Paris, Ed. du Seuil, 2005, p. 5.

archivées dans le potentiel sémantique des religions »[425]. Ferry spécifie d'emblée que par religion il conçoit les *« religions éthiques dont le principe est diamétralement opposé aux tendances bellicistes, manichéennes jusqu'au fanatisme de ces religions politiques qui font maintenant irruption sur la scène internationale »*[426]. Il est donc urgent – et ce contre les partisans de l'extirpation du spirituel en politique – que « *nos intuitions morales et métaphysiques les plus profondes, celles qui prennent éventuellement leurs sources dans les intellections religieuses* »[427] rompent définitivement avec leur claustration ou privatisation pour reconquérir l'espace public qui leur revient de droit. Lequel espace public, que les idéologues ou les charlatans d'un rationalisme exsangue se sont accaparés indûment au nom d'un prétendu *Aufklärung* ou de la Révolution qui érige la Raison en déesse. En d'autres termes, en tant que mémoire vivante, le théologique doit inspirer, former et informer tous les choix politiques et techniques, et ce parce que « *l'accroissement de nos possibilités ne va pas de pair avec un égal développement de notre énergie morale. [(...)] Le véritable, le plus grave danger de notre époque provient justement de ce déséquilibre entre les possibilités techniques et l'énergie morale. (...) La sécurité dont nous avons besoin comme fondement de notre liberté et de notre dignité, (...) peut, précisément, jaillir seulement de la force morale de l'homme (...)* »[428].

3.4.2. Archétype politique chrétien : contre le totalitarisme ? Lecture critique de Jacques Maritain

Face aux totalitarismes nazi et stalinien et à la crise de la civilisation occidentale, il faut faire appel au levain des valeurs évangéliques. En d'autres termes, il importe de retrouver la primauté de la contemplation sur l'action, le rayonnement des vertus surnaturelles sur la surélévation de la culture temporelle. Telle serait la nouvelle chrétienté en tant que résultante de la suprématie du spirituel et le produit d'une surabondance de valeurs contemplatives dans l'ordre de la civilisation à même de contrebalancer les dérives politique du *Neuzeit* en revitalisant la civilisation occidentale. Disons-le clairement, cette nouvelle chrétienté n'est pas un discrédit du profane ou du politique – ce qui ferait du christianisme « *un platonisme pour le peuple* » (Nietzsche). Elle est essentiellement une œuvre de « *sanctification du profane* » dans l'optique catholique de la communion, de la fraternité universelle récusée catégoriquement par les différentes grandes figures du

---

425 -M. Ferry, « *Sur le potentiel critique des religions dans l'espace européen* », in P. Gisel et J-M. Tetas (dir), *Théories de la religion*, Genève, Labor et Fides, 2002, p. 353.
426 Ibid, p. 354.
427 Ibid, p. 354.
428 J. Ratzinger, *L'Europe de Benoît dans la crise des cultures*, Paris, Ed. Parole et Silence, 2007, p. 24-25.

totalitarisme du siècle écoulé et leur *ersatz* actuel avec le libéralisme : « *Considérés dans leurs principes spirituels, l'élan russo-communiste et l'élan germano-raciste sont rigoureusement exclusifs du christianisme comme forme animatrice – à n'importe quel degré – de l'éthique de la communauté temporelle, de la civilisation du droit, des structures politiques et sociales* »[429]. C'est donc la rencontre de l'archétype temporel chrétien avec les tyrannies modernes qui est le soubassement de la pensée politique de Jacques Maritain dans les années 1939 et 1946. Le *crépuscule de la civilisation* (Conférence en 1937) porte sur la « *crise de l'humanité moderne* », les « *grandes forces anti-chrétiennes – communisme, fascisme, national socialisme, etc. – et n'est qu'un appel vibrant mais toujours actuel à bâtir l'humanisme intégral sur la prééminence de l'amour exigée par les impasses du Neuzeit et le dessein impérialiste et guerrier de "L'empire païen"* ».

Ce qui préoccupe Maritain, ce sont moins les institutions démocratiques considérées en elles-mêmes que le programme humaniste intégral qu'elles sont appelées à promouvoir. Réaliste, Jacques Maritain est également conscient que « *le mot démocratie prête à tant de malentendus qu'au point de vue spéculatif il serait sans doute souhaitable de trouver un mot lui-même nouveau. Mais en fait, c'est l'usage des hommes et la conscience commune qui fixent l'emploi des mots dans l'ordre pratique ; et de plus, à vrai dire, le mépris que les partisans de l'absolutisme attachent au mot démocratie suffit de pleine façon à redonner à celui-ci des couleurs fraîches ; contre les étendards de la servitude il est encore assez bon* »[430]. Bien plus, « *une philosophie politique qu'on peut appeler démocratique en ce sens qu'elle est opposée à la dictature et à l'absolutisme est quelque chose de beaucoup plus large que ce qu'on appelle la forme de gouvernement démocratique ou les partis démocratiques. Elle se définit par le fait qu'elle reconnaît les droits inaliénables de la personne humaine et l'appel de la personne comme telle à la vie politique, et qu'elle voit dans les détenteurs de l'autorité les vicaires de la multitude, comme dit Saint Thomas d'Aquin* ». Telle est l'une des thèses fondamentales de l'optique maritainienne c'est-à-dire évangélique de la démocratie – cet ordre moral et culturel – qui constitue un tournant considérable et inédit dans la pensée politique contemporaine contre tous les dérivés ou ramifications des despotismes modernes.

---

[429] J. Maritain, *Questions de conscience*, Essais et allocution, Paris, Desclée de Brouwer, 1938, oc, vol. VI, p. 660.

[430] J. Maritain, *Le crépuscule de la civilisation*, Paris, Ed. Les nouvelles lettres, 1939, oc – vol. VII, p. 43.

a/ L'origine évangélique de la démocratie ?

Aux yeux de Jacques Maritain, la force du théologique réside dans la particularité culturelle et éthique de la démocratie engendrée par la veine évangélique. Selon notre penseur catholique, le régime démocratique relève de ces « *germinations naturellement produites au sein de la conscience profane et temporelle elle-même sous l'activation du ferment chrétien* »[431]. Si les totalitarismes portent en eux-mêmes leurs propres et tragiques incohérences, les démocraties modernes ont également les leurs qui sont la cause fondamentale de leur impasse : « *Dans son principe essentiel cette forme et cet idéal de vie commune qu'on appelle démocratie vient de l'inspiration évangélique et ne peut subsister sans elle : et en vertu de l'aveugle logique des conflits historiques et des mécanismes de la mémoire sociale, qui n'a rien à voir avec la logique de la pensée, on a vu les forces directrices des démocraties modernes renier pendant un siècle l'Evangile et le christianisme, au nom de la liberté humaine, et les forces directrices des couches sociales chrétiennes combattre pendant un siècle les aspirations démocratiques au nom de la religion* »[432]. Ce que vise fondamentalement Maritain au nom de la puissance évangélique pour la vitalité de nos démocraties modernes, c'est une symétrie (harmonie) et une reconnaissance réciproques de *« l'inspiration chrétienne* », « *de l'inspiration démocratique* »[433] et un effort sans cesse renouvelé à « *ramener la démocratie à sa véritable essence et à purifier ses principes* »[434]. Aussi est-il important de ne pas se méprendre sur la démarche de Maritain qui ne veut nullement instaurer un rapport primordial entre la doctrine chrétienne et ce qui appartient à un choix politique. Toutefois « *il faut bien que les énergies de l'Evangile passent dans la vie temporelle des hommes* »[435]. Défendant la thèse de l'essence évangélique de la démocratie[436] – ce qui confirme ici encore la force du religieux – elle (la démocratie) ne peut se passer de l'inspiration c'est-à-dire de « *l'énergie historique en travail dans le monde »* de sorte qu'elle est une *« manifestation temporelle du christianisme* »[437].

Les incidences de la religion chrétienne sur la vie profane sont considérables et protéiformes dont notamment une nouvelle compréhension et représentation de l'autorité dans la *Polis*. « *Les prescriptions de l'autorité*

---

[431] J. Maritain, *Le crépuscule de la civilisation*, Paris, Ed. Les nouvelles lettres, 1939, oc – vol. VII, p. 43.

[432] Ibid, p. 46.

[433] J. Maritain, *Christianisme et démocratie*, New York, Ed. de la Maison française, 1943, o.c. vol VII, p. 697-792.

[434] Ibid, p. 724.

[435] Ibid, o.c. vol VII, p. 179.

[436] Cf. H. Bergson, *Les deux sources de la morale et de la religion*, op. cit., p. 300.

[437] J. Maritain, *Christianisme et démocratie*, op. cit., p. 722.

obligent en conscience parce que l'autorité a sa source en Dieu ; mais du fait même que l'autorité a sa source en Dieu, non dans l'homme, nul homme et nul groupe spécial d'hommes n'a pas lui-même le droit de commander aux autres. Les chefs du peuple reçoivent ce droit du principe créateur et conservateur de la nature par les canaux de la nature elle-même, c'est-à-dire par le consentement ou la volonté du peuple ou du corps de la communauté, en qui l'autorité passe toujours avant d'aller reposer dans les chefs. Et c'est comme vicaires ou représentants de la multitude que les détenteurs de l'autorité dirigent la multitude, et c'est vers le bien commun de la multitude qu'ils doivent la diriger »[438]. Comme tel, le bien des personnes de la cité ou celui de la communauté comme finalité de l'action politique atteste l'affiliation éthique du politique et l'impératif pour celui-ci à se modeler sur le droit naturel : « *Une communauté d'hommes libres ne peut pas vivre si sa base spirituelle n'est pas uniquement le droit* »[439].

b/ Y a-t-il une approche catholique de l'autorité et du pouvoir ?

L'optique chrétienne du machiavélisme telle que nous l'avons analysée plus haut, en appelle à son *"aggiornamento"* bref à sa refonte totale par des valeurs évangéliques. C'est la position de Jacques Maritain qui tout en revendiquant l'autonomie du politique énonce que le gouvernement des hommes ne saurait se réduire à une pratique technique loin de la sphère morale, ni être tempéré par des « *règles purement artistiques* »[440]. La grandeur de la finalité qui définit la politique lui interdit d'être le lieu de la perversité et celui de tous les maléfices. En vérité, la percée de la pensée de Machiavel est d'avoir réussi à instrumentaliser les enjeux moraux voire religieux du politique, se servant « *du bien comme du mal, et [(étant)] prêt à réussir par la vertu comme par le vice* »[441]. Si le bien commun est la finalité qui détermine l'essence même du politique, une seule option est alors convenable, celle de la simplicité et de la bonté de celui qui gouverne : « *Si le but de la politique est le bien commun, le gouvernant ayant à procurer la fin temporelle d'une communauté de personnes humaines et à se garder dans cette tâche de tout manque de clairvoyance et de toute défaillance du vouloir, doit apprendre à être, comme l'enseignait Saint Thomas, un homme bon sous tous les rapports, bonus vir simpliciter. Mais si le but de la politique est le pouvoir, le gouvernant doit apprendre à n'être pas bon, comme dit Machiavel* »[442]. Face au machiavélisme aussi bien modéré – recherche du bien commun, emploi des moyens réalistes

---

[438] J. Maritain, *Christianisme et démocratie*, op. cit., p. 730s.
[439] Ibid, p. 732.
[440] J. Maritain, *L'homme et l'Etat*, op. cit., p. 544.
[441] J. Maritain, *Principes d'une politique humaniste*, New York, Ed. de la Maison française, 1944, oc, vol VIII, p. 317.
[442] Ibid, p. 321.

n'excluant pas du tout la violence, la soif de l'honneur et de puissance – une « *politique chrétienne* » reste le véritable et puissant antidote contre l'abjection moderne de la politique et le cortège de maux et paradoxes qui le minent dangereusement aujourd'hui : course effrénée aux armements avec les dépenses faramineuses qui y sont englouties, chaque jour, tandis que sévissent la précarité, le chômage, la baisse du pouvoir d'achat, la famine dans beaucoup de points de la planète etc.

Ce qui a été dit du décisionnisme chez Carl Schmitt témoigne également de l'autocritique du pouvoir qui ne saurait s'harmoniser avec la perspective chrétienne de l'autorité. Rappelons ici, encore[443] que l'optique schmittienne de l'autorité ou de la politique a pour soubassement la mort, « *l'épreuve décisive* » en tant que critère de l'existence politique vu que le regroupement politique reste en « *toute occasion, le regroupement décisif* »[444]. Or, tout en réaffirmant que toute communauté humaine ne peut se passer d'une autorité (politique) qui la régisse en raison même des tâches qui lui sont dévolues, la perspective chrétienne de l'autorité est aux antipodes de celle de Carl Schmitt. Aux yeux du catholicisme, le politique n'a de sens et de force que si l'autorité politique est la garantie ordonnée et droite de la communauté. En aucun cas, il ne lui appartient de se substituer à la libre activité des individus ou des groupes. A elle revient l'inéluctable devoir de discipliner et d'orienter la communauté, dans le respect et la protection de la liberté des sujets individuels et sociaux, en vue de l'accomplissement du bien commun et le service de leur croissance humaine intégrale : « *Soit à l'intérieur de la communauté comme telle, soit dans les organismes qui représentent l'Etat, doit toujours se déployer dans les limites de l'ordre moral, en vue du bien commun (mais conçu d'une manière dynamique), conformément à un ordre juridique légitimement établi ou à établir. Alors les citoyens sont en conscience tenus à l'obéissance* »[445].

Dans l'optique du catholicisme, seul le peuple dans sa totalité est l'authentique et l'unique titulaire de la souveraineté. Tout en déléguant son exercice à ceux qu'il choisit, sans aucune contrainte, il garde cependant la faculté de la faire valoir par le contrôle de l'action des gouvernants ou représentants. Au peuple souverain revient également l'insigne pouvoir de déposer ceux qui ne s'acquittent pas convenablement de la tâche qui leur est confiée. Toutefois, le consensus populaire n'est pas le critère suffisant pour légitimer les modalités d'exercice de l'autorité politique surtout en matière de question bioéthique. Comme force morale, l'autorité doit s'abstenir de tout décisionnisme du type schmittien et se laisser conduire par la loi morale. Sa dignité véritable découle de son exercice dans la sphère de l'ordre moral

---

[443] Nous renvoyons, ici, à tous nos développements précédents sur le décisionnisme et la souveraineté chez C. Schmitt.

[444] C. Schmitt, *La notion de politique*, op. cit., p. 80.

[445] *Gaudium et Spes*, 74.

« *lequel à son tour repose sur Dieu, son principe et sa fin* »[446]. Nous voici, une fois de plus, en rupture avec le "*silete theologi in munere alieno*" ; en effet, selon l'optique catholique, c'est la référence fondamentale à cet ordre transcendant qui la précède et la fonde, qui fait que l'autorité ne peut plus être considérée comme une force définie par des conditions essentiellement historiques et sociologiques : « *Malheureusement, certaines de ces conceptions ne reconnaissent pas l'existence d'un ordre moral, d'un ordre transcendant, universel, absolu, d'égale valeur pour tous. Il devient ainsi impossible de se rencontrer et de se mettre pleinement d'accord, avec sécurité, à la lumière d'une même loi de justice admise et suivie par tous* »[447]. L'édification de cet ordre n'est envisageable que « *sur Dieu et Lui seul : séparé de Dieu il se désintègre* »[448]. Partant, la force impérative et la normalité morale de l'autorité politique relèvent intrinsèquement de cet ordre et nullement de la volonté de puissance ou du néant tel que Carl Schmitt l'énonce : « (…) *Dans l'instant, la décision se détache des arguments qui la fondent et prend une valeur autonome. [...] Du point de vue du contenu de la norme sous-jacente, ce moment constitutif, spécifique, de la décision est quelque chose de neuf et d'étranger. Considérée d'un point de vue normatif, la décision est née d'un néant* »[449].

3.4.3. Loi Evangélique ou Morale, antidote des tyrannies actuelles ?

A l'encontre de la thèse schmittienne de la mise hors circuit des valeurs chrétiennes dans la gestion des affaires de la cité, l'Eglise prône l'urgence et l'impératif de toujours accueillir et traduire l'ordre transcendant dans les actions concrètes pour la réalisation du bien commun. Contre tout absolutisme, l'autorité est appelée à être le socle même de la reconnaissance, du respect et de la promotion inconditionnelle des valeurs humaines et morales capitales. Congénitales, elles « *découlent de la vérité même de l'être humain (...) expriment et protègent la dignité de la personne : ce sont donc des valeurs qu'aucune personne, aucune majorité, ni aucun Etat ne pourront jamais créer, modifier ou abolir* »[450]. Comme telles, elles ne reposent pas sur la pluralité, la mutabilité et la majorité des opinions mais exigent plutôt d'être reconnues, considérées et promues comme composantes d'une loi morale impersonnelle ; loi naturelle gravée dans le cœur humain en tant que référence normative de la loi civile elle-même[451] contre toute forme actuelle de la tyrannie : « *Lorsqu'une*

---

446 Jean XXIII, *Encycl. « Pacem in terris »,* 15 mai 1961.
447 Jean XXIII, *Encycl. « Mater et Magistra »,* op. cit., N° 449-450.
448 Ibid, p. 450.
449 C. Schmitt, *Théologie politique*, op. cit., p. 42.
450 Jean-Paul II, *Encycl. « Evangelium vitae »*, 25 mars 1995, 71.
451 Ibid, n° 70, « *(...) le relativisme éthique (...) caractérise une grande part de la culture contemporaine. Beaucoup considèrent que ce relativisme est une condition de la*

majorité parlementaire ou sociale décrète la légitimité de la suppression de la vie humaine non encore née, même à certaines conditions, ne prend-elle pas une décision "tyrannique" envers l'être humain le plus faible et sans défense ? (...) En réalité, la démocratie (...) est [fondamentalement] un "système" et comme tel, un instrument et non pas une fin. Son caractère "moral" (...) dépend de la conformité à la loi morale, à laquelle la démocratie doit être soumise comme tout comportement humain : il dépend de la moralité des fins poursuivies et des moyens utilisés »[452]. En clair, la force ou l'affaissement de la démocratie - comme de tout pouvoir en général – tient dans les valeurs qu'elle incarne et promeut, que condensent la dignité de toute personne humaine, la considération inconditionnelle de ses droits inaliénables et intangibles et la reconnaissance du bien commun comme fin et condition de la vie politique.

Edicter des lois en harmonie profonde avec la dignité de la personne humaine et les impératifs de la raison droite est une caractéristique véritable de l'autorité, voire sa raison d'être. C'est le critère même pour que les lois civiles obligent la conscience : « *La loi humaine a raison de loi en tant qu'elle est conforme à la raison droite*[453] *; à ce titre, il est manifeste qu'elle découle de loi éternelle. Mais, dans la mesure où elle s'écarte de la raison, elle est déclarée loi inique et, dès lors, n'a plus raison de loi, elle est plutôt une violence* »[454]. De même poursuit l'Aquinate « *Toute loi portée par les hommes n'a raison de loi que dans la mesure où elle découle de la loi naturelle. Si elle dévie en quelque point de la loi naturelle, ce n'est alors plus une loi mais une corruption de la loi* »[455].

La kyrielle des problèmes – courses aux armements, économisme sauvage, crise financière, paradis fiscaux, délabrement de l'environnement, chômage, précarité alarmante et croissante d'une grande partie de la population mondiale etc. – qui affectent le politique, aujourd'hui, exigent de lui à s'ouvrir. Cette

---

démocratie parce que seul il garantit la tolérance, le respect mutuel des personnes et l'adhésion aux décisions de la majorité, tandis que les normes morales, tenues pour objectives et sources d'obligation, conduiraient à l'autoritarisme et à l'intolérance ».

[452] Jean-Paul II, *Encycl. « Evangelium vitae »*, N° 70.

[453] *Recta Ratio* est une formule qu'on retrouve non seulement chez Saint Augustin et Saint Thomas, mais aussi chez Pufendorf. Il n'y a de Juriste ou philosophe de l'école du droit naturel qui ne l'ait employé. Par *Recta Ratio*, Saint Thomas entend la pensée juste. Idée que *Fides et Ratio* reprend en ces termes : « *Quand la raison réussit à saisir et à formuler les principes premiers et universels de l'être et à faire correctement découler d'eux des conclusions cohérentes d'ordre logique et moral, on peut alors parler d'une raison droite ou, comme l'appelaient les anciens, de orthos logos, recta ratio* », *Foi et Raison*, op. cit., N° 4.

[454] « *Lex humana intantum habet rationem legis, inquantum est secundum rationem rectam : et secundum hoc manifestum est quod a lege aeterna derivatur. Inquantum vero a ratione recedit, sic dicitur lex iniqua : et sic non habet rationem legis, sed magis violentiae cujus dam* ». Thomas d'Aquin, *Summa théologiae*, I-II, q.93, a.3, ad2sum.

[455] Saint Thomas d'Aquin, *Somme théologique*, I-II 93,3.

ouverture du politique a pour finalité de respirer surtout l'oxygène vitalisante que le catholicisme, en particulier, lui propose sans cesse, au nom de l'universalité de la foi et de sa rationalité, mais également au nom de sa capacité de fécondation et de métamorphose de la culture. Pareillement, la collaboration catholique vise à aider la société civile et politique pour qu'elle libère en elle ses plus hautes et puissantes aspirations au grand profit de la *Res publica* : « *Comme la grâce ne vient pas, du dehors, abaisser la nature humaine et la mutiler, mais au contraire la reprendre par l'intérieur afin de l'élever et de la transfigurer, ainsi l'Eglise, messagère de la grâce du Christ. C'est par le dedans qu'elle influe sur l'humanité, et particulièrement sur la société civile. Elle ne vient pas la mettre en tutelle : elle l'ennoblit au contraire, lui inspirant de devenir chrétienne, et par là plus humaine* »[456].

La crise de la vérité qui secoue profondément la culture contemporaine sécularisée en appelle au recours urgent à « *l'énergie motrice* », de « *nature spirituelle* », c'est-à-dire à « *l'alliance de l'homme avec la sagesse éternelle* »[457] scellée dans la rationalité philosophique du christianisme. Ceci présuppose et requiert des valeurs morales et politiques intrinsèques à la foi qu'il faut plus que jamais réhabiliter. En effet, « *Partout où l'homme constate un appel à l'absolu et à la transcendance, il lui est donné d'entrevoir la dimension métaphysique du réel : dans le vrai, dans le beau, dans les valeurs morales, dans la personne d'autrui, dans l'être même, en Dieu. Un grand défi qui se présente à nous au terme de ce millénaire est celui de savoir accomplir le passage, aussi nécessaire qu'urgent, du phénomène au fondement. [...] Une pensée philosophique qui refuserait toute ouverture métaphysique serait donc radicalement inadéquate pour remplir une fonction de médiation dans l'intelligence de la Révélation. [...] Si j'insiste tant sur la composante métaphysique, c'est parce que je suis convaincu que c'est la voie nécessaire pour surmonter la situation de crise qui s'étend actuellement dans de larges secteurs de la philosophie et pour corriger ainsi certains comportements déviants répandus dans notre société* »[458].

En un mot, une authentique restauration contemporaine du politique passe inconditionnellement par les voies d'une alliance avec la Sagesse éternelle, et d'une revitalisation de la puissance médiatrice de l'autorité publique pour le service du bien commun.

---

456 H. de Lubac, *Théologies d'occasion*, Paris, Desclée de Brouwer, 1984, p. 251.

457 Cf. Jean-Paul II, in Gérard Leclerc, *Le Pape et la France*, Paris, Batillat, 1997, p. 175-182.

458 Jean-Paul II, *Encycl. « Foi et Raison »*, op. cit., p.108-109.

« *Toute théologie eschatologique doit donc devenir théologie politique, en tant que théologie critique de la société* »[459].

Notre deuxième chapitre du premier volume – « *Karl Löwith. Providentialisme, sécularisation et eschatologie* » et les analyses précédentes (chap. 3) nous ont préparé à mieux entendre les déterminations propres au catholicisme et ce, loin des lectures idéologiques et réductrices qu'une certaine modernité - particulièrement celle de Karl Löwith - en a fait : « *(...) La théologie néotestamentaire est par essence indifférente à l'histoire politique de ce monde* »[460]. Que le passé non élogieux d'un catholicisme compromis avec la bourgeoisie et désengagé des affaires temporelles ait poussé Karl Marx, Feuerbach, Nietzsche à y voir respectivement une funeste mystification, « *l'opium* », une « *projection* », « *le bonheur illusoire du peuple [(...)] un univers de pure fiction qui fausse, dévalue et nie la réalité* »[461], n'empêche point de reconsidérer à sa juste valeur les implications politiques, sociologiques, économiques, éthiques de l'Eschatologie[462] chrétienne. En d'autres termes, notre démarche en ce dernier chapitre vise à montrer que le christianisme et plus singulièrement le catholicisme n'est pas une insensibilité radicale aux réalités sociopolitiques quotidiennes. Il est d'abord et avant tout une foi liée à Quelqu'un qui est la Vie, à un projet de l'homme et du monde qui se réalise au fur et à mesure que s'accomplit Sa promesse. Ce Dieu intervient et arrache l'homme de toute forme de captivité et de misère.

Face aux critiques de l'*Aufklärung* et de Karl Löwith qui voient dans la doctrine des fins dernières un escamotage, une évasion du réel ou encore la consécration du salut individualiste, il importe de rendre compte de l'espérance chrétienne, c'est-à-dire de se préoccuper des questions liées aux fondements de la foi elle-même en résistant à sa totale privatisation et à l'abstraction du sujet.

---

459 J-B. Metz, *Pour une théologie du monde*, Paris, Ed. du Cerf, 1971, p. 131-132.

460 K. Löwith, *Histoire et salut*, op. cit., p. 233.

461 F. Nietzsche, *l'Antéchrist*, op. cit., p. 58.

462 Par eschatologie, nous entendons la doctrine de ce en quoi il faut espérer, indissociable de la pensée de la *praxis* qui insère le futur espéré au sein des contradictions, des misères présentes. Nous sommes donc loin de la perspective de Feuerbach et de ses émules, d'après laquelle l'eschatologie est l'anthropologie inversée : *« La croyance à l'au-delà n'est rien d'autre que la croyance à la vérité de l'imagination de même que la croyance en Dieu n'est que la croyance en la vérité et l'infinité du sentiment (Gemüt) humain* ». L. Feuerbach, *l'Essence du christianisme*, op. cit., p. 327.

4.1. Les fins dernières génératrices ou vecteurs d'une théologie politique ?

« *Nous sommes bien plutôt confrontés à un problème nouveau et plus radical [(...)] la question de savoir si les "choses dernières" sont en fait les premières et si l'avenir est l'horizon déterminant de l'existence humaine* »[463].

Le discours sur les fins dernières fait appel à une réalité décisive pour l'homme croyant. La fin ultime remet en cause la qualité de son existence et impose une décision responsable. Sa teneur même détermine l'échelle des valeurs et les priorités dans la vie personnelle et sociale. Nous comprenons alors qu'elles ne puissent pas ne pas donner naissance à une théologie politique définie comme la réflexion faite sur la vie commune et les liens interhumains à l'intérieur de la *Polis*. Ceci signifie que l'eschatologie et le politique sont indissociables et se conditionnent l'un l'autre. La fin ultime recherchée par les hommes oriente la voie à suivre ici-bas pour y arriver.

L'eschatologie chrétienne, par la vision linéaire du temps qu'elle suppose est la base, le fondement, le principe directeur et inspirateur du catholicisme. Elle s'oppose à la conception cyclique du temps chez les grecs pour qui il n'y a pas place en vue d'une eschatologie, plus préoccupés qu'ils étaient des choses premières – des "premières causes" (– *archê* –) que des fins dernières *ta eschata*. La réfutation radicale de l'optique cyclique grecque n'est possible que dans le contexte d'une doctrine de la création cohérente. C'est ce qui explique que l'eschatologie chrétienne soit indissociable d'une doctrine appropriée de la création. Partant, elle fait de l'histoire non seulement le lieu de l'action salvifique de Dieu mais aussi celle du domaine de l'agir personnel, c'est-à-dire de l'action créatrice et de la liberté. Les fins dernières acculent l'Eglise dans sa relation à la communauté politique à prendre au sérieux la responsabilité pour la vie sociale en y manifestant sa fonction prophétique face à la sécularisation grandissante de la vie. L'eschatologie n'est en aucun cas une hypothèque à l'engagement sociopolitique, mais, au contraire, elle en est l'indispensable présupposition.

En Jésus de Nazareth, l'ultime a déjà fait irruption, Celui qui est à la fin des temps est déjà arrivé, le mal radical (le péché) a été vaincu. Cependant, ce salut et cette victoire sur le mal ne sont pas encore consommés d'après la dialectique du « *déjà, mais pas encore* » d'Oscar Cullmann. Cette irruption de l'ultime a un caractère temporel. Il y a une tension, entre « *l'eschatologie réalisée* »[464] et sa « *réalité future* »[465]. Cette tension est semblable à celle qui existe entre la semence qui germe déjà dans la terre et la maturité escomptée. D'après les partisans de la nouvelle théologie politique – la théologie de la

---

[463] K. Löwith, *Histoire et salut*, op. cit., p. 251.

[464] Ibid, p. 232.

[465] Ibid, p. 232. Il s'agit dans ces deux expressions de la problématique du « *déjà* » et du « *pas encore* » thématisée par O. Cullmann que Karl Löwith reprend et analyse à sa façon.

libération – le déjà du Royaume est une manifestation concrète de la grâce, lorsque les paumés de la terre prennent conscience de leur dignité et s'engagent sur la voie qui conduit à la satisfaction de leurs droits. L'existence du mal qui avilit ou tue est l'évidence même de ce « *pas encore* ».

En ce « *Dieu fait homme* »[466], la promesse de libération faite aux opprimés, aux pauvres, dans l'Ancienne Alliance a été réalisée. Sa Résurrection garantit l'authenticité du serment selon lequel celui qui a été exécuté arbitrairement par les hommes est L'Innocent du Dieu vivant. Cette présence de « *l'eschatologie réalisée* » – le déjà eschatologique – dans la libération des pauvres ne se dévoile que grâce à l'Esprit Saint. Le « *pas encore* » en tant que péché qui élimine la vie humaine ou l'aliène questionne la situation présente. La « *réserve eschatologique* »[467] qui est le socle de l'engagement des chrétiens dans la transformation du monde n'atténue en rien les médiations sociopolitiques. Les opprimés sont la visibilité de l'inconditionnalité du « *non* » de Dieu à un monde inique. Leur affranchissement est la « *réserve eschatologique* » à partir de laquelle il faut apprécier la solidité de la particularité transitoire et de la valeur de toute institution sociale. Dans cette perspective, les processus historiques forment le creuset où s'articulent le « *déjà* » et le « *pas encore* » du salut. Ce qui laisse voir qu'il n'est donc pas question de deux histoires, encore moins de deux royaumes parce qu'en vérité, il n'y a qu'une seule histoire dont le Christ est le Terme : « *Je suis L'Alpha et L'Oméga, le Premier et le Dernier, le Principe et la Fin* »[468]. Ceci est l'opposé de la thèse de Karl Löwith qui défend l'idée que « *l'histoire n'a pas de résultat ultime* »[469]. C'est bel et bien l'histoire réelle et quotidienne des hommes qui est le lieu de notre rencontre véritable avec le Christ : « *En vérité, je vous le dis, dans la mesure où vous l'avez fait à l'un de ces plus petits de mes frères, c'est à moi que vous l'avez fait* »[470]. La sollicitude envers les démunis, leur délivrance de toute sujétion constituent le « *déjà* » eschatologique tandis que l'iniquité – le péché – qui détruit les hommes témoigne du « *pas encore* » et en appelle de façon urgente à la conversion. Ainsi, le salut ou le royaume de Dieu est décisif pour le catholicisme et ne saurait relever d'une déraison ou d'une démesure : « *Qui ne serait prêt à considérer la conception antique comme sereine et sage, alors que la foi judéo-chrétienne, qui élève l'espérance au rang de vertu et de devoir religieux semble tout aussi folle et démesurée* »[471].

---

[466] K. Löwith, *Histoire et salut*, op. cit., p. 25.

[467] Le concept de « *réserve eschatologique* » renvoie aux promesses eschatologiques en lien avec le présent historique. Celles-ci ne sont ni la négation, ni l'identification au présent historique mais entretiennent une relation critico-dialectique avec lui.

[468] Ap 22,13.

[469] K. Löwith, *Histoire et salut*, op. cit., p. 237.

[470] Mt 25,40.

[471] K. Löwith, *Histoire et salut*, op. cit., p. 252.

« *Incarnation de la cité de Dieu* »[472], communauté historique et signe d'unité pour le genre humain, l'Eglise dans sa relation à l'Etat est l'anticipation historique des fins dernières. Si sa mission est « *la sauvegarde du caractère transcendant de la personne humaine* »[473] elle ne peut l'accomplir que dans la mesure où elle maintient vivante sa portée significative. A l'encontre de toute prétendue neutralité ou échappatoires spiritualistes, la théologie qu'elle déploie doit faire œuvre critique par la démythologisation continuelle des communautés politiques dans lesquelles elle-même vit et par la dé-privatisation de la foi. Par ailleurs, si le politique ne se limite pas seulement à l'Etat mais englobe tous les liens sociaux et le bien commun, il s'agit donc pour la foi chrétienne de s'interroger sur le sort de ceux qui sont marginalisés et privés de l'accès au bien commun, comme objet et fin du politique. Car, si l'homme est naturellement un animal politique, d'une certaine manière, il est la communauté ; et le bien commun est son bien propre, parce que c'est en existant politiquement que chaque individu commence à exister réellement comme être humain. Le bien commun postule l'universalité de l'homme, au point que non seulement les exclus de l'histoire ne peuvent se réaliser véritablement que dans l'ouverture à une communauté particulière, mais encore cette communauté ne peut accomplir leur propre bien qu'en s'ouvrant à toutes les autres communautés : « *Il y a naturellement une fin dernière unique pour tous les hommes* »[474]. Pareillement, si la société est ordonnée à la fin propre de l'individu et si l'individu est à la communauté sociale comme la partie est au tout, toute théologie des fins dernières qui occulte ou ne prend pas en considération la sociabilité et la réalisation de l'homme dans la communauté politique ne peut être qu'une funeste idéologie : « *On trouve dans l'homme une inclination vers le bien conforme à sa nature d'être raisonnable, qui lui est propre. Ainsi a-t-il une inclination naturelle à connaître la vérité sur Dieu et à vivre en société* »[475]. Partant, il revient à l'Eglise de s'opposer à tout ce qui empêche l'homme de se réaliser ici-bas, dans sa relation avec l'autre homme et avec Dieu.

Les fins dernières dont elle est messagère doivent commander et mobiliser constamment une présentation de cet « *ordre des choses qui se présente sous deux aspects* »[476] en mettant toujours en relief en quoi et pourquoi « *tous les êtres qui viennent de Dieu sont ordonnés entre eux et à Dieu* »[477]. A l'Eglise

---

[472] E. Gilson, *Les métamorphoses de la cité de Dieu*, Paris, Vrin, 2005, p. 70.

[473] GS N° 76 §3.

[474] Saint Thomas d'Aquin.1a 2ae, q.100, a.1, ad54m.

[475] Saint Thomas d'Aquin, 1a2ae, p.94 : *Inest homini inclinatio ad bonum secundum naturam rationis, quae est sibi propria : sicut humo habet naturalem inclinationem ad hoc quod veritatem cognoscat de Deo et ad hoc quod in societate vivat.*

[476] Ibid, 1a, q.21, a.1, ad3um : *Est duplex ordo considerendum in rebus.*

[477] Ibid, 1a, q47, a3 : *Quaecum que sunt a Deo Ordinem habent ad invicem et ad ipsum Deum.*

revient la charge de rappeler que de cette double ordination la première est immanente au monde, et fait que ce monde est un monde réel, c'est-à-dire qui a sa vraie consistance ; la seconde inclut une dimension transcendante qu'aucune communauté politique ne saurait évacuer sans s'autodétruire. Il existe donc deux biens différents que l'Eglise et l'Etat, chacun dans son ordre et dans la complémentarité sont appelés à rechercher et à promouvoir ici-bas. Ces deux biens dissemblables ne s'opposent pas, mais s'articulent ensemble en se rendant possibles réciproquement : le bien *in ipsis rebus existens* (existant dans les choses mêmes) et le bien *a rebus separatum* (extérieur aux choses). Le premier bien renvoie à la perfection du monde ordonné et unifié et le second est constitué par la référence de ce monde à Dieu qui est la fin et le bien, objectifs extrinsèques au monde[478].

Face à de fausses conceptions ou altérations des fins dernières, il s'agit d'affirmer que le monde créé a dans son ensemble non seulement une épaisseur mais également une valeur de médiation. En d'autres termes, l'ordre qui unifie la créature et Dieu transite par celui qui unit le monde. De ces considérations centrales, il en ressort la possibilité et la nécessité d'une politique et d'une science politique, et ce, en vertu même du *bonum in ipsis rebus existens* (ce bien existant dans les choses elles-mêmes) qu'on ne peut dévaloriser sans attenter à l'existence politique même de l'homme. Celui-ci ne peut vivre réellement sans reprendre en lui cette sphère qui n'est pas purement rationnelle. La raison qui détermine l'homme ne peut se poser *illico* et en elle-même. Il lui est indispensable de sortir d'elle-même (exode) pour aller à cette sphère qui est initialement autre, le politique, et se fixer à l'intérieur de cette altérité. Devant les fins dernières, l'homme ne peut donc se poser dans son essence. Son humanité véritable ne peut advenir qu'en défiant et en assumant l'altérité d'autrui, celle du monde et celle de Dieu. « *Mais la béatitude parfaite de l'homme consiste dans la vision de l'essence divine, et cette vision surpasse non seulement les forces de l'homme, mais encore celles de toute créature* »[479]. Si cette contemplation des choses divines oriente toute l'existence humaine du croyant (contre Löwith) étant donné qu'elle est la fin de toute activité et de toute vie humaine, elle commence, cependant, ici-bas si imparfaite soit-elle, « *pour continuer dans la vie future. Aristote a placé la félicité dernière de l'homme dans la contemplation du meilleur des intelligibles* »[480]. De telles vérités constituent une fois de plus, une remise en cause profonde de la perspective löwithienne selon laquelle « *pour être cependant conséquente, la confiance dans la "continuité" de l'histoire doit revenir à la théorie classique d'un mouvement circulaire (...* »[481]. Elles illustrent également, à merveille, que

---

[478] Saint Thomas d'Aquin.1a, q.22, a4, q.103, a.2.

[479] Saint Thomas d'Aquin, *Pages choisies*, Paris, Gallimard, 1939, p. 66.

[480] Ibid, p. 105.

[481] K. Löwith, *Histoire et salut*, op. cit., p. 255.

la proclamation eschatologique du règne de Dieu qui est au cœur de la théologie néotestamentaire n'est point imperméable « *à l'histoire politique de ce monde* »[482].

L'eschatologie est donc présente et opérationnelle dans l'histoire ; même si sa pleine réalisation est attendue. Vu qu'elle a des répercussions sur le présent, que le Royaume de Dieu se tisse déjà sur la trame sociopolitique, que la foi chrétienne intègre la justice, l'amour et la réconciliation entre les hommes, il ne saurait y avoir donc une théologie cohérente des fins dernières pour l'homme d'aujourd'hui sans cette dimension politique. Non pas qu'il faudrait confondre foi et politique mais distinguer et unir pour le bien de l'homme. La liberté, l'autonomie et l'émancipation qui constituent la quête passionnée de l'homme moderne doivent être au cœur du théologique et du politique qui tous deux se postulent réciproquement interdisant tout réductionnisme. Il est évident que la réalisation de ces nobles aspirations peut être le lieu d'une anticipation du salut eschatologique. Afin d'être véridique cet accomplissement se doit d'être solidaire de tous et réservé à tous en vertu de la révélation biblique de ce Dieu manifestée en Jésus de Nazareth qui n'a jamais cessé de prendre parti pour ceux qui ne comptent pour rien dans la société.

4.2. L'Eglise, visibilité et célébration de l'espérance libératrice ?

En tant que réalité politique, l'Eglise est aussi celle qui célèbre et transmet le souvenir subversif de la passion - mort et résurrection du Christ. Cette mémoire célébrée, anticipe plutôt sur l'avenir, comme avenir de liberté des gens opprimés, c'est-à-dire privés d'espérance. Elle talonne le présent en le contestant sans cesse et en invitant les chrétiens eux-mêmes à se convertir pour rendre justice à cet avenir là. Un tel souvenir implique que l'histoire ne peut se réduire à un simple jaillissement des intérêts de l'époque. Elle mobilise la tradition comme puissance libératrice et est la contestation de l'existence unidimensionnelle. Dans cette perspective, la Doctrine sociale de l'Eglise se doit d'être le condensé de cette mémoire subversive c'est-à-dire libératrice et rédemptrice de Jésus-Christ dans nos sociétés actuelles.

Mémoire concrète de la liberté de Jésus dans le contexte de nos cités sécularisées, l'Eglise par sa liturgie est le lieu de la célébration de l'histoire rédemptrice et eschatologique obtenue par cette Passion - mort et résurrection du Christ. Cette mémoire n'est nullement anéantie par « *l'âge adulte* » (Auguste Comte) préconisé par le positivisme où l'esprit humain admet l'impossibilité d'atteindre des notions absolues préférant se limiter à l'observation des phénomènes. Elle n'est pas non plus mise à mal par la lutte des classes ou par les combats révolutionnaires en vue de la libération et de ses exaltations. Au contraire, elle est le lieu même de l'appel à la liberté

[482] K. Löwith, *Histoire et salut*, op. cit., p. 233.

responsable tout en lui imposant une limite : « *Tout est à vous, mais vous êtes au Christ et le Christ est à Dieu* »[483]. Comme telle, l'Eglise est appelée à être une mémoire affranchissante qui délivre de toute absolutisation des pouvoirs politiques et cosmiques.

Gardienne de la « *réserve eschatologique* » il revient, de droit, à l'Eglise d'y puiser son énergie critique à l'encontre de tous les totalitarismes et de toutes les idéologies qui ne promeuvent qu'un affranchissement terrestre et partiel de l'homme. C'est dire que chaque fois que l'aventure de la liberté se réalise déconnectée du souvenir de cette réserve eschatologique, elle conduit implacablement à l'avènement d'un sujet intramondain dont la passion est l'assujettissement totalitaire de l'homme par l'homme, comme nous l'avons relevé dans le troisième chapitre de nos analyses précédentes sur le Nazisme et le Stalinisme. La crédibilité actuelle de l'Eglise dans une société marquée par la sécularisation et le laïcisme doit reposer sur une liberté affranchie, qui montre sa force et sa cohérence dans l'expansion d'une liberté critique de la société (la *Polis*).

L'attestation diversifiée de cette liberté émancipée selon les différents champs sociaux passe par le travail de la réhabilitation des libertés étouffées et par le combat audacieux contre les injustices ou misères sociales. C'est à ce niveau que se manifestent nettement les interactions de cette attestation de liberté avec les données politiques. C'est de la trahison et de la mauvaise foi que de prétexter de l'opacité intrinsèque des faits politiques pour légitimer toute absence d'engagements ecclésiaux en rationalisant, à tout prix, l'inaction de l'Eglise. Au nom même de la mémoire subversive dont elle est la grande dépositaire et la célébrante, l'Eglise est conviée vivement à en finir avec son apolitisme qui, en vérité, ne peut être qu'une caution fourbe du *statu quo* politique sans compassion envers ceux qui sont opprimés, tyrannisés. Sa liberté ne peut se limiter à une simple critique intellectuelle de la société ou à des dénonciations des excès du pouvoir en place.

Au nom du dynamisme de l'Eschatologie elle ne peut se laisser emprisonner par le dilemme entre la contemplation (Prière) et la *praxis* mais les harmoniser dans l'assurance que dans la prière elle puise l'énergie requise pour le renoncement, l'oubli de soi que requiert une authentique *praxis* d'émancipation au profit des exploités, des marginalisés. Car, dans la *praxis*, la prière est délestée de la suspicion d'être un pur narcotique – « *opium du peuple* » - ; une phraséologie décousue où l'évocation même du nom de Dieu ne joue qu'un rôle soporifique dans cette « *vallée de larmes* » où disparaît l'espoir humain de liberté. C'est pourquoi, la mission actuelle de l'Eglise ne saurait se réduire à la célébration cultuelle si fondamentale, si spécifique et si prioritaire soit-elle dans sa charge : ce serait privatiser la foi – véritable trahison du Message évangélique – comme l'a vécu historiquement une

[483] 1Col 3,23.

certaine bourgeoisie éclairée ! L'espérance chrétienne requiert une spiritualité créatrice qui advient et grandit réellement dans la souffrance solidaire, émancipatrice et rédemptrice des autres. Cette liberté authentique et indissociable est celle qui répond, avec humilité et esprit de service, de ceux qui n'ont d'autres forces que la force de l'amour, et comme unique appui, la mémoire subversive de l'espérance de liberté, nullement honorée. En vertu de l'Eschatologie chrétienne qu'elle actualise dans sa liturgie « *L'Eglise devrait être l'intérêt institutionnalisé devenu autorité de cette liberté, elle devrait représenter cet intérêt – à temps et à contre temps – face aux menaces et aux catastrophes radicales qui se dessinent au sein même de l'histoire de la liberté* »[484]. C'est dans l'histoire quotidienne, sur les pas de la détresse d'autrui, au nom de l'amour qu'il est possible et crédible de rendre pertinente aujourd'hui la portée politico-révolutionnaire de l'espérance chrétienne dont le Ressuscité est le socle. C'est à cette condition, que la visibilité de l'Eglise est et sera et réellement l'attestation de l'invisibilité de l'Eglise de l'Esprit du Ressuscité.

4.3. Le Ressuscité de Pâques : le sujet eschatologique et définitif de l'histoire ?

La doctrine chrétienne de la fin ultime n'est pas féerie, encore moins un avenir souverain hostile à l'histoire mais plutôt un futur historique universalisé c'est-à-dire personnel et collectif, généralisé à tous les hommes particulièrement à ceux qui sont broyés par la souffrance. Née de l'expérience de Pâques, l'eschatologie chrétienne accomplit les promesses vétérotestamentaires en Jésus-Christ et préfigure le propre devenir humain. Le fait historique de la résurrection du Christ est la réponse supranaturelle, extra-ordinaire à la question fondamentale de Kant : « *Que m'est-il permis d'espérer* »[485] et manifeste les desseins de Dieu sur l'humanité, lui ouvrant un avenir de vie et de résurrection, c'est-à-dire de triomphe sur la souffrance et la mort. A l'opposé de la philosophie de l'histoire qui localise la fin de l'histoire à l'intérieur de l'histoire (Marxisme, hégélianisme), la christologie eschatologique est l'attestation que l'histoire s'achemine vers le futur de Dieu qui est la Nouveauté par excellence en Jésus-Ressuscité. « *(...) Le royaume de Dieu constitue le terme final que le mouvement de l'histoire prépare et auquel il aboutit, et vers lequel convergent d'une part l'histoire de l'Eglise et du monde spirituel, et d'autre part l'histoire du monde profane et de la cité politique* »[486]. A la communauté chrétienne, à qui est transmise cette promesse eschatologique et qui en vit, revient la lourde et irremplaçable tâche de la traduire concrètement pour elle-même et pour toute l'humanité. Nous voici

---

[484] J-B. Metz, *La foi dans l'histoire et dans la société*, op. cit., p. 115.
[485] E. Kant, *Critique de la raison pure*, Paris, Alcan, 1909, p. 625.
[486] J. Maritain, *Humanisme intégral*, op. cit., p. 112.

donc loin de la privatisation de la foi chrétienne telle que Karl Löwith l'envisage : « *Dans le christianisme, l'histoire du salut concerne le salut de chaque âme quelle que soit l'appartenance raciale, sociale ou politique* »[487]. N'étant pas elle-même la Rédemption du Monde mais étant à son service, la doctrine de l'Eglise ne peut se réduire à de la simple spéculation ou à une sotériologie spéculative devant la réalité et la globalisation de la misère. Pour éviter de faire de Jésus-Christ un être mythologique et cynique, c'est-à-dire anhistorique qui survole la vie de tant de personnes anéanties par la souffrance, l'Eglise doit revitaliser politiquement l'espérance chrétienne en assumant la responsabilité de l'avenir de l'humanité, et ce, en honorant toute sa charge critique, créative et non seulement herméneutique.

L'eschatologie dont le sujet est le Christ Lui-même n'est pas une question relevant seulement de la christologie et de la sotériologie mais indissociablement une question anthropologique c'est-à-dire sociopolitique. L'histoire du salut reste cette histoire du monde où il est permis de discerner une signification profonde de l'existence humaine marquée par la mort, laquelle n'est pas anéantie par l'histoire à venir. Ni le marxisme qui fait du prolétariat le sens et le sujet de l'histoire, ni l'utopie positiviste, encore moins le nazisme ne peuvent réellement et durablement assumer la mutation de vie politique qu'impose l'avenir de la liberté. C'est pourquoi, selon l'herméneutique chrétienne, Dieu reste le Sujet et le Sens de l'histoire entière, l'*Alpha* et l'*Oméga* de la destinée humaine. En Lui, et par Lui, la portée de l'avenir de l'homme et celui de la création est sous « *la réserve eschatologique* ». Forte de cette *« réserve eschatologique »*, il est du ressort de l'Eglise dans sa relation au politique d'expliciter et d'accroître les exigences publiques et sociales du message chrétien. Elle ne doit donc pas esquiver les problèmes posés et les défis lancés par Karl Löwith sur l'apolitisme du message néotestamentaire ou ceux de l'*Aufklärung* et du marxisme comme il en a été pour une certaine théologie métaphysique abstraite ; mais il lui revient d'affronter, de façon critique, ces bravades en prenant en charge l'élaboration et la promotion d'une théologie politique dynamique, c'est-à-dire sans cesse créative qui établit, de façon continue, une nouvelle relation entre la théorie et la *praxis*.

Les assurances eschatologiques du message chrétien qui se déclinent en liberté, réconciliation, paix, justice, fraternité, etc. ont une portée éminemment publique, à valoriser dans sa charge critique et libératrice vis-à-vis du processus historico-social : « *Le salut auquel se rapporte en espérance la foi chrétienne, n'est pas un salut d'ordre "privé". La proclamation de ce salut amena Jésus à un conflit sanglant avec les pouvoirs publics de son temps. Sa croix ne se dresse pas dans la région la plus retirée du domaine individuel et personnel, ni dans le Saint des Saints d'un sanctuaire purement religieux : elle*

---

[487] K. Löwith, *Histoire et salut*, op. cit., p. 242.

est par-delà le seuil d'un secteur privé jalousement gardé ou d'une pure vie religieuse bien protégée. Elle se trouve "dehors". (...) Le scandale de ce salut, comme sa promesse, sont publics »[488]. Il s'agit, alors, de retrouver et d'enraciner l'efficacité sociale de la Parole de Celui qui demeure le sujet eschatologique de l'histoire des hommes et celui du monde. Il ne saurait donc exister une eschatologie pertinente c'est-à-dire crédible pour l'homme contemporain que par l'engagement radical pour la libération intégrale de l'homme dans la réalité même de son existence en ce monde : « *Il y a pour la communauté chrétienne, à une époque comme la nôtre, deux périls inverses : le péril de ne chercher la sainteté qu'au désert, et le péril d'oublier la nécessité du désert pour la sainteté, le péril de resserrer uniquement dans le cloître de la vie intérieure et des vertus privées l'héroïsme qu'elle doit dispenser au monde, et le péril de concevoir cet héroïsme quand il déborde sur la vie sociale et s'applique à la transformer, à la façon de ses adversaires matérialistes et sur un type tout extérieur, ce qui est le pervertir et le dissiper. L'héroïsme chrétien (...) procède du cœur d'un Dieu flagellé et tourné en dérision, crucifié hors des portes de la ville* »[489]. La libération et le salut doivent cheminer en cette vie et en l'autre.

4.4. La portée eschatologique et sociopolitique de l'Eucharistie[490] ?

Condensation du temps et de l'éternité sous les signes du pain et du vin qui, sanctifiés par l'Esprit Saint, sont pour la divinisation de l'homme, l'Eucharistie – *Christus cibus viatorum* - reste le mystère de la foi, le cœur du Catholicisme, lequel soutient indissociablement pour l'homme une fin transcendante et pour l'humanité une destinée unanime. De cet avenir toute l'histoire du monde est la propédeutique. En elle-même, l'action eucharistique, par son caractère personnel et social – l'Eglise qui la célèbre et son caractère historique (accomplissement du temps) – est l'actualisation de la rédemption

---

[488] J-B. Metz, *Pour une théologie du monde* (1968), op. cit., p. 131-132.

[489] J. Maritain, *Humanisme intégral*, op. cit., p. 133.

[490] Nous parlons surtout, ici, des implications sociales et politiques de l'Eucharistie – *Deus latens* (Saint Thomas d'Aquin) – en tant que dogme central du catholicisme, le *mysterium fidei* « *au centre de la foi catholique, au cœur de l'obscurité où Dieu lui-même a voulu se plonger afin d'y être plus ardemment cherché* ». X. Tilliette, *Philosophies eucharistiques de Descartes à Blondel*, Paris, Ed. du Cerf, 2006, p. 29. C'est Elle qui fait la communauté ecclésiale authentique, « *le centre, le foyer d'un rayonnement qui, outre le rassemblement visible des fidèles, prend son origine dans l'institution et le don, et par conséquent transcende infiniment l'assemblée et le prêtre qui la préside, sans lequel pourtant celle-ci n'est qu'une réunion paroissiale* ». Ibid, p. 163. Par conséquent « *tout effort de la réflexion théologique et a fortiori philosophique doit s'employer à mettre en lumière le mystère, mais en le respectant, en sauvegardant son caractère surnaturel, absolument surnaturel* ». Ibid, p. 163.

que Dieu offre au genre humain vivant et croissant dans le temps. Le récit de ce salut ne peut être compris que sous la figure de l'histoire de l'incursion de l'humanité par le Christ[491]. En tant que connexion de l'immanence et de la transcendance, du présent et de l'avenir, l'Eucharistie est l'antithèse par excellence du cours du temps cyclique des grecs qui n'est qu'un devenir sans substance, où rien ne se produit étant donné que tout y passe. Perpétuation du Golgotha et de la Résurrection, elle fait de la durée une réalité ontologique et féconde disqualifiant le devenir comme une chaîne circulaire de générations et de corruptions et conférant à l'existence humaine – celle du chrétien notamment – un sens, c'est-à-dire une direction et une signification : « *Le Golgotha et la Résurrection qui sont les événements décisifs de l'histoire du salut, apportent à celui qui croit au jour du Seigneur la certitude de l'avenir ultime* »[492].

Comme repas, elle livre la présence réelle du Christ, *hic et nunc*, et le fait dans les signes qui ouvrent sur une fin des temps où ce qui est retenu par l'amour, dans le respect inouï du cours historique du monde, sera eschatologiquement dévoilé. De par sa nature nutritive, elle fait de la foi une attente active et féconde où tous les repas qu'elle prend sont des viatiques d'espérance « *jusqu'à ce qu'Il vienne* ». Indissociable du mystère du Christ, l'Eucharistie ouvre tout grand sur l'Eschatologie. Elle requiert une conception du monde dans laquelle la présence du Christ imprègne progressivement l'histoire et le Cosmos. Comme *sacramentum*, elle est la préfiguration et l'annonce de la Parousie. Son intelligibilité véritable se trouve dans les « *cieux nouveaux* » et dans « *la terre nouvelle* » qu'elle réalise, proclame et réserve pour l'avenir. Mémoire d'un passé toujours vivant et dynamique, elle est, ici et maintenant, prémices d'un avenir cosmique complètement renouvelé. En tant qu'actualisation de la *memoria passionis* inséparable de la *memoria resurrectionis* et de l'attente glorieuse du Christ à la fin des Temps, elle ne peut être célébrée de façon pertinente que si elle est indissociablement mobilisation et engagement sociaux à donner du pain - de la liberté, de la dignité, de la vie, de la Justice, - à ceux qui en sont privés, où qu'ils se trouvent, quels qu'ils soient. « *Sacramentum unitatis ecclesiasticae* »[493], le mystère eucharistique est l'attestation par excellence de l'amour oblatif du Christ qui se donne en nourriture pour unir les hommes en Lui ; construire la fraternité, afin que, conséquemment, les hommes soient unis entre eux.

---

[491] Saint Augustin, *De vera religione*, c.7, N° 13 : « *Hujus religionis sectandae caput est historia et prophetia dispensationis temporalis divinae Providentia, pro salute generis humani in aeternam vitam reformandi atque reparandi* ».

[492] K. Löwith, *Histoire et salut*, op. cit., p. 232.

[493] H. de Lubac, *Catholicisme, les aspects sociaux du dogme*, op. cit., p. 63.

Présence réelle du Christ – *Mysterium fidei* – et par son aspect social[494], l'Eucharistie n'est pas une évasion du monde, ou une absorption de notre humanité. Au contraire, elle assume intégralement la condition humaine (sauf le péché) en étant le signe efficace du travail humain accompli pleinement. C'est bel et bien ce que signifie la *« transsubstantiation »*, c'est-à-dire la transformation de la substance du pain et du vin en la substance du corps et du sang du Christ. Ici, le Christ ne vient pas remplacer ni ôter notre humanité. Le respect de notre dignité humaine lui interdit toute opération de substitution et ce, parce que la foi n'est pas une aliénation (Marx, Nietzsche, Feuerbach, Freud) mais une divinisation de l'homme concret. Jésus ne vient pas remplacer le pain et le vin, mais le pain et le vin en eux-mêmes deviennent tout autre. Partant, le monde de notre vie éternelle – l'*Eschaton* – n'est autre chose que le monde tout court mais qui devient autre. Le monde ici-bas (le pain) n'est pas déprécié par l'au-delà. Mais plutôt l'au-delà rend autre l'ici-bas (pain et vin) pour qu'ils soient vraiment le sacrement de la communauté humaine à édifier. Le signe par excellence de l'union véritable à Jésus-Eucharistie est l'union fraternelle et réelle des hommes entre eux. A un monde si gavé de biens matériels, de pouvoir et de succès technologiques, mais déficient en amour et en solidarité - tellement indécis du sens ultime de l'homme et de son destin - l'Eucharistie, comme Parole de Dieu devenue Nourriture, offre l'amour et un sens. En Elle, par Elle, la solidarité humaine trouve son seul socle permanent dans la filiation divine, et dans notre commune et solidaire fraternité.

Or, pendant longtemps, dans l'Eglise catholique, la dimension politique de l'Eucharistie a été négligée. Une foule de raisons philosophiques, théologiques, culturelles et historiques ont occulté cette compréhension extrêmement organique et sociale de la foi en Jésus-Eucharistie. L'accent a été longtemps porté sur la relation verticale entre Dieu et l'individu : « *D'une façon générale, il [le monde chrétien des temps modernes] a enfermé la vérité et la vie divine dans une partie limitée de son existence, - dans les choses du culte et de la religion et, du moins chez les meilleurs, dans les choses de la vie intérieure. Les choses de la vie sociale, de la vie économique et politique, il les a abandonnées à leur propre loi charnelle, soustraites à la lumière du Christ* »[495]. Ce qui n'a pas manqué d'avoir des incidences énormes sur la manière même de concevoir les principaux dogmes et les sacrements de l'Eglise. Une telle situation a conduit à séparer l'enseignement théologique (eucharistique) de sa doctrine sociale, d'où la fracture entre le service de la foi et la promotion de la justice. Les retombées de ce divorce, dénoncées par Löwith et Blumenberg, ont fait l'objet du premier volume de nos analyses.

---

[494] « *La véritable piété eucharistique n'est donc pas un individualisme dévot* », H. de Lubac, *Catholicisme, les aspects sociaux du dogme*, op. cit., p. 81.

[495] J. Maritain, *Humanisme intégral*, op. cit., p. 51.

Cependant, la vigueur et la pertinence des analyses de certains penseurs chrétiens ont permis de revenir à une perspective plus authentique et plus ample de l'Eucharistie permettant de spécifier sa dimension sociopolitique qui forme la quintessence même du catholicisme : « *On nous reproche d'être des individualistes, même malgré nous, par la logique de notre foi, alors que, en réalité, le catholicisme est essentiellement social. Social, au sens le plus profond du terme : non pas seulement pour ses applications dans le domaine des institutions naturelles mais d'abord en lui-même, en son centre le plus mystérieux, dans l'essence de sa dogmatique* »[496]. Cela signifie que l'action en faveur de la justice et de la coopération à la transformation du monde sont une dimension constitutive non seulement de la prédication évangélique mais surtout de la fraction du pain comme dimension fondamentale d'une vraie communauté chrétienne. Puissance unitive célébrée, ici-bas, « *le gage de la gloire à venir* »[497], elle est la preuve, par excellence, que pour accéder à l'éternité, il faut absolument s'appuyer sur le temps et travailler en lui. En elle même, elle est la délivrance des croyants du temps par le temps : *propter te factus est temporalis, ut fias aeternus*[498]. Authentique « *coin du ciel qui s'ouvre sur la terre* »[499] elle reste ce rayon de la gloire céleste qui dans l'herméneutique chrétienne pénètre les tourbillons de notre pèlerinage terrestre en éclairant et en soutenant le chemin des croyants.

Forts de cette signification politico-eschatologique de l'Eucharistie, il revient aux chrétiens d'éviter d'en faire « *une doctrine individualiste d'évasion* »[500] en s'impliquant plutôt davantage dans la construction de la paix ici-bas, dans la promotion de la justice et de la solidarité ainsi que dans la défense inconditionnelle de la vie humaine de sa conception jusqu'à sa fin naturelle : « *C'est dans ce monde que doit jaillir de nouveau l'espérance chrétienne* »[501]. Une telle perspective est contraire aux thèses de Karl Löwith selon lequel « *le message du Nouveau Testament n'est pas un appel à l'action dans l'histoire mais au repentir*»[502]. Pareillement, la dimension eschatologique du message néotestamentaire n'est aucunement « *un mythe inessentiel pour nous qui interprétons le sens du message néotestamentaire de façon existentielle (Bultmann) ou symbolique (Dodd)* »[503]. Au contraire, dans le

---

[496] H. de Lubac, *Le catholicisme*, Paris, Ed. du Cerf, 1965, p. 9.

[497] *Sacrosantum Concilium*, désormais S C, N° 47.

[498] Saint Augustin, in *I Io., tr. 2, n.10,* (P.L.35, 1994). Voir aussi Augustin, in *JO, tr. 31, n.5* « *Ubi vernit plenitudo temporis, venit et ille qui nos liberaret a tempore* » (P.L 35, 1638).

[499] Jean-Paul II, *Encycl. « Ecclesia de Eucharistia »,* 17 avril 2003, N° 19.

[500] H. de Lubac, *Catholicisme, les aspects sociaux du dogme*, Paris, Ed. du Cerf, 1952, 5ème édition, p. 107.

[501] Jean-Paul II, *Encycl. « Ecclesia de Eucharistia »*, op. cit., N° 40.

[502] K. Löwith, *Histoire et salut*, op. cit., p. 243.

[503] Ibid, p. 252.

catholicisme, elle n'abolit[504] pas l'histoire, mais la jugeant, elle la couronne. Car, si la vraie finalité du monde est de devenir dans la Résurrection du Christ - que rend présente l'Eucharistie - le Corps du Christ tel que la Parousie le manifestera au grand jour, cette finalité ultime ne saurait remettre en cause la vérité selon laquelle ce monde est et doit devenir dans l'histoire le corps culturel de l'homme. L'univers où l'homme historiquement s'engendre n'est autre que celui dans lequel le Christ eschatologiquement se manifeste et dans lequel, *hic et nunc, incognito*, il triomphe en croissant Lui-même tout en aidant les hommes à se développer avec leur monde. En aucun cas, le Christ n'est ce qu'il est – Dieu incarné - sans les hommes et moins encore contre eux, mais toujours en leur faveur : « *Qui propter nos homines et propter nostram salutem descendit de caelis* » proclame le *Credo*.

Divinisation, fraternité, libération, service, don de soi aux autres, le mystère eucharistique porte en lui-même l'exigence d'envelopper la Vie : Il est surtout la traduction que la vérité chrétienne ne se réduit pas à l'enfouissement de la « *tête dans le sable des choses célestes* »[505] mais indissociablement elle est aussi cette assomption de la « *tête terrestre qui donne son sens à la terre* »[506] ; une façon de penser et d'agir de façon inséparable. En cela, il n'y a de véritable orthodoxie que si elle se mesure à l'aune de l'ortho-praxis. Cette relation de la vérité à la vie trouve son illustration, de façon sublime, dans l'Eucharistie qui est le foyer du oui dit à un don qui, naturellement, transfigure l'existence chrétienne. L'insignifiance de la foi ne peut donc provenir que de ce refus d'engagement par une charité qui soit transformatrice du monde. Il n'y a de vraie révolution que celle qui surgit de ce Repas du Seigneur et il est impérieux pour l'Eglise - présente dans la cité - de toujours actualiser les conséquences transformantes que ce mystère impose à la structure historique du monde. Une authentique théologie politique suppose la prise au sérieux de ces considérations. L'autocritique du catholicisme à se prémunir de tout spiritualisme éthéré, a sa source première dans cette évidence qu'il utilise des éléments primordiaux de l'existence humaine pour symboles de l'Eucharistie. Prendre, de façon symbolique, dans un Repas d'amour, la nourriture et la boisson des hommes exige que nous mettions le meilleur de nous-mêmes, pour que ces biens élémentaires soient abondamment produits et justement partagés. Faute de quoi, l'offrande du pain et du vin au Seigneur ne serait qu'une attitude odieuse, parce que cela reviendrait à lui donner ce que, par ailleurs, on refuse égoïstement et injustement à ses frères et sœurs : « *Veux-tu honorer le corps du Christ ? Ne commence pas par le mépriser quand il est nu. Ne l'honore pas ici*

---

[504] Selon K. Löwith, l'histoire du salut est l'anéantissement de celle du monde : « *Le sens de l'histoire de ce monde s'accomplit contre le monde dans la mesure où l'histoire du salut ne poursuit pas une histoire du monde sans issue, mais le détruit* ». Ibid, p. 243.

[505] F. Nietzsche, *Ainsi parlait Zarathoustra*, op. cit., p. 70.

[506] Ibid, p. 70.

avec des étoffes de soie, pour le négliger dehors où il souffre du froid et de la nudité. Car celui qui a dit : ceci est mon corps, est le même qui a dit : Vous m'avez vu affamé et vous ne m'avez pas nourri. Quelle utilité à ce que la table du Christ soit chargée de coupes d'or, quand lui meurt de faim ? Rassasie d'abord l'affamé et orne ensuite sa table. Tu fabriques une coupe d'or et tu ne donnes pas une coupe d'eau »[507].

La participation authentique à l'Eucharistie, - l'Eternité dans la Temporalité -, exige une *praxis* qui transforme vraiment les conditions inhumaines du monde. Le mystère eucharistique dévoile l'identité véritable de l'éternité qui ne saurait être à côté du temps ou sans lien avec lui. Elle est plutôt et surtout la force créatrice qui porte, englobe le temps fugitif en son unique présent lui donnant la possibilité d'être vraiment. L'Eternité-Eucharistie est fondamentalement domination du temps et non absence ou fugue du temps. Elle est l'aujourd'hui contemporain à tous les temps, et à même, d'opérer dans le temps, à tout instant. Comme telle, elle est l'attestation que l'histoire n'est pas « *guidée par le hasard et le destin* »[508]. Plus encore, elle est la contestation irrévocable de l'idée d'après laquelle « *(...) l'histoire eschatologique du salut ne peut pas non plus donner à l'histoire du monde, un sens nouveau et susceptible d'évolution ; cette histoire est accomplie, puisqu'elle a atteint sa limite* »[509]. En Jésus Eucharistie - la figure eschatologique de tout homme - Dieu n'est pas captif de son éternité. Il est celui qui a du temps pour nous et est effectivement la Visibilité de la grâce sur laquelle nous avons, en tout temps, à nous appuyer pour « *avancer avec assurance* »[510].

---

[507] Saint Jean Chrysostome, *Homélie sur Saint Matthieu*, 50, 2-6.
[508] K. Löwith, *Histoire et salut*, op. cit., p. 245.
[509] Ibid, p. 243.
[510] He 4,16.

Conclusion

Au terme de ce parcours, auront été , nous l'espérons, manifestées, la force et la permanence de l'herméneutique chrétienne du théologico-politique basée sur la conception intégrale de l'homme – naturelle et surnaturelle – en contraste avec les approches réductrices de nos trois auteurs et contre la souveraineté de l'Etat séparé du théologique. L'Eglise par sa Doctrine sociale n'arrête pas de dénoncer les dangers et les apories de l'humanisme anthropocentrique, du technicisme, qui finalement ne peuvent qu'être inhumains, suicidaires pour l'humanité. La sociabilité intrinsèque à l'homme, sa spécificité de créé à l'Image et à la Ressemblance de Dieu, selon la perspective chrétienne, font de lui un être éminemment et indissociablement religieux et politique qu'on ne saurait disjoindre sans attenter à sa vie entière. Liquider la question théologico-politique, c'est du coup détruire la personne humaine qui en est véritablement la clef de voûte.

Contrairement à ce qu'une lecture superficielle pourrait laisser croire, le christianisme est, de façon structurelle, au service de la défense des droits inviolables de l'homme et de sa promotion intégrale. L'éminente dignité de la personne humaine, sa royauté sur le monde qui l'entoure, consistent dans la supériorité de l'esprit sur la matière, de l'éthique sur la technique et de la personne sur les choses. La raison d'être de la communauté politique (Etat) est donc de travailler à ce que chaque personne, chaque peuple, qui la forment soient maîtres de son destin sans qu'aucun groupe n'en vienne à lui imposer un quelconque pouvoir.

Dans la distinction rigoureuse mais harmonieuse qui doit caractériser les deux institutions – l'Eglise et l'Etat – il appartient à chacune d'elle de rendre visible et concrète son action, sa sollicitude pour le bien commun au service duquel l'indissolubilité de leur rapport ne peut être que génératrice et garante d'authentiques droits de l'homme et d'une vie pleinement humaine contre toutes formes de totalitarisme, de machiavélisme, c'est-à-dire de politique sans âme, sans ressort spirituel et moral authentique. « *Experte en humanité* »[511] et promotrice du Bien commun avec les hommes de bonne volonté, l'Eglise dans son rapport à l'Etat est consciente qu'aucune réalisation ou prouesse temporelle ne saurait jamais se confondre avec la gloire du Royaume de Dieu, à la fin de l'histoire. Si elle peut la refléter ou l'anticiper, elle ne saurait point s'y identifier. Fondée par le Christ pour établir le Royaume des cieux sur cette terre et non pour s'emparer d'aucun pouvoir terrestre – et ce, contre tout

---

[511] Paul VI, *Le développement des Peuples*, « Populorum progressio », op. cit., p. 66, N° 13. « Experte en humanité, et sans prétendre aucunement s'immiscer dans la politique des Etats, l'Eglise ne vise qu'un seul but : continuer sous l'impulsion de l'esprit consolateur, l'oeuvre même du Christ venu dans le monde pour rendre témoignage à la vérité, pour sauver, non pour condamner, pour servir, non pour être servi».

absolutisme clérical – l'Eglise vivant dans l'histoire est appelée sans cesse à actualiser la Parole de Celui qui est l'*Alpha* et l'*Oméga* de l'histoire humaine et qui reviendra à la fin des temps. Cette attente glorieuse du Christ, loin de légitimer le désintérêt pour les aspirations profondes des hommes dans leur vie concrète, personnelle et sociale doit plutôt accroître l'exigence et l'urgence de la mobilisation personnelle et solidaire de tous à travailler [512]pour rendre plus humaine la vie socio-politique grâce à l'éducation et à la culture des valeurs de liberté, de justice, de paix, de communion fraternelle et de solidarité.

Force du catholicisme, qui au-delà des compromissions et des erreurs de l'histoire réside fondamentalement dans sa conception christocentrique (théocentrique) de l'homme sollicitant continuellement de lui - au-delà du péché, de « *l'enfer intérieur* »[513] ou du mal radical – le meilleur de lui-même, son aspiration à être plus, sa volonté de fraternité et plus radicalement encore son ardeur vers son intégralité qui s'origine à sa dépendance à Dieu : « *(...) La tâche qui s'impose au chrétien est de sauver les vérités "humanistes" défigurées par quatre siècles d'humanisme anthropocentrique, au moment même où la culture humaniste se corrompt, et où ces vérités périclitent en même temps que les erreurs qui les viciaient ou les opprimaient* »[514]. Pour le catholicisme, la charité – et non la distinction ami/ennemi (Carl Schmitt) - est l'énergie nouvelle, le souffle nouveau qui porte le monde et nos sociétés, les soulève et les met en marche vers le progrès authentiquement humain celui de « *tout homme et de tout l'homme* »[515]. Elle est l'essence même de la Parole de Dieu incarnée en Jésus-Christ dont l'Eglise est la servante dans son rapport à la communauté politique. La présence ecclésiale au monde fait partie intégrante de sa structure, parce que la réalité à laquelle participe la foi est présente dans l'histoire du monde. La Parole incarnée est une force nouvelle insufflée à toute la création. Qui dit création dit aussi relation. Tout l'effort humain d'organisation du monde fait partie du langage dans lequel se communiquent et se vivent la Parole divine et la foi. En d'autres termes, c'est dans l'épaisseur même de l'histoire socio-politique que s'accomplit, ici et maintenant, la mystérieuse rencontre de l'Homme-Dieu avec toute personne. Laquelle personne prend la mesure réelle de son être dans la reconnaissance du Verbe incarné : « *Par son insertion dans le Christ vivifiant, l'homme accède à un épanouissement nouveau, à un humanisme transcendant qui lui donne sa plus grande plénitude : telle est la finalité suprême du développement*

---

[512] « *Le message chrétien ne détourne pas les hommes de la construction du monde et ne les incite pas à se désintéresser du sort de leurs semblables : il leur en fait au contraire un devoir pressant* ». G. S. 34.

[513] J. Maritain, *Humanisme intégral*, op. cit., p. 87.

[514] Ibid, p. 81.

[515] Paul VI, *Le développement des Peuples, « Populorum progressio »*, op. cit., p. 67, N° 14.

personnel »[516]. Dieu en Jésus-Christ, n'est donc pas le rival de l'homme : « *(...) Ce n'est pas en disputant le terrain à la causalité divine que le philosophe peut affirmer et reconnaître en face de Dieu la liberté créée, dans toute la mesure où elle comporte de l'être et du bien. C'est en reconnaissant que dans toute cette mesure la liberté créée reçoit de la causalité divine ; en reconnaissant qu'elle est envahie, traversée, imbibée jusqu'à sa dernière actualisation par la causalité créatrice* »[517]. Il l'appelle plutôt à être avec Lui, créateur d'un monde humain dont il n'a plus à subir les déterminismes politiques, économiques, etc. Ce monde-ci reste le chantier de sa tâche commune d'humanisation, de culture, de civilisation.

Dans l'actualité ou la permanence de la question théologico-politique, il incombe à l'Eglise de reconnaître et de respecter l'autonomie du politique c'est-à-dire la distinction des deux sphères (spirituelle et temporelle). A la communauté ecclésiale, revient également la mission de rappeler à la communauté politique que la vie morale et spirituelle, la vie contemplative ne sont pas des accessoires de la vie humaine. Elles constituent fondamentalement un problème politique et collectif en ce qu'elles permettent à tout homme de se mettre au dessus de lui-même et à tout responsable politique de prendre de la distance par rapport aux urgences. Contre toute perversion de la politique, l'Eglise a à lui rappeler sa véritable nature et sa finalité inaliénable afin qu'elle soit et demeure vraiment le lieu du règne de la « *justice [qui] introduit un ordre dans la communauté politique* »[518] rendant toujours possible de « *mener une vie heureuse* »[519]. Complémentarité et tâche parfois difficiles, voire conflictuelles, entre le spirituel et le politique, conditions pourtant inéluctables d'une vie politique vivante pour tous aujourd'hui. Cependant – et contre toute théocratie – comment parvenir, dans une société sécularisée voire laïciste à insuffler efficacement du spirituel en politique ? Comment aider le politique à s'en inspirer dans ses choix qui engagent toute la vie sociale ? Enfin, si le déclin des idéologies modernes ne cesse d'engendrer dans nos sociétés contemporaines un vide favorable aux désarrois, au doute et au pessimisme, la place du théologique ne se retrouve t-elle pas aujourd'hui du coté de l'espérance à rallumer et à faire vivre par un christianisme au présent ?

---

[516] Paul VI, *Le développement des Peuples*, « *Populorum progressio* », op. cit. p. 68, N° 16.

[517] J. Maritain, *Humanisme intégral*, op. cit., p. 85.

[518] Aristote, *Les politiques*, op. cit., I, 2, 1253-a.

[519] Ibid, I, 2, 1252-b.

CONCLUSION GENERALE

« *Mais si la séparation de l'Eglise et de l'Etat est précieuse comme règle de nos actions, elle deviendrait ruineuse si nous en faisions la règle de notre pensée. Le politique et le religieux ne sont jamais entièrement séparés ni séparables. On ne peut donc comprendre l'un et l'autre que si on ne les sépare pas* »[520].

« *Les Temps Modernes et leur légitimité. La question théologico-politique chez Karl Löwith, Carl Schmitt et Hans Blumenberg* » : tel était l'objet de notre thèse. Nous ne saurions prétendre avoir épuisé tous les contours de la variété de la question théologico-politique ainsi traitée. Notre recherche a été l'occasion singulière, à travers la relecture de nos trois auteurs, de faire apparaître en quoi le problème théologico-politique est le vecteur d'une multiplicité de questions – souveraineté politique, sécularisation de la société, fondement religieux de la vie politique etc. – dont l'unité s'exprime dans l'exigence philosophique d'être aux prises avec le religieux, le théologique, l'ecclésial. Cette confrontation du théologique et du politique, a emprunté plusieurs voies selon qu'il est question pour la philosophie d'analyser la constitution religieuse du politique et plus fondamentalement le principe d'autorité tant en politique qu'en religion : *« Au nom de quoi ? Au nom de Dieu ? De l'Etat ? De la nation ? De la race ? De la communauté ? De l'histoire ? De l'homme ? »*[521].

Il nous fallait délimiter notre tâche. Nous avons voulu partir d'une critique philosophique de la modernité pour apprécier sa réception chez chacun de nos auteurs et leurs différentes approches du statut du théologico-politique *via* la question de la sécularisation. Le « *théorème de la sécularisation* » a été tout au long de ce parcours, l'occasion de prendre la mesure et la diversité des thèses, controverses et ruptures suscitées par la légitimité de la modernité dans sa prétention à l'auto-affirmation, à l'auto-fondation par son affranchissement radical de tout héritage médiéval et de l'hétéronomie religieuse. Les revendications et mots d'ordre du *Neuzeit* ont connu des impacts considérables que Max Weber a résumés sous le thème d'autonomisation des divers domaines sociaux (*Eingengesetzlichkeit).*

Les controverses suscitées par la thèse de la sécularisation au sujet de la normalité des Temps Nouveaux ont permis de pointer le *Neuzeit* comme catégorie interprétative, celle de la « *qualité nouvelle du temps [qui] s'est fait jour, issue d'un rapport nouveau au futur. C'est le temps lui-même qui est déclaré neuf* »[522]. Or, c'est la revendication de cette catégorie herméneutique de l'histoire occidentale propre à la sécularisation, qui constitue le grand point

520 P. Manent, *La Raison des Nations, Réflexions sur la démocratie en Europe*, Paris, Gallimard, 2006, p. 11.

521 P. Capelle, *Dieu et la Cité. Le statut contemporain du théologico-politique*, Paris, Ed. du Cerf, 2008, p. 303.

522 P. Ricoeur, *Temps et récit*, t. 3, Paris, Ed. du Seuil, 1985, p. 304.

d'achoppement et l'inacceptable pour Blumenberg. A ses yeux, elle n'est qu'une stratégie de l'injustice historique destinée à délégitimer la modernité dans sa prétention à l'auto-fondation. Les Temps Modernes ne sont pas le résultat d'une continuité masquée. Ils ne sont point la transposition dans la sphère profane d'un certain nombre de schémas théologiques (Karl Löwith), ou les héritiers directs de la conceptualité théologique (Carl Schmitt). De tels postulats reposent sur une pensée substantialiste de l'histoire qui établit une relation univoque entre la provenance et la destination.

C'est contre de telles perspectives substantialistes qu'il importe à Blumenberg d'établir la nouvelle problématique des seuils historiques suscités par la thèse du « *réinvestissement fonctionnel* ». Laquelle thèse permet d'assumer la revendication moderne d'auto-institution et d'auto-affirmation. Elle admet à la fois la rupture et la continuité. Autrement dit, à tout changement d'époque, il s'avère nécessaire de remonter aux racines de l'histoire pour retrouver son historicité, parce que dans l'histoire s'y déroule,de façon voilée, les manifestations documentaires notoires pour l'historien. Objets d'un transfert imperceptible, les documents sont de véritables métaphores. Selon Blumenberg, il revient à la métaphorologie d'analyser l'historicité de l'histoire en s'appuyant sur le présupposé selon lequel, dans les revirements de l'histoire, les documents opèrent la mutation du sens des termes qu'ils utilisent, révélant ainsi un événement (implicite) secret. La métaphore ainsi décelée dans le documentaire doit être le produit de l'activité singulière de celui qui fait l'histoire. En cela le « *réinvestissement* » n'est rien d'autre que cette opération de métaphorisation. Et la métaphore est le fruit de ce réinvestissement. Lequel réinvestissement facilite ou rend possible à partir des métaphores du document l'accès dans l'expérience historique et celui des soubresauts de l'histoire. C'est avec Blumenberg que la prégnance des catégories métaphoriques pour penser le *Neuzeit* est devenue une thématique en vigueur.

Tout au long de notre enquête, nous nous sommes rendu compte avec Blumenberg que pour sauvegarder la logique inhérente à l'histoire, il faut nécessairement maintenir une constance, durabilité référentielle et non substantielle : « *L'identité à laquelle peuvent être rapportées les représentations n'est pas une identité des contenus mais une identité des fonctions. Des contenus tout à fait hétérogènes peuvent assumer des fonctions identiques à certains endroits du système de l'interprétation du monde* »[523]. En d'autres termes, la spécificité et la légitimité du *Neuzeit* consistent à réinvestir « *des positions de réponses devenues vacantes dans une série de questionnements où les réponses ne sont plus opérationnelles* ». La durabilité de l'existence de l'histoire des idées est garantie par le réinvestissement des espaces vides du fait que les réponses sont inefficaces, et non point par une quelconque constance substantielle. Une telle perspective ne saurait laisser

[523] H. Blumenberg, *La Légitimité des Temps Modernes*, op. cit., p. 49.

croire qu'il y ait un réservoir ou un « *canon de grandes questions* »[524] qui se perpétuent au cours de l'histoire des hommes. Le penser ou l'admettre, c'est retomber inexorablement dans la continuité substantialiste rejetée par Blumenberg.

Avec cet auteur, la problématique de l'excès des questions est foncièrement une problématique de seuils historiques, « *des phases où des principes changent plus ou moins rapidement pour se procurer des explications très générales* »[525]. Les questions « *ne précèdent pas toujours les réponses* »[526] durant les temps de « *crise* » où la conscience est confrontée à de sérieux problèmes et elle ne dispose pas des ressources requises pour les affronter. La durabilité du monde dans lequel les hommes réitèrent leurs expériences est ce qui passionne Blumenberg. S'il faut admettre l'existence d'une constance temporelle, elle ne pourrait jamais être substantielle. Elle ne peut être qu'une continuité qui favorise l'intelligibilité de la réalité des ruptures vu que le propre des crises est de pousser les hommes à mesurer leur impuissance et l'inefficacité des réponses apportées aux diverses préoccupations majeures de leur temps. C'est au cœur de l'échec de la force explicative des différentes réponses apportées, que sous la contrainte d'une pléthore de questions, la nouveauté peut faire irruption. Une nouveauté-rupture qui n'est pas une apparence derrière laquelle il est pensable et possible de récupérer ou de reprendre les catégories qui ont été les références, les leviers de l'époque révolue. C'est plutôt, au cœur du dénuement de la conscience, dans un cadre conceptuel précis qu'elle est acculée à la novation. La modernité est donc la cristallisation, par excellence, de l'inventivité et de l'invention d'une posture radicalement inédite face au monde désormais à constituer et non plus à recevoir comme un don. C'est dans ce sens et celui-là seulement que Blumenberg assume seulement l'idée de la modernité en termes de sécularité et ce, loin de tout « *théorème de sécularisation* ». A ses yeux, le creuset de la « *sécularité* » reste l'unique caractérisation, l'unique spécificité du *Neuzeit* : « *(...) La modernité recourt moins à ce qui lui est donné ci-devant qu'elle s'y oppose et répond à un défi. Cette différence, (...) fait de la sécularité le trait caractéristique de la modernité sans que celle-ci soit nécessairement issue de sécularisations* »[527]. Qu'il s'agisse de la transition de la théologie

---

[524] H. Blumenberg, *La Légitimité des Temps Modernes*, op. cit., p. 76.

[525] Ibid, p. 76.

[526] Ibid, p. 76.

[527] « *Le commencement de la modernité programmée par la philosophie a échoué parce qu'il n'a pas été en mesure de mettre en œuvre la réduction de ses propres présuppositions. (...). [(...)] Il faut considérer le théorème de la sécularisation comme une utilisation médiatement théologique des difficultés qui sont apparues historiquement lors de la tentative philosophique de fonder un commencement des Temps Modernes. Par la thèse de la sécularisation, ces perturbations de la tentative de négation des présupposés apparaissent comme une sorte de résistance providentielle de l'indispensable. Mais la modernité recourt moins à ce qui lui est donné ci-devant*

politique à la philosophie politique, de l'eschatologie au progressisme, il n'est point concevable d'admettre que l'on a affaire à une quelconque translation sans rien, sans induction ou présupposé. Si l'intelligibilité de la philosophie de l'histoire ne peut être possible sans la théologie de l'histoire, elle n'est en aucun cas sa dérivation. L'auto-fondation du *Neuzeit* est redevable à la crise du nominalisme, à la fin du Moyen Âge, mais cela n'hypothèque en rien l'anthropothéisme de l'homme du N*euzeit*, qui ne saurait être la dérivation de l'homme médiéval. C'est ce que soutient l'étude de Blumenberg sur les origines de la prétention à l'auto-fondation de la rationalité moderne. « *Le Moyen Âge prit fin lorsqu'il ne put faire accroire à l'homme à l'intérieur de son système spirituel, que la création était "Providence", et lorsqu'il lui imposa par là même la charge de l'affirmation de soi* »[528].

Ainsi, l'absolutisme théologique de la fin du Moyen Âge a été le ferment et la propédeutique implacable du malin génie cartésien. Ce Dieu Tout-puissant est celui qui ne se préoccupe plus du monde et de l'homme. Or, un tel Dieu ainsi désengagé ne fait que rendre inévitable l'affirmation et la responsabilisation humaines. Toutes deux sont les seules alternatives inéluctables qui s'offrent à l'homme du *Neuzeit* pris qu'il est dans l'engrenage de l'absolutisme de la grâce divine, de la crise majeure de la raison et du savoir. Le sujet cartésien devient alors le prototype même de ce commencement moderne qui, par la double opération du doute et du *cogito* fait de la crise, le socle et la matière de la « *liberté absolue des conditions qu'il se donne à lui-même* », l'occasion par excellence où il faut clamer non pas la capitulation humaine mais plutôt et surtout « *fêter le triomphe de l'homme s'éveillant de l'illusion cosmique à lui-même et de l'assurer de son pouvoir sur l'avenir* »[529].

Le mérite de Blumenberg qui le rapproche ici de Karl Löwith et de Carl Schmitt, est de souligner que le bien-fondé des Temps Modernes en tant que catégorie historique ne réside point dans la consommation réelle de cette rupture mais plutôt dans la revendication de la raison à s'ériger comme fondement et à assumer cette auto-fondation comme suprême et inébranlable, tant en politique que dans le domaine technique. Cependant, la question reste virtuelle dans « *l'ambition des Temps Modernes de réaliser une rupture radicale avec la tradition et dans la disproportion entre cette ambition et la réalité de l'histoire qui ne peut jamais recommencer à partir de zéro. Comme tous les problèmes politiques et historiques de la légitimité, celui des Temps Modernes émerge à travers la discontinuité étant entendu qu'il est indifférent que cette discontinuité soit fictive et réelle. Elle a revendiqué cette discontinuité par rapport au Moyen Âge* »[530]. Par cette caractérisation, Blumenberg entend affronter les critiques

---

qu'elle s'oppose et répond à son défi », H. Blumenberg, *La Légitimité des Temps Modernes*, op. cit., p. 86.

[528] H. Blumenberg, *La Légitimité des Temps Modernes*, op. cit., p. 149.

[529] Ibid, p. 150.

[530] Ibid, p. 127.

qu'on pourrait lui faire de se complaire dans le mirage de l'auto-proclamation et de se rallier, peut être à son insu, à la rhétorique du *Neuzeit*.

Pourtant, il tranche avec la « *rhétorique de sécularisation* » établie sur le postulat d'une translation de contenu qui n'est au fond que la consécration de la nostalgie des origines. D'après Blumenberg, l'expérience spécifique des Temps Modernes repose fondamentalement sur la déception. C'est pourquoi il est impossible de retrouver une quelconque trace du passé. Cette véhémence du réinvestissement, d'après Blumenberg, découle de « *l'indigence d'une conscience sursollicitée par les grandes questions et les grandes espérances, puis déçue* »[531]. Il s'ensuit que le *Neuzeit* reste fondamentalement un projet taraudé et habité par une crise de légitimation. Il est la condensation d'un processus de normalité perpétuellement à l'œuvre et sans arrêt en crise parce que l'extirpation de la tradition, du passé qui est sa stratégie et sa posture de légitimation ne peuvent conduire qu'à des requêtes, des *desiderata* antithétiques.

Un autre élément caractéristique de l'originalité de Blumenberg dans sa rencontre frontale avec Löwith, Carl Schmitt et ses autres détracteurs est de souligner la distance entre l'auto-affirmation et l'auto-habilitation. Ce qui ne peut que renforcer l'idée d'une « *attitude* » moderne. Ainsi, tel que Blumenberg dépeint la modernité, elle ne peut être qu'un performatif, et c'est en cela que se trouve foncièrement l'essence de sa souveraineté : « *Les temps modernes n'existent pas avant le moment où ils se déclarent comme tels* »[532]. L'ingéniosité d'une telle approche se retrouve dans l'effervescence ou l'impétuosité des discours d'origines (fondements) qui est le *leitmotiv* des déclarations révolutionnaires (aussi bien de la Révolution française qu'américaine). Cette grandiloquence repose sur la certitude que l'histoire n'est qu'un perpétuel et inédit rebondissement qui s'opère à chaque fois. Cette nouvelle expérience s'harmonise avec « *la mise à l'épreuve de la faculté humaine à commencer* »[533], à toujours faire naître du radicalement insolite. L'illusion du commencement exclusif et de l'auto-proclamation qui est la raison majeure d'une telle glorification des fondements - l'antienne (refrain) des discours révolutionnaires – puise sa source dans la détermination d'inverser complètement les systèmes symboliques en vue d'une nouvelle compréhension de la réalité et de la re-figuration totale du présent.

C'est pourquoi la différenciation qu'opère Blumenberg entre le projet (auto-affirmation) et sa réalisation effective (auto-habilitation) – point nodal de son approche – permet de mieux saisir la particularité existentielle du *Neuzeit* à travers la suprématie du *cogito* que résume parfaitement « *l'affirmation de soi* ». Laquelle « *affirmation de soi* » est le « *programme existentiel sous lequel*

---

[531] H. Blumenberg, *La Légitimité des Temps Modernes*, op. cit., p. 98.

[532] Ibid, p. 531.

[533] H. Arendt, *Essai sur la révolution*, Paris, Gallimard, « Essais », 1967, p. 45.

l'homme, dans une situation historique, place son existence et dans lequel il inscrit comment il veut la percevoir au milieu de la réalité qui l'entoure et comment il veut saisir ses possibilités »[534]. La particularité d'une pareille posture est l'absolutisation et l'héroïsation du présent, une façon d'être au temps dont le contrecoup paradoxal et inédit, à cause du rejet systématique de l'optique continuiste de l'histoire-substance, est l'anéantissement de l'unité foncière même du *Neuzeit*. La légitimité de la modernité, revendiquée à grands renforts d'érudition pluridisciplinaire par Blumenberg, reste un projet indissociablement éclaté et inaccompli. Elle n'occulte en rien la portée de la thèse de la légitimité du *Neuzeit* qui ne consiste pas dans la réussite de son programme d'auto-fondation, mais plutôt à s'adonner à une "généalogie" du théorème de la sécularisation en y décelant toutes ses ambiguïtés. Il s'agit de récuser tout à la fois tous les commencements linéaires et les développements métahistoriques. Comme chez Nietzsche, la généalogie ne fait que déterminer la singularité de chaque évènement en faisant ressortir ce qui fait rupture dans l'histoire humaine. Pareillement, elle prend en compte et analyse minutieusement la provenance latente des diverses significations sur laquelle elle se penche. C'est cela, également l'autre aspect de la complexité de la thèse de Blumenberg : « *La "sécularisation" est critiquée comme schéma de lecture déficient, mais aussi signifiant par les erreurs qu'il produit. Semblable en ce sens à l'illusion métaphysique dénoncée par Kant, la théorie de la sécularisation est nécessaire tout autant qu'erronée parce qu'elle révèle la nécessité pour la conscience de se penser à l'aide de catégories métaphoriques* »[535].

Conséquence de la modernité, la sécularisation a généré non seulement le principe de la dualité du théologico-politique complètement ignoré de la pensée antique - où le religieux n'est pas un domaine disjoint de la vie sociale - mais elle tend de plus en plus, sous l'effet du nominalisme et du sécularisme rampant, à faire du religieux la forteresse de l'aliénation de la capitulation humaine (Marx, Nietzsche, Feuerbach). S'il est vrai que le principe augustinien de la distinction des deux cités – cité terrestre et cité céleste – a suscité l'ambivalence d'une double filiation, il est aussi l'origine irrécusable de la problématique théologico-politique qui prend forme autour de l'antagonisme moderne entre le pouvoir spirituel et le pouvoir temporel, et conduit à l'affranchissement de ce dernier.

Le christianisme est la matrice principale de l'Etat moderne. Perçu sous l'angle de l'histoire politique de la religion, il se distingue des autres religions en ce que, sous le motif de l'Incarnation, il rend possible et réel un ordre du monde profane déterminé par la raison et la conscience de soi. Il responsabilise l'homme vis-à-vis de sa vie et du monde dans lequel il vit et l'appelle à faire de

---

[534] H. Blumenberg, *La Légitimité des Temps Modernes*, op. cit., p. 149.
[535] M. Foessel, « *La Nouveauté en histoire* », Esprit, Juillet 2000, p. 49-50.

ce monde la propédeutique obligée de l'accès à la Cité de Dieu. La distinction principielle du religieux et du politique - et non sa séparation tranchée – est un parapet qui empêche toute entreprise d'un accomplissement temporel de la Cité de Dieu et interdit toute instrumentalisation du religieux. Elle permet de souligner la démarcation fondamentale qui existe entre le règne des fins et la cité terrestre qu'aucune réalisation humaine, aucune institution ne saurait abroger ni faire défaillir. Dans cette optique, les concepts politiques doivent garder leur vitalité et autonomie en évitant d'être des résultantes de la sécularisation des concepts théologiques au point de s'annuler finalement comme concepts politiques. Incontestablement, la politique s'autodétruit chaque fois qu'elle s'érige en religion séculière (marxisme, nazisme, etc.), en dogmatique de la rédemption comme il en est « *de la mythologie politique* » [536]de Carl Schmitt.

La « *Théologie politique* » de Carl Schmitt nous a permis tout au long de notre recherche d'y déceler certaines de ses thématiques majeures et déclinaisons : le décisionnisme, l'inimité comme critère du politique, « *l'Etat total* », l'Etat puissant comme vérité du politique, le peuple comme sujet du pouvoir constituant, ou encore le chef de l'Etat comme gardien de l'unité politique, etc. Autant de catégories théologico-politiques qu'il faut décortiquer une à une pour appréhender leur teneur. Nous les avons effleurées conscient des omissions, des limites de nos approches. En tant que théoricien et défenseur d'une politique de la décision souveraine, Carl Schmitt, pour sa part, n'a cessé de revendiquer la priorité existentielle de l'Etat qui est le garant de l'unité politique parce qu'il a le monopole de la décision. Sa caractéristique est d'être le socle politique de l'unité du peuple, son mode d'existence qui édicte des lois aux moments décisifs.

Partant, il faut écarter toute détermination de l'Etat qui ferait de ce dernier un simple gardien de la normativité et de l'institution. Privé de toute autonomie vis-à-vis de l'ordre juridique, l'Etat n'a plus le monopole du politique et se meurt. De par sa nature politique, l'Etat est l'unité déterminante. L'existence de l'unité politique est suprême, c'est-à-dire fait prévaloir sa volonté dans des situations cruciales. L'exception est la réalité du politique imposant donc une autorité protectrice et non seulement délibérative. Schmitt revendique une souveraineté effective et la supériorité de la sphère étatique sur l'individu comme il les a théorisées dans sa thèse d'habilitation parue en 1914, *La valeur de l'Etat et la signification de l'individu* où il souligne que l'individu n'a aucune autonomie normative au sein de l'Etat. Comme être particulier, il disparaît « *pour être saisi par le droit et l'Etat* »[537] dans la mesure où l'Etat est au service du droit et non un serviteur de l'individu : « *l'Etat est face au droit,*

[536] J-A. Barash, in, *Dieu et la Cité.* op. cit., p. 259.
[537] C. Schmitt, *La valeur de l'Etat et la signification de l'individu*, op. cit., p. 62.

comme l'individu l'est devant l'Etat. Puisque la continuité de l'Etat ne provient que du droit, alors celle de l'individu qui vit au sein de l'Etat, ne se réalise que par l'Etat»[538]. Cette primauté de l'Etat sur l'individu s'exprime plus tard, dans les écrits weimariens de Schmitt, par un antagonisme entre les droits fondamentaux individuels – « *les droits de libertés* » - et les « *garanties institutionnelles* » subordonnées à l'appartenance des individus à l'institution étatique. En inversant la relation d'antériorité de la liberté relativement à l'ordre juridique, Carl Schmitt tient pour certain que les droits fondamentaux ne pourraient être des droits préexistants et supérieurs à l'Etat parce qu'ils sont définis par la décision sur le « *genre d'existence* » de l'unité politique.

« *Médiateur* » d'un droit transcendant, l'Etat aux yeux de Schmitt a pour mission d'accomplir l'idée du droit dans le but de consolider sa propre puissance. Séduit par l'organisation monocratique et hiérarchique de l'Eglise catholique, le Juriste de Plettenberg perçoit dans cette dernière un chef d'œuvre de structure qui équivaut à son idéal d'un Etat qui serait une institution mythique établie au-dessus des hommes. Comme l'Eglise catholique – archétype unique de l'Etat parce qu'elle incarne « *la réalisation d'un idéal* »[539] - l'Etat est convié à personnifier et à exprimer les valeurs émanant de l'ordre divin. Tandis que l'Eglise catholique est la médiatrice entre le Christ et les hommes, l'Etat souverain est le médiateur entre le droit naturel et le droit positif. Conçue sur le prototype de l'infaillibilité papale, la souveraineté étatique est à même de dire le dernier mot sur la teneur du droit.

La crise de la représentation n'est qu'un présage d'auto-désagrégation d'un monde qui a pensé se débarrasser de la transcendance – celle de Dieu et celle du peuple – un monde où est évacuée l'optique catholique du concept de la représentation selon laquelle c'est la charge qui détermine l'individu et non l'individu la charge. A la représentation conçue comme mandat "juridico technique" Schmitt revendique une optique transcendante de la représentation qui « *n'est pas un processus normatif mais quelque chose d'existentiel* »[540]. Tout au long de ce travail s'est dégagée progressivement la perspective théologico-politique de l'Etat de Carl Schmitt. Elle défend une intelligence de l'institution étatique en tant que monopole du politique et ultime rempart « *qui met fin à la guerre civile* »[541] dans une grande manifestation de son omnipotence. Aux yeux de notre penseur du droit, l'Etat incarne la force habilitée à faire la guerre en assurant une totale pacification interne. Laquelle pacification lui confère le droit de réclamer de ses gouvernés une aptitude continuelle à mourir ou à tuer.

538 C. Schmitt, *La valeur de l'Etat et la signification de l'individu*, op. cit., p. 126.
539 Ibid, p. 95.
540 C. Schmitt, *Théorie de la constitution*, op. cit., p. 347.
541 C. Schmitt, *Le Léviathan dans la doctrine de l'Etat de Thomas Hobbes. Sens et échec d'un symbole politique* (1938). Trad. Fr. Trierweiler, Paris, Seuil, 2002, p. 131.

La politique ne se réduit pas à l'institution étatique qui n'est qu'une expression historique et fugace. A l'heure de la désintégration du droit public européen moderne, le politique en tant que « *degré d'intensité d'une unité* »[542] peut incarner d'autres figures que celle de l'Etat parce que son existence repose sur l'inimité instauratrice envers un ennemi nommé. Désormais sécularisée, la distinction ami/ennemi est issue d'antagonismes anciens proprement théologiques, particulièrement celui de l'homme bon et de l'homme radicalement pécheur. Ce critère ami/ennemi véritable hypothèque de toute politique de la prudence, implique la proposition théorique selon laquelle la guerre est inhérente à la nature humaine. Cette distinction ami/ennemi a également permis à Schmitt de défendre l'idée selon laquelle une action est politique lorsqu'elle se ramène à « *l'opposition la plus intense* »[543], à l'antagonisme entre ennemis. La guerre en tant qu' « *actualisation ultime de l'hostilité* »[544] c'est-à-dire de la « *négation existentielle d'un autre être* » est l'instrument suprême de la politique, et la raison finale de la décision souveraine. Elle met en question la propension au néant qu'est la mort perçue comme oblation de sa vie pour l'Etat. D'après Schmitt, on ne saurait parler de politique s'il n'y a pas de possibilité d'user de la contrainte, de la violence. L'action politique authentique est à l'aune de la puissance qu'elle déploie. En d'autres termes, la force (violence) est l'une des nécessités absolues du politique. C'est ce que résume si bien Franz Neumann dès 1941 : « *La politique, disait Schmitt, est une relation d'ami à ennemi. En dernière analyse, l'ennemi est quiconque doit être exterminé physiquement. En ce sens, tout rapport humain peut devenir politique, car tout adversaire peut se transformer en ennemi susceptible d'élimination physique [...]. C'est là une doctrine de la force brutale sous sa forme tranchée, qui se dresse contre tout élément et toute action de la démocratie libérale, et contre toute notre conception traditionnelle du règne du droit* »[545].

Au cours de notre recherche, nous avons essayé de montrer en quoi cette distinction ami/ennemi qui est le fondement du politique chez Carl Schmitt, ne peut jamais faire advenir la politique dont l'amitié est la clef de voûte : « *La communication politique comprend les différentes sortes d'amitié et les rapporte à elle* »[546], disait Saint Thomas d'Aquin. Elle ne peut non plus garantir la solidarité qui demeure l'assise de la « *civilisation de l'amour* » et « *l'un des principes fondamentaux de la conception chrétienne de l'organisation politique*

---

542 « *Ethique de l'Etat et Etat pluraliste* », Kanstudien, 1930, N° 35, p. 143.

543 C. Schmitt, *La notion de politique*, op. cit., p. 114.

544 Ibid, p. 71.

545 F. Neumann, *Béhémoth. Structure et pratique du national-socialisme*, Paris, Payot, 1987, p. 59.

546 « *Amicitiae species reducuntur ad politicam communicationem* », Saint Thomas d'Aquin, *Ethic*, 1. VIII, lect. 10.

et sociale »[547]. Fruit de l'oubli et du rejet du droit naturel (le nihilisme juridique), cette hostilité ami/ennemi est essentiellement le déni de « *l'ordinatio rationalis* »[548] et du « *bonum commune* »[549] qui sont sa finalité. A la primauté de « *l'identité raciale* »[550] et de l'inimité[551] – l'antisémitisme comme trame de la pensée schmittienne - fait front la primauté de la charité chrétienne, en tant que marque profonde de la personnalité et de la sociabilité de l'homme. Elle est la « *loi fondamentale de la perfection humaine et donc de la transformation du monde* »[552]. Cette charité est le ciment des relations sociales et politiques en les imprégnant fondamentalement. Aux politiques revient également la responsabilité d'entretenir en eux-mêmes et de faire naître dans les autres cette charité « *reine et maîtresse de toutes les vertus (...) et le remède très assuré contre l'arrogance du siècle et l'amour immodéré de soi-même* »[553].

Dans une société dépolitisée (la République de Weimar) où le catholicisme ne structure plus la société, le droit n'est plus qu'un simple outil formel pour le positivisme juridique. Ce changement profond du droit explique la posture schmittienne défendue dans *La Notion de Politique* à partir de 1927 selon laquelle la sécularisation en tant que dynamisme d'autonomisation du politique est une neutralisation. Cette neutralisation résultat de la mutation du droit en « *loi* » en appelle à une "re-théologisation", une re-insertion de la dimension transcendante dans la politique et dans le droit. L'entreprise de Schmitt fondée sur l'affirmation (quasi dogmatique) que « *tous les concepts prégnants de la théorie moderne de l'Etat sont des concepts théologiques sécularisés* »[554] a pour finalité d'attester la corrélation (analogie) qui existe entre la philosophie politique et le dogme théologique du péché. Les Etats souverains classiques et le droit sont les héritiers de la mission théologico-politique du *Katechon*, cette force cachée qui retient ou « *diffère* » la catastrophe. Le *Neuzeit* ayant oublié la destination théologique du politique retrouverait irrémédiablement la paix, et la vie humaine échapperait à toute oppression. Selon notre juriste, le droit est l'expression de cet assujettissement, celle du rapport de soumission qui existe entre les gouvernants et les gouvernés sur le prototype du lien ami/ennemi. « *Katechon* » s'opposant aux offensives de ceux qui travaillent à la mise à mort

---

547 Jean-Paul II, *Encycl. « Centesimus Annus »*, op. cit., 10.

548 *« Lex nihil aliud est quam queadam rationis ordinatio ad bonm commune ab eo qui curam communitatis habet, promulgata »,* Saint Thomas d'Aquin, I, II, q.90, a.4.

549 Ibid.

550 Cette "identité raciale" est essentiellement le renforcement de l'identité nationale par la liquidation de toutes les composantes étrangères à la race.

551 La "mystique" de l'Etat schmittien exige l'existence d'un ennemi inséparable de l'Etat, un individu qu'on pourrait qualifier d'a-étatique effectif. L'ennemi est un ennemi substantiel et durable.

552 GS, N° 38.

553 Léon XIII, *Rerum Novarum*, 11.

554 C. Schmitt, *Théologie politique*, op. cit., p. 46.

du dieu-mortel – L'Etat souverain - , le droit a pour fonction principale de se dresser contre la victoire d'une société complètement sécularisée, abandonnée à l'individualisme, au mercantilisme et au technicisme.

Que faire ? Seul l'arrimage de la science juridique à la théologie reste la solution appropriée pour arracher la société du positivisme prédominant qui perçoit dans le droit un simple dispositif technique rationnel. C'est pourquoi, la science juridique, « *science sœur de la théologie* »[555] doit avoir un rang exceptionnel dans l'arène de la pensée contemporaine. Comme telle, elle est la « *dernière gardienne de la naissance et du développement organique du droit* »[556] pour répondre à la dénaturation du politique et écarter les périls d'une déliquescence du droit en un enchevêtrement de lois prescrites conformément aux circonstances (le situationnisme). C'est dans la science du droit que Schmitt trouve la solution de remplacement au *Neuzeit*. Laquelle science est « *le dernier asile de la conscience juridique* » qui permet à tout droit positif et à toute jurisprudence d'avoir une réelle portée, celle d'être un ordre concret indissociable de sa détermination historico-spatiale. Cette thèse schmittienne de la détermination historico-spatiale du droit est connexe à celle de son soubassement théologique et trouve sa justification dans « *l'opération de catharsis* »[557] que notre juriste veut accomplir contre « *la légende de la liquidation théologique définitive* »[558] de Peterson.

Une autre limite de la pensée de Carl Schmitt que notre recherche a pointée est la subordination du juridique au politique défini comme volonté. Privé de tout statut fondateur, le droit n'est réduit qu'à un simple rapport de force où l'autorité de l'Etat est celle du Führer.

En somme, ce qui est en jeu et que valorise notre théologien du droit, c'est le principe de l'auto-institution humaine de la société sous la catégorie du pouvoir constituant, l'un des points clefs de *la Théorie de la constitution*. Dans une société sécularisée, le pouvoir divin constituant ne détermine plus l'ordre

---

[555] C. Schmitt, *Théologie politique*, op. cit., p. 59.

[556] « *La situation de la science européenne du droit (version de 1950* », Droits, N° 14, 1991, p. 115-140 (138).

[557] C. Schmitt, *Théologie politique*, op. cit. p. 81. Ce que Carl Schmitt nous écrit à la fin de la première *Théologie politique* est encore parlant : « *C'est ainsi qu'est née mon analyse spécifique. Elle ne représente qu'une préparation à d'autres travaux et ne rapporte pas autre chose qu'une opération de catharsis : je la livre ici comme le témoignage d'un compagnonnage de quarante ans, riche d'expériences théoriques pratiques et personnelles, compagnonnage qui a lié un légiste et un canoniste dans l'esprit de leur jus utrumque. Le contenu thématique prolonge mon ouvrage de 1922, Théologie politique, selon une orientation globale qui débute avec le jus reformandi du XVIème siècle et atteint une apogée avec Hegel, et dont on peut reconnaître l'actualité de toute part aujourd'hui : celle qui va de la théologie politique à la christologie politique* », C. Schmitt, *Théologie politique*, op. cit. p. 81.

[558] Ibid, p. 87.

normatif dans lequel s'inscrit la volonté humaine, c'est cette volonté même qui hérite de la mission de poser des normes. Là où disparaît la légitimité de l'effectivité d'un ordre institué, c'est à la « *libre décision* » qu'est subordonnée toute institution. De même là où l'être donné ne détermine plus l'existence, l'existence est auto-position, auto-affirmation (Blumenberg). Telle est la caractéristique du *Neuzeit* depuis l'*Aufklärung*. Le propre de la théologie politique de Carl Schmitt est de nous avoir aidé à le déceler et à saisir comme déraisonnables et inutiles toutes les entreprises pour l'enrayer ou pour l'émousser.

Au-delà de certaines aberrations (antisémitisme, l'inimité comme critère du politique, etc.) que porte la pensée de Schmitt, l'un de ses "mérites" est d'avoir tenté de transformer les contradictions fondatrices du *Neuzeit* en impasse historique, politique et théorique. Lui-même n'échappe pas à la nasse (aporie) du *Neuzeit* dans laquelle certaines de ses postures politiques nous conduisent. Cependant, la première grande série de questions que nous adressons à sa *Théologie politique* concerne le concept même de décision : penser la décision comme pouvoir absolu d'établir des normes, c'est refuser de voir dans l'autonomie qu'incarne la décision un principe qui la norme de l'intérieur. Tel que le défend Carl Schmitt[559], si toute politique induit inéluctablement une posture théologique, comment sa doctrine du soubassement de la souveraineté sur une décision *ex-nihilo* forme-t-elle un ensemble cohérent avec une théologie ? Sur quel axiome théologique établit-il toutes ses analyses pour définir la situation d'exception capable de conduire à la dictature ? S'il faut accorder une finalité théologique à la décision politique, comment y parvenir dans la mesure où sa théologie politique n'offre aucune balise ? Quelle est le dessein politique d'une théologie arrimée à une décision politique prise *ex nihilo* ? L'optique schmittienne de l'Etat qui court dans la *Théologie politique* nous amène, une fois de plus, à nous demander en quoi se résume la tâche politique de la théologie qui serait fondamentalement aux antipodes de toute instrumentalisation ou récupération à destination totalitaire.

La seconde grande question que nous adressons à Carl Schmitt a trait au pouvoir constituant. En vérité, ne lire dans le pouvoir politique que le pouvoir de commander, c'est à coup sûr, réduire la volonté à l'acquiescement. Or, toute décision politique interpelle des volontés et par ce moyen présume leur autonomie. Sur la base de nos analyses du chapitre troisième de notre premier volume, il ressort que le principe du pouvoir constituant ne saurait (jamais) être un vide normatif - *un no man's land-* . Il est plutôt et surtout le lieu ouvert de l'autonomie des individus et celle de la communauté qui se postulent l'une l'autre ; l'espace où la discussion interpelle des volontés et par ce moyen

[559] « *L'image métaphysique qu'une époque déterminée se fait du monde a la même structure que ce qui lui parait l'évidence même en matière d'organisation politique* », C. Schmitt, *Théologie politique*, op. cit. p. 55.

présuppose leur autonomie. C'est à ce niveau et là seulement, qu'on peut échapper à la nasse dans laquelle la perspective théologico-politique schmittienne s'est enfermée et pourrait encore nous enfermer aujourd'hui.

Mais comment Löwith a-t-il perçu le décisionnisme schmittien ? Quelle est sa lecture de la sécularisation et de ses retentissements politiques ? C'est ce à quoi nous avons essayé de répondre. C'est également sur ce point central que se situent leurs divergences profondes.

Dès 1935, Karl Löwith s'est vite aperçu des impasses auxquelles conduit « *le décisionnisme occasionnel de Carl Schmitt* »[560] en les fustigeant. Partant des « *présupposés théologiques* » de la philosophie de l'histoire de Condorcet, celle de Hegel, de Marx et Comte, il n'a de cesse de montrer en quoi cette philosophie de l'histoire des modernes est tributaire de l'eschatologie chrétienne dans son expression augustinienne. Cependant, Löwith n'occulte pas les points de rupture entre la philosophie de l'histoire et la théologie de l'histoire. Laquelle rupture se trouve dans la permutation d'une problématique de l'immanence du sens au cours de l'histoire à une problématique de la transcendance. Selon l'axiome hégélien, la « *ruse de la raison est le concept rationnel pour désigner la Providence* »[561]. Or, la détermination moderne à « *réaliser le règne de Dieu dans l'histoire du monde* »[562], et celle d'inverser la théologie en philosophie induisent une séparation avec l'optique d'Augustin selon laquelle il n'y a pas de commune mesure entre l'histoire du monde et l'histoire du salut dont la fin ultime ne peut être de ce monde. De cette façon, la théologie de l'histoire n'est que l'antinomie de la philosophie de l'histoire. De manière encore très paradoxale, elle est son prolongement dans la mesure où leurs destins sont inséparables : « *La conscience moderne de l'histoire s'est certes débarrassée de la foi chrétienne en un événement central d'une signification absolue, mais elle s'en tient à ses postulats et à ses conséquences* »[563].

Aux yeux de Löwith, le concept de sécularisation permet une relecture de l'historicité de la pensée occidentale depuis l'Antiquité jusqu'aux Temps Modernes. Il aide à saisir les relations historiques portant sur une finalité de l'histoire, c'est-à-dire sur un ordre téléologique divin ou raisonné. Cette quête des liens – *Meaning and History* - repose fondamentalement sur des présupposés politiques. Nous avons essayé dans notre travail de montrer en quoi la notion même de sécularisation dans l'optique de Löwith est une satire vigoureuse du décisionnisme de Carl Schmitt. Elle est cette propension renouvelée à s'approprier le cours chrétien du temps historique, en le

---

560 K. Löwith, « *Le décisionnisme (occasionnel) de Carl Schmitt 1975* », op. cit., p. 15-50.

561 K. Löwith, *Histoire et salut*, op. cit., p.84.

562 Ibid, p. 86.

563 Ibid, p. 229.

débarrassant ou en rendant obsolète son origine chrétienne. L'originalité de telles analyses de Löwith – qui est également un acquis de notre travail – se trouve dans son herméneutique des enjeux politiques de cette permutation advenue dans la pensée occidentale de l'histoire. Hegel est la figure emblématique de cette radicalisation du mouvement de sécularisation de la perception chrétienne de l'histoire, qui ne rejetant pas tout simplement la foi chrétienne se targue d'en accomplir la vérité. Après quinze siècles de pensée occidentale, Hegel prend les devants d'« *oser transformer les yeux de la foi en regard de la raison, et la théologie de l'histoire fondée par Augustin en une philosophie de l'histoire qui n'est ni sacrée ni profane. C'est un surprenant mélange [(...)]. Le christianisme de Hegel transforme la volonté de Dieu en esprit de ce monde : elle devient l'"esprit du monde" et les "esprits des peuples"* »[564]. C'est cette projection nourrie de postures philosophiques multiformes qui ont eu des retentissements politiques graves pour l'Europe en général (Marxisme, Stalinisme, Fascisme) et pour l'Allemagne en particulier (Nazisme).

Nous avons souligné en quoi Joachim de Flore est pour Löwith le prototype même de cette connexion entre la pensée chrétienne et la pensée sécularisée de l'histoire. Mieux, la pensée de ce moine calabrais illustre singulièrement comment une idée théologique se métamorphose de façon remarquable et déroutante en une question politique. Telle est la seconde originalité de Karl Löwith qui se trouve dans le chapitre sur Joachim de Flore[565]. Lequel chapitre constitue une réponse cinglante, un défi aux multiples herméneutiques contemporaines de l'historicisme (Hegel, Wilhem Dilthey). La sécularisation de l'historicité de la vérité, - que le *Neuzeit* revendique comme la caractéristique de sa souveraineté et de son affranchissement de toute tradition précédente – n'est pas l'exclusivité des modernes mais provient de l'historicisme théologique de Joachim de Flore : « *(...) La vérité chrétienne se développe dans un ordre temporel comme un processus de vérité. [...] Chez Joachim, la vérité elle-même possède un horizon ouvert et une historicité essentielle*»[566].

Pour autant, les modernes, interprètes de Joachim, n'ont fait que récupérer la distinction augustinienne de la Cité de Dieu et de la Cité des hommes pour projeter sur l'histoire du monde *l'adventus salutis* des premiers chrétiens et le renouvellement complet de la *civitas terrena*. Pour se livrer à une critique virulente de l'Eglise catholique, les modernes se sont mis sous le patronage de Saint François et ont mêlé le christianisme messianique aux visées foncières d'une politique déviante (parce que monstrueuse) désavouée par l'Eglise catholique. Pour Löwith, cette posture a des impacts politiques énormes dont l'hitlérisme et le fascisme constituent une des figures les plus sombres de la

---

[564] K. Löwith, *Histoire et salut*, op. cit., p. 87.
[565] Ibid, p. 184-199.
[566] Ibid, p. 196.

pensée contemporaine. Dès lors, la thématique de la sécularisation, loin d'être un jeu de pure rhétorique ou une querelle de savants a pour Löwith une portée éminemment politique et actuelle tel que lui-même le souligne à la fin de ses analyses sur Joachim de Flore : « *La révolution qui a été proclamée dans le cadre de la foi eschatologique et par rapport à une vie monastique parfaite, s'est vue accaparée, cinq siècles plus tard, par un clergé philosophique qui a interprété le processus de la sécularisation dans les termes d'une réalisation "spirituelle" du royaume de Dieu sur la terre. [(...)] Le troisième testament des joachimistes a resurgi sous forme de "troisième Internationale" puis de "IIIème Reich", proclamés par un Dux ou par un Führer. Le Führer fut acclamé comme rédempteur et salué par le "Heil" de millions de personnes. La source de ces tentatives pour accomplir l'histoire par l'histoire est l'attente chez les Franciscains spirituels, qu'un dernier combat conduirait à l'achèvement et à la fin de l'histoire* »[567]. Comme tel, le dessein de Löwith *via* la problématique de la sécularisation est de saisir le point nodal qui existe entre les philosophies modernes de l'histoire et la recherche chrétienne du salut. Mais plus encore, il s'agit d'appréhender la puissance politique intrinsèque aux efforts actuels pour accomplir le salut par l'histoire humaine selon l'axiome philosophico-politique de Hegel, repris par Marx : « *L'histoire du monde est le tribunal du monde* ».[568] Cette instrumentalisation de la pensée hégélienne par Marx le conduit – d'après Löwith – à faire de la vérité un puissant moyen d'action politique. Le décisionnisme de Carl Schmitt n'est qu'une contestation radicale de la tradition en tant que fondement et foyer de vérité. Il s'agit également d'un véritable nivellement de la vérité chrétienne sur l'histoire. Löwith s'en prend à cette approche relativiste de la vérité chez Schmitt. Son décisionnisme basé sur une situation existentielle est la récusation de toute vérité suprême et autonome aux critères régissant la décision politique.

Aux yeux de Löwith, le décisionnisme n'est qu'un pur produit de la sécularisation de l'eschatologie chrétienne dans la mesure où il est une rupture avec toute conception d'une marche de l'histoire vers un dessein ultime. Non seulement il rime avec le relativisme occasionaliste des valeurs, accordé à chaque fois à une situation factice donnée mais explique le pourquoi de l'engouement avec lequel Carl Schmitt a pu vite se rallier à la nouvelle idéologie établie par Hitler. D'après le Juriste de Plettenberg, c'est la facticité d'une situation nationale qui est le critère de la vérité. La signification ultime de l'histoire est donc foncièrement intrahistorique, c'est-à-dire existentielle.

Enfin, ce que Carl Schmitt nous dit en 1934 dans sa deuxième édition de son ouvrage *Théologie politique* est très éloquent pour Löwith de l'avènement d'un messianisme (nazisme) qui prétend accomplir le salut sur terre mais qui

---

[567] K. Löwith, *Histoire et salut*, op. cit., p. 188-199.

[568] K. Löwith, *Histoire et salut*, op. cit., p. 86, ou Hegel, *Leçons sur la philosophie de l'histoire*, Trad. Fr. Gibelin, Paris, Vrin, 1967, p. 258.

finit pas le nihilisme : « *Entre temps, nous avons compris que le politique était la totalité (das totale), et pour cette raison nous savons aussi que décider de la nature apolitique d'une réalité représente toujours une décision politique, quelles que soient la personne qui la prenne et les raisons dont elle se revêt pour se justifier. C'est tout aussi vrai de la question de savoir si une théologie déterminée est une théologie politique ou apolitique* »[569]. De telles allégations ne font que renforcer la perspective de Löwith d'après laquelle la sécularisation est l'échec flagrant de l'idéologie qui est à l'œuvre dans le progressisme. Il est donc important pour l'homme contemporain de se libérer de la pesanteur de sa foi en un Dieu fait Homme et de sa Croix pour mettre sa confiance dans la théorie classique d'un « *mouvement circulaire* »[570] qui « *peut véritablement démontrer la continuité* »[571]. La libération de toute finalité ultime de l'histoire doit également conduire à démystifier toute « *Théologie politique* » qui amalgame la foi et l'histoire, en distinguant et en séparant les deux registres.

Or, cette posture commune de séparation de la théologie et de la politique, de l'Eglise et de l'Etat chez nos trois penseurs nous est apparue intenable à la lumière du rôle que les religions – le catholicisme en particulier – ont à jouer dans la sauvegarde de la *Res publica*. Ce qui implique la permanence de la question théologico-politique, l'objet du second volume de notre recherche. Dans ce volume, nous avons essayé de reconsidérer l'homme en tant que le pivot de la question théologico-politique pour analyser l'approche anthropologico-catholique en la confrontant à celle de nos trois penseurs. L'herméneutique anthropologique des modernes avec le christianisme est révélatrice de la cause profonde de l'antagonisme. Cette divergence a aussi des conséquences sur la conception et l'organisation mêmes de la vie commune. Avec Tocqueville, Jacques Maritain et Henri de Lubac, en particulier, nous sont apparus la fonction sociale de la religion chrétienne, son rôle et sa force de régulateur efficace des passions humaines et sociales. Avec eux, nous sommes donc à contre-courant de l'optique de Schmitt, de Löwith et de Blumenberg qui militent pour une privatisation de la foi et un enfouissement de l'Eglise dans l'organisation de la cité. La question théologico-politique en appelle à la médiation ecclésiale dont la source est la théologie de l'Incarnation. Laquelle médiation n'a pas fait l'objet d'une approche explicite et approfondie de nos penseurs. Cette omission – certainement idéologique – exige de notre part d'être réparée sans toutefois prétendre à l'exhaustivité.

En réalité, le propre de l'anthropologie politique et religieuse qui a façonné, en grande partie l'histoire chrétienne occidentale, repose sur le mystère de la Trinité, c'est à dire celui d'un Dieu Unique en Trois Personnes : Père, Fils et Saint Esprit. En tant que la seconde personne de la Saint Trinité, le Christ, Vrai

---

569 C. Schmitt, *Théologie politique*, op. cit., p. 12.
570 K. Löwith, *Histoire et salut*, op. cit., p. 255.
571 Ibid, p. 255.

Dieu et Vrai homme est l'Unique Médiateur de la rédemption des hommes. Afin de continuer l'œuvre salvatrice de son Fondateur, l'Eglise catholique comme pouvoir spirituel, juridictionnel et doctrinal (pouvoir des clefs) ne peut accomplir sa vocation médiatrice qu'en pleine collaboration avec ceux qui ont le pouvoir séculier. Cette médiation est doublement théologico-politique dans la mesure où elle a une dimension ecclésiastique et politique. Si l'Eglise n'est pas de ce monde, elle est pourtant dans la Cité et dans un Etat. Sa nature d'institution et de communauté de salut implique l'assomption harmonieuse de la *Res divina* et de la *Res publica.* Ces deux rôles de la médiation ecclésiale ne font que mettre en interaction le théologique, le politique et le juridique. La mission de l'Etat en tant que pouvoir temporel est de garantir la justice, la paix, la sécurité aussi bien des incroyants que des fidèles qui sont eux-mêmes des citoyens à part entière. S'il n'est pas du ressort de l'Etat de réaliser le salut des hommes, il lui appartient néanmoins d'en créer les conditions, d'en offrir implicitement la possibilité.

L'Eglise comme société *sui juris* (autonome et indépendante) par rapport à tout pouvoir temporel est la structure de l'expression visible, celle de la grâce rédemptrice du Christ dans la figure d'un signe social. Elle est indissociablement le signe et le moyen de la communion avec Dieu et avec les hommes. Elle ne peut réaliser sa mission de salut qu'en ayant les moyens temporels appropriés tels que les sacrements, la liturgie, sa propre législation. La condition temporelle de l'homme et son accomplissement ultime en Jésus-Christ à la Parousie font qu'on ne peut pas dissocier la temporalité et l'Eschatologie. La mission du catholicisme est donc de réaliser la sanctification de toute réalité humaine. Ce qui est ici en jeu c'est que le catholicisme dans sa forme institutionnalisée ou dans son essence ne peut être une sacralisation de quelque pouvoir politique que ce soit , et encore moins participer à sa sécularisation. C'est ce point capital que Schmitt, Blumenberg et Löwith n'ont pas perçu de la spécificité du christianisme et de la médiation de l'Eglise catholique.

L'Incarnation du Christ en elle-même est l'expression éloquente de l'incapacité à dépasser la dualité Dieu-homme, Créateur-créature. Elle prohibe à la fois toute velléité de confondre Dieu et l'homme, les réalités terrestres et réalités divines, l'Eglise et l'Etat, ainsi que toute tentative de les séparer. C'est pourquoi il n'est pas conforme à la logique interne à l'Incarnation de sacraliser tout pouvoir politique et religieux. Telle est la nouvelle donne théologico-politique qu'ouvre le « *Verbum factum caro est* » aux retentissements philosophico-politiques considérables que Peterson, Schmitt, Blumenberg et Löwith n'ont pas su véritablement déceler. Mais, derrière les critiques feutrées ou explicites de Blumenberg et de Löwith à l'endroit du christianisme (catholicisme) n'est-ce pas fondamentalement la question implicite du pouvoir juridictionnel et doctrinal de l'Eglise catholique qui est en jeu ? La médiation ecclésiale n'apparaît-elle pas pour le *Neuzeit* comme une usurpation et une perversion de celle de l'unique Médiateur Jésus-Christ ? Mieux, la personne du Pape, c'est-à-dire la primauté pontificale, le Siège Romain et la diplomatie vaticane n'apparaissent-ils pas pour les modernes comme des personnifications de l'Antéchrist à cause de l'accaparement du pouvoir divin sur les âmes et leur quête de mainmise sur les pouvoirs séculiers ? Le véritable enjeu ecclésio-politique, anthropologique de la controverse Blumenberg – Schmitt – Löwith pose donc à nouveau la question même de la nature de la médiation de l'Eglise comme structure hiérarchique que nous n'avons pas assez abordée. C'est l'une des limites de notre thèse et le grand et nouveau chantier qu'ouvre la question théologico-politique chez Schmitt, Löwith et Blumenberg. Par ailleurs, la souveraineté de l'Etat - *das totale* – et celle du politique ne peuvent être compatibles avec le pouvoir monarchique du Pape caractérisé doctrinalement par son infaillibilité, et juridictionnellement par sa « *plenitudo potestatis* » pour le salut des âmes.

Pour autant, la dimension théologico-politique si structurante de la communauté ecclésiale catholique et du "Saint Siège", requiert que l'Eglise, dans son rapport à la communauté politique, fasse rayonner sans cesse sa nature profonde de « *sacrement de salut* » (K. Rahner). La sécularisation, en rendant caduc l'ancien rapport entre pouvoirs spirituels et pouvoirs temporels, n'a pas détruit la vitalité de la référence religieuse, même si elle a, en partie, anémié la visibilité de l'Eglise. C'est pourquoi à l'heure de sa souveraineté autoproclamée, l'Etat moderne est appelé à reconnaître ses fragilités en s'ouvrant aux différentes composantes de la société civile dont notamment les religions. La Cité ne saurait se priver de toutes les potentialités intellectuelles et spirituelles pour dynamiser la vie démocratique et configurer un avenir vraiment humain.

En retour, il appartient aux religions de renoncer à leur penchant à anathématiser les sociétés modernes dans certaines de leurs dérives ; mais surtout il leur appartient de chercher un véritable dialogue respectueux et édifiant avec elles. C'est en s'adonnant aux jeux démocratiques et en servant les hommes qu'elles peuvent rendre audible, attrayant et pertinent leur message de vie et de libération, à l'écart de tout fondamentalisme ou de tout dogmatisme. Mieux, elles ne trahissent pas le Dieu dont elles se réclament quand elles font appel à toutes leurs énergies symboliques pour créer non seulement le lien social mais aussi pour aider les hommes à travailler d'un commun accord et à croire en un futur à bâtir. Le théologique et le politique doivent ainsi s'aiguillonner et se nourrir mutuellement sans confusion ni séparation, pour la vitalité de nos démocraties en mal de vraies raisons de vivre et d'espérer.

BIBLIOGRAPHIE

I Autres ouvrages

ANTOINE A., *L'impensé de la démocratie : Tocqueville, la citoyenneté et la religion*, Paris, Fayard, 2003.

ARAGON L., « *Introduction à 1930 », La Révolution surréaliste*, n° 12, 15, décembre 1929.

ARENDT H., *Essai sur la révolution*, Paris, Gallimard, « Essais », 1967.

Le système totalitaire, Paris, Ed. du Seuil, 1972.

Condition de l'homme moderne, Paris, Calman Levy, 1983.

La nature du totalitarisme, M.I.B. de Launay (Ed), Paris, Payot, Coll. « Bibliothèque philosophique », 1990.

La crise de la culture, Paris Gallimard, 1972.

ARISTOTE, *Métaphysique,* tome II, Paris Vrin, 1991.

Les politiques, Paris, Flammarion, 2ème édition, 1993.

Ethique à Nicomaque, Paris, Vrin, 1997.

La politique, Paris, Vrin, 2005.

Ethique à Eudème, VII, 10, 124, 1242b22.

AUCANTE V. et PAPINI V., *Jacques Maritain, philosophe dans la Cité*, Paris, Ed. Parole et Silence, 2007.

BADIOU A., *Court traité d'ontologie*, Paris, Ed. du Seuil, 1998.

BARASH J-A., *Karl Löwith et la politique de la sécularisation, Critique*, Décembre 1997, N° 607, p. 883-903.

BARBIER M., *Religion et Politique dans la pensée moderne*, Presses Universitaires de Nancy, 1987.

BARS H., *La politique selon Jacques Maritain*, Paris, Les Editions ouvrières, 1961.

BOËDEC F., *L'Evangile social*, Paris, Bayard, 1999.

BORGHESI M., *Secolarizzazione e nichilismo cristianesimo e cultura contemporanea*, S.R.L Siena, Ed. Cantagalli, Siena, ottobre 2005.

BRAGUE R., *La loi de Dieu, histoire philosophique d'une alliance*, Paris, Gallimard, 2005.

CAPELLE P., *Philosophie et apologétique*, Paris, Ed. du Cerf, 1999.

Subjectivité et transcendance, Paris Ed. du Cerf, 1999.

L'enseignement des religions à l'école laïque (avec Dalil Boubakeur, Philippe Joutard, René-Samuel Sirat), Paris, Salvator, 2003.

Raison philosophique et christianisme à l'aube du IIIème millénaire (avec Jean Greisch), Paris, Ed. du Cerf, 2004.

Dieu et la raison (avec François Bousquet), Paris, Bayard, 2005.

Expérience philosophique et expérience mystique, Paris, Ed. du Cerf, 2005.

La philosophie dans l'Université catholique, Paris, Ed. de la FIUC, 2005.

CAPELLE P. et COMPTE-SPONVILLE A., *Dieu existe-t-il encore ?,* Paris, Ed. du Cerf, 2006.

CAPELLE P. *Nomi divini et nomi metafisici*, Napoli, Editoriale Comunicazioni Sociali, 2007.

Dieu et la Cité. Le statut contemporain du théologico-politique, Paris, Ed. du Cerf, 2008.

DURKHEIM E., *Les formes élémentaires de la vie religieuse*, Paris, P.U.F., 1998.

FERRY L., *L'homme-Dieu ou le sens de la vie*, Paris, Ed. Grasset et Fasquelle, 1996.

Le religieux après la religion, Paris, Ed. Grasset et Fasquelle, 2004.

FLOUCAT Y., *Pour une restauration du politique. Maritain l'intransigeant. De la contre-Révolution à la Démocratie*. Paris, Téqui, 1999.

GAUCHET M., *Le désenchantement du monde. Une histoire politique de la religion*, Paris, Gallimard, 1985.

La religion dans la démocratie, Paris, Gallimard, 1998.

Un monde désenchanté ? Paris, Ed. de l'Atelier, Editions ouvrières, 2004.

La religion est-elle encore l'opium du peuple ?, Paris, Ed. de l'Atelier, Ed. Ouvrières, 2008, p. 77-91.

GENDRON P., *La modernité religieuse dans la pensée sociologique E. Troelsch et Max Weber*, Canada, Ed. Les Presses de l'Université de Laval, 2006.

GILLET M., *Justice et charité*, in *Semaine sociale de France*, 1928.

GILSON E., *Christianisme et philosophie*, Paris, Vrin, 1936.

Introduction à l'étude de Saint Augustin, Paris, Vrin, 1989.

Le thomisme, Paris, Vrin, 1997 (Rééd. 2000).

Les métamorphoses de la cité de Dieu, Paris, Vrin, 2005.

LACOSTE J-Y., *Dictionnaire critique de théologie*, Paris, P.U.F., 1998.

LECLERC G., *Le Pape et la France*, Paris, Batillat, 1997.

MACHIAVEL N., *Le Prince*, Paris, Hatier Poche, 2007.

MAIER H., *« Eglise et Etat dans l'Europe à venir »*, in *Communio*, N° XXVIII, Janv. – Fév. 2003, p. 39-58.

MARITAIN J., *Primauté du spirituel*, Paris, Plon, 1927.

Du régime temporel et de la liberté, Paris, Desclée de Brouwer, 1933.

Lettre sur l'indépendance, Paris, Ed. Œuvres complètes, 1935.

Humanisme intégral, Paris, Aubier, 1936.

Questions de conscience, Essais et allocution, Paris, Desclée de Brouwer, 1938.

Le crépuscule de la civilisation, Paris, Ed. Les Nouvelles Lettres, 1939.

Christianisme et démocratie, New York, Ed. de la Maison française, 1943.

Principes d'une politique humaniste, New York, Ed. de la Maison française, 1944.

De Bergson à Thomas d'Aquin, in *Œuvres Complètes*, Fribourg-Suisse, Ed. Universitaires, Paris, Ed. Saint Paul, 1944.

L'homme et l'Etat, Œuvres complètes, Paris, Saint Paul Editeur, 1951.

Pour une philosophie de l'éducation, Paris, Fayard, 1959.

Religion et culture, Paris, Desclée de Brouwer, 1991.

Œuvres complètes, Fribourg-Suisse, Ed. Universitaires, Paris, Ed. Saint Paul, 1999.

Messages, in *Œuvres complètes*, Fribourg-Suisse, Ed. Universitaires, Paris, Ed. Saint Paul, 1945.

MARQUARD O., « *Entstehung vom absolutely* », in F. J. Wetz et H. Timm (dir), *Die Kunst des überlebens*, Frankfurt Sur Main, Suhrkamp, Verlag, 1996.

« *Aufgeklärer polytheimus – auch eine politische theologie ?* », in *Jacob Taubes, Gnosis und politik, Religions, theorie und politische theologie*, t. 2, Munich / Vienne, Fink / Schöningh, 1984.

MARRAMAO G., *Potere e secolarizzazione le categorie del tempo*, Roma, Editoti Riuniti, 1985.

MASCHKE G., « *La rappresentazione cattolica. Carl Schmitts Politishe theologie mit Blickauf Italienische Beiträge* », Der Staat, 28, Berlin, Duncker et Humblot, 1989.

MOULINS-BEAUFORT de E., « *L'actualité paradoxale du catholicisme* » in *Communio*, N° XXXIII, 5 sept. – oct. 2008, p. 87-97.

NEWMAN J-G., *L'idée d'université*, Paris, Desclée de Brouwer, 1968.

NIETZSCHE F., *Par delà le bien et le mal,* Paris, Gallimard, Coll. « Idées », 1983.

L'Antéchrist, Paris, Flammarion, 1996.

Ainsi parlait Zarathoustra, Paris, Flammarion, 1996.

Le Gai Savoir, Paris, Flammarion, 1997.

PASCAL B., *Pensées*, Paris, Flammarion, 1976.

PEGUY C., *Notre Jeunesse*, précédé par *De la raison*, Paris, Gallimard, 1993.

RICOEUR P., *Temps et récit*, Paris, Ed. du Seuil, 1983.

Parcours de la reconnaissance, Paris, Stock, 2004.

ROLLET J., *La tentation relativiste ou la démocratie en danger*, Paris, Desclée de Brouwer, 2007.

ROUBEUX C., « *La sécularisation, le retour de Dieu et après...* », Esprit, N° 6, juin 1997, p. 257.

ROUSSEAU J-J., *Du contrat social*, Paris, Flammarion 2001.

SAINT AUGUSTIN, *Lettre 120*, Œuvres complètes,

La Cité de Dieu, Trad. G. Gombès, B.A Vol. 33 à 37, Paris, Desclée de Brouwer, 1959-1960.

De preadestinatione Sanctorum, 2,5 : PL44, 1963.

Les Confessions, Paris, Flammarion, 1964.

Sermo VII.

De vera religione, c.7, N° 13.

SAINT JEAN CHRYSOSTOME, *Homélie sur Saint Matthieu,* 50, 2-6.

SAINT THOMAS D'AQUIN, *Pages choisies*, Paris, Gallimard, 1939.

L'homme chrétien, Paris, Ed. du Cerf, 1998.

Le mystère du Christ, Paris, Ed. du Cerf, 1999.

Summa contra Gentiles, trad. fr. : *Somme contre les gentils*, Aubon V, Michon C, Paris, Flammarion, 1999.

Summa theologica, trad. fr. : *Somme théologique*, Paris, Ed. du Cerf, 1984-1986.

De ente et essentia.

Commentaire des sentences,

In Boetium de Trinitate expositio,

De caritate.

SCOT J-P., « *L'Etat chez lui, l'Eglise chez elle », comprendre la loi de 1905*, Paris, Ed. du Seuil, 2005.

SIRONNEAU J-P., *Sécularisation de la pensée*, Paris – La Haye, Monton, 1982.

STRAUSS L., *Droit naturel et Histoire*, Paris, Flammarion, 1986.

La cité de l'homme, Paris, Agora, 1987.

La philosophie politique de Hobbes, Paris, Belin, 1991.

Le libéralisme antique et moderne, Paris, P.U.F., 1990 (rééd. 1992).

Nihilisme et Politique, Paris, Payot et Rivages Poche, 2004.

La critique de la Religion chez Hobbes, Paris, P.U.F., 2005.

« *Comment commencer à étudier le Guide* ? », *Maïmonide, Guide des égarés*, Paris, GP Maisonneuve et Larose, 1981, p. 300.

TEILHARD de CHARDIN P., *Le milieu divin*, Paris, Ed. du Seuil, 1927.

TERTULLIEN, *De Idolatria, X, 4.*

TILLIETTE X., *Philosophies eucharistiques de Descartes à Blondel*, Paris, Ed. du Cerf, 2006.

TOCQUEVILLE de A., *De la démocratie en Amérique. Œuvres complètes*, Tome I, Paris, Gallimard, 1951.

L'ancien régime et la Révolution, Paris, Gallimard, 1967.

VALADIER P., *Nietzsche et la critique du christianisme*, Paris, Ed. du Cerf, 1974.

Un christianisme au présent, Paris, Ed. du Cerf / Desclée, 1975.

Machiavel et la fragilité du politique, Paris, Ed. du Seuil, 1996.

Carl Schmitt : une théologie politique ?, Etudes, n° 5 (3855), Nov. 1996.

Maritain à contretemps, Paris, Desclée de Brouwer, 2007.

Détresse du politique, Force du religieux, Paris, Ed. du Seuil, 2007.

La Morale sort de l'Ombre, Paris, Desclée de Brouwer, 2008.

VALLIN P., *Histoire politique des chrétiens*, Paris, Nouvelle Cité, 1988.

VATTIMO G., *Critique de la Modernité*, Paris, Seuil, 1987.

La fin de la modernité. Nihilisme et herméneutique dans la culture post-moderne, Paris Ed. du Seuil, 1987.

La sécularisation de la pensée, Paris, Seuil, 1988.

VATTIMO G. et GIRARD R., *Christianisme et modernité*, Paris, Flammarion, 2009.

II. Textes officiels ou enseignements du magistère de l'Eglise Catholique

Collectif : *Le Concile œcuménique Vatican II. Constitutions, Déclarations, Messages. Textes français et latin, tables bibliques et analytiques et index des sources*, Paris, Centurion, 1967.

BENOIT XVI : *Conférence de Ratisbonne*, in *Documentation catholique* du 15/10/2006, N° 23-66, p. 924-929.

L'Essence de la foi, Paris, Plon / Mame, 2006.

L'Europe de Benoît dans la crise des cultures, Paris, Ed. Parole et Silence, 2007.

La raison invitée à la recherche la vérité, Discours à l'Université « La Sapienza », Rome, Paris, Téqui, 2008.

En France, 12-15 septembre 2008, Paris, Téqui, 2008.

JEAN XXIII : *Encycl. « Mater et Magistra »,* 15 mai 1961.

Encycl. « *Pacem in terris* », 15 mai 1961.

JEAN-PAUL II : *Encycl. « Redemptor hominis »*, 4 mars 1979.

Encycl. « Sollicitudo Rei socialis », 30 décembre 1987.

Le message chrétien et le génie de l'Europe, La Croix, 12 octobre 1988, et Documentation catholique, 6 novembre 1988, p.143.

Encycl. « *Centisemus Annus* », 1er mai 1991.

Encycl. « Veritatis Splendor », 6 août 1993.

Encycl. « Evangelium vitae », 25 mars 1995.

Encycl. « Foi et Raison », 14 septembre 1998, Paris, Ed du Cerf / Fayard, 1998.

Encycl. « Ecclesia de Eucharistia », 17 avril 2003.

Discours à l'Unesco, Paris, 2 juin 1980.

Message pour la Journée Mondiale de la Paix, 2004.

LEON XIII : *Encycl. « Rerum Novarum »,* 15 mai 1891.

PAUL VI : *Encycl. « Populorum progressio »,* 26 mars 1967.

« Exhort. Apost. Evangelii nuntiandi, 8 Décembre 1975.

PIE XI : *Encycl.* « *Divini illius magistri* », 31 Décembre 1929.

Encycl. « Quadragesimo Anno », 15 mai 1931.

Encycl. « Mit brennender sorge », 14 mars 1937.

« *Divini Redemptoris* », 19 mars 1937.

PIE XII : *Allocution aux membres du congrès international des études humanistes*, 25 septembre 1949.

TABLE DES MATIERES

L'HARMATTAN, ITALIA
Via Degli Artisti 15 ; 10124 Torino

L'HARMATTAN HONGRIE
Könyvesbolt ; Kossuth L. u. 14-16
1053 Budapest

L'HARMATTAN BURKINA FASO
Rue 15.167 Route du Pô Patte d'oie
12 BP 226 Ouagadougou 12
(00226) 76 59 79 86

ESPACE L'HARMATTAN KINSHASA
Faculté des Sciences Sociales,
Politiques et Administratives
BP243, KIN XI ; Université de Kinshasa

L'HARMATTAN GUINEE
Almamya Rue KA 028 en face du restaurant le cèdre
OKB agency BP 3470 Conakry
(00224) 60 20 85 08
harmattanguinee@yahoo.fr

L'HARMATTAN COTE D'IVOIRE
M. Etien N'dah Ahmon
Résidence Karl / cité des arts
Abidjan-Cocody 03 BP 1588 Abidjan 03
(00225) 05 77 87 31

L'HARMATTAN MAURITANIE
Espace El Kettab du livre francophone
N° 472 avenue Palais des Congrès
BP 316 Nouakchott
(00222) 63 25 980

L'HARMATTAN CAMEROUN
Immeuble Olympia face à la Camair
BP 11486 Yaoundé
(237) 458.67.00/976.61.66
harmattancam@yahoo.fr

L'HARMATTAN SÉNÉGAL
« Villa Rose », rue de Diourbel X G, Point E
BP 45034 Dakar FANN
(00221) 33 825 98 58 / 77 242 25 08
senharmattan@gmail.com

586574 - Novembre 2014
Achevé d'imprimer par

1livre.com
du rêve à la réalité !